DRC

十八大以来

国务院发展研究中心优秀成果选粹

# 服务贸易

## 开放合作与创新发展

Trade in Services: Opening Up, Cooperation and Innovative Development

国务院发展研究中心对外经济研究部课题组　著

**图书在版编目（CIP）数据**

服务贸易：开放合作与创新发展 / 国务院发展研究中心对外经济研究部课题组著 . — 北京：中国发展出版社，2022.9

ISBN 978-7-5177-1232-9

Ⅰ . ①服… Ⅱ . ①国… Ⅲ . ①服务贸易—贸易发展—研究—中国 Ⅳ . ① F752.68

中国版本图书馆 CIP 数据核字 (2021) 第 279207 号

**书　　名：**服务贸易：开放合作与创新发展
**著作责任者：**国务院发展研究中心对外经济研究部课题组
**责 任 编 辑：**郭心蕊
**出 版 发 行：**中国发展出版社
**联 系 地 址：**北京经济技术开发区荣华中路 22号亦城财富中心 1号楼 8层（100176）
**标 准 书 号：**ISBN 978-7-5177-1232-9
**经　销　者：**各地新华书店
**印　刷　者：**河北鑫兆源印刷有限公司
**开　　本：**710mm × 1000mm　1/16
**印　　张：**19.25
**字　　数：**248 千字
**版　　次：**2022 年 9 月第 1 版
**印　　次：**2022 年 9 月第 1 次印刷
**定　　价：**78.00 元

**联 系 电 话：**（010）68990630　82097226
**购 书 热 线：**（010）68990682　68990686
**网 络 订 购：**http://zgfzcbs. tmall. com
**网 购 电 话：**（010）88333349　68990639
**本 社 网 址：**http://www.develpress. com
**电 子 邮 件：**174912863@qq.com

---

# 出版说明
## Publisher's Note

中国发展出版社成立30多年来，出版了大批智库类图书，涵盖经济、管理、文化、社会、民生等多个领域，受到广大读者的欢迎。为回馈读者，集中展示智库成果，强化智库型出版社品牌，我社隆重推出“高端智库策论选粹”系列丛书，计划分批分类将政府智库、民间智库、国外智库等各类重要研究成果结集出版。此次“十八大以来国务院发展研究中心优秀成果选粹”丛书作为首批系列丛书重点推出。

“十八大以来国务院发展研究中心优秀成果选粹”丛书是国家高端智库——国务院发展研究中心十八大以来的优秀研究成果，包括年度重大重点课题以及中国发展研究奖获奖课题等，共18种，内容涵盖宏观经济、改革开放、产业转型、区域发展、社会治理、绿色生态、创新共享等我国经济社会发展的热点难点问题。这些成果社会影响较大、学术价值较高，当年出版后广受读者欢迎。此次，我们将这些在今天仍具有较强理论价值和实践意义的研究成果结集再版，以新的面貌再次推出。

关于本套丛书的具体修订工作，特作以下几点说明：

1. 为了突出丛书的整体性，提升图书品质，我们统一设计了封面和版式。

2. 除对原书的疏漏之处进行修正，未对书稿内容进行大幅改动，尽可能保持原汁原味，以便读者系统掌握我国经济社会的热点难点问题的变化趋势，厘清政策的演进脉络，加深对现实的了解和把握。

3. 原书中作者信息特别是课题组成员的职务信息，如今已多有变化，但出于保持时代特点的考虑，此次再版修订未对作者信息进行更新。

本次再版，我们本着对读者负责和精益求精的态度，对系列丛书进行了修订和完善，但由于水平所限，书中难免有疏漏之处，敬请读者批评指正。

中国发展出版社

2022 年 8 月

# “提升我国服务贸易竞争力的战略研究”课题组

课 题 顾 问：隆国强

研究负责人：张　琦

协　调　人：赵福军

课题组成员（国务院发展研究中心）：

张　琦　王金照　罗雨泽　胡江云　许宏强　吕　刚

赵福军　宗芳宇　陈红娜　朱贤强　高庆鹏　盛彩娇

课题组成员（外部专家）：

祝坤福　对外经济贸易大学全球价值链研究院院长助理

李　俊　商务部国际贸易经济合作研究院服务贸易研究所所长

王　拓　商务部国际贸易经济合作研究院服务贸易研究所博士

崔艳新　商务部国际贸易经济合作研究院服务贸易研究所副主任

李西林　商务部国际贸易经济合作研究院服务贸易研究所副主任

孙铭壕　商务部国际贸易经济合作研究院服务贸易研究所博士

研 究 助 理：林佳欣　梅煜珩　张湘珩　付　鑫　刘　颖

# 序　言

Foreword

## 建设服务贸易强国　在大变局中开新局

隆国强

党的十九大报告明确提出推进贸易强国建设。服务贸易是贸易强国建设的重要组成部分。近年来，我国服务贸易快速发展，结构逐步优化。2019 年我国服务贸易规模达 5.4 万亿元，知识密集型服务贸易占比进一步提升，服务贸易日益成为我国对外贸易增长的新引擎，服务贸易大国地位更加稳固。与此同时，我国服务贸易大而不强的问题依然突出，对内对外开放仍不足，中高端服务国际竞争力亟须加速提升。

顺应国际分工趋势和我国比较优势变化，促进服务业发展、加快提升服务贸易国际竞争力，是推进我国由“贸易大国”迈向“贸易强国”的重要任务，是我国培育国际竞争新优势、加快提升在全球价值链中的地位的关键环节，是构建国内国际双循环良性互动发展新格局的有力支撑，是拓展发展空间、释放增长新动能的重要方向，是积极参与国际经贸规则重构、加强国际经贸合作的必要前提。

当前，世界正处于百年未有之大变局，国际经济格局发生重大变革，各国参与国际经济合作竞争面临的挑战与机遇都前所未有。面对日益复杂严峻的外部环境和我国经济高质量发展的新要求，我们将做出怎样的战略选择？为促进服务贸易竞争力快速提升，需要我们用全面长远的眼光研判形势、剖析问题，通过准确识变、科学应变、主动求变，精准施策，力争趋利避害。

第一，要充分认识服务贸易发展的重要意义。一方面，服务贸易成为全球贸易和经济增长的新动力。服务业开放和服务贸易加速发展，对全球经济增长和价值链深化发展的促进作用日益提升。WTO 统计显示，全球服务贸易增速高于货物贸易和 GDP 增速，服务贸易在全球贸易总量中的比重不断上升，已由 1970 年的 9% 上升到 2019 年的 24%，预计到 2040 年将进一步增加至 50%，未来增长潜力巨大。另一方面，服务贸易在全球价值链中的地位不断提升。服务贸易在面向全球构建生产、贸易、投融资、运输、服务网络中发挥着至关重要的作用，既是各国融入经济全球化、参与国际竞争合作的重要途径，成为价值链升级的重要驱动力，更是我国迈向全球价值链中高端不可缺少的关键一环。

第二，要准确把握服务贸易发展变化的大趋势。需要重点考虑五大影响因素：一是以信息技术为核心的新一轮科技革命为服务贸易发展拓展新空间，不断催生新业态、新模式，正从动力、内容、方式和主体等方面重塑全球贸易，使之走向数字化、智能化、平台化，也对管理体制、监管模式和风险防范等提出新要求；二是制造业服务化趋势愈加明显，推动制造与服务日益融合、生产性服务快速发展，传统的产业分工及布局边界被打破，服务对产业发展，尤其是对制造业数字化、网络化、智能化转型中的支撑促进作用更趋凸显；三是全球服务贸易格局呈现新特征，贸易结构向高端服务快速拓展，跨国公司高度重视加强对服务增值环节的掌控能力；四是服务业开放呈现新趋势，开放合作有利于提升服务贸易国际竞争力，有利于各国尤其是发展中国家和中小服务商更便利地融入全球价值链，各国加快推进服务业发展与市场开放；五是全球服务贸易规则加速重构。作为各国经济发展和对外合作竞争的重点，服务贸易开放水平日趋提高，成为新一轮国际经贸规则重构的重点，也是各方博弈的焦点议题之一。

第三，要协调处理好五对关系。一是服务贸易进口与出口的关系。不片面追求短期内贸易平衡的“扭亏为盈”，更加注重满足产业转型、高质量发展和消费升级的需要，促进服务贸易全面健康发展。二是“中国制造”与“中国服务”的关系。全球产业链中制造与服务环节的联系日趋紧密。制造业是服务业、服务贸易发展的重要基础，服务是制造业向中高端升级的重要支撑，是制造企业维护竞争优势的核心环节。两者应有机结合、相互协调。三是对外开放与对内改革的关系。“对外开放不足，对内管制过度”是制约我国服务业增强国际竞争力的根本原因。近年来我国服务业对外开放加速推进，但一些领域出现了“大门开、小门未开”现象，“准入不准营”反映了国内规制改革的滞后，也大大限制了对外开放的效果和进程。因此，服务业对外开放与对内改革必须双效驱动，相互协调，相互促进。四是开放发展与风险防范的关系。服务业开放发展是大势所趋，做好风险防控是服务贸易可持续发展的必要前提，两者应有机统一、协调促进。五是自身做大做强与对外互利共赢的关系。互利共赢是中国推动构建开放型世界经济和人类命运共同体的基本准则，要在自身发展的同时为共同发展创造更多更好的机遇。

第四，把握未来提升我国服务贸易竞争力的关键着力点。面对新形势，我们要顺应未来国际经济格局和服务贸易发展的变化，在变局中开新局。一是要牢牢把握新技术革命和数字化转型所带来的服务贸易发展新机遇。二是以产业转型升级、消费升级加快我国服务业发展，推动服务业发展与服务贸易竞争力提升相互促进。三是在全球经贸规则重构与治理体系变革中，加快我国服务业对内对外开放，以制度型开放加快构建更高水平的开放型经济新体制，进一步融入经济全球化。

新冠肺炎疫情仍在全球蔓延肆虐，对世界经济增长和人类文明发展都构成了严峻挑战，在给国际旅行等服务贸易发展带来巨大冲击的同时，也为线上和跨境提供服务带来新机遇。无论对中国还是世界来说，目前均处于一个非常关键的历史时期。以构建人类命运共同体为引领，凝聚共识，深化合作，互帮互济，共克时艰，毫无疑问是各国正确的战略选择。在全球经贸形势异常严峻复杂的背景下，中国举办国际服务贸易交易会，就是为服务贸易发展与合作搭建平台，以提振市场信心、改善市场预期，在促进中国服务贸易升级的同时，贡献于世界经济发展。

国务院发展研究中心由对外经济研究部牵头、中心内外专家组成的课题组，就“提升我国服务贸易竞争力的战略”开展了深入研究，研究成果受到各界读者的高度关注和广泛好评。我谨代表国务院发展研究中心和课题组，向广大读者表示真诚的感谢，并欢迎提出宝贵意见和建议，支持我们做好政策咨询研究工作，共同推动我国服务贸易强国建设和全球服务贸易发展。

2020 年 8 月

（作者是国务院发展研究中心副主任、研究员）

# 目录 Contents

## 总报告



## 专题报告

## 专题报告一

## 专题报告二



## 专题报告三



## 专题报告四



## 专题报告五

## 专题报告六



## 专题报告七



# 分领域报告

## 分领域报告一

## 分领域报告二



## 分领域报告三



## 分领域报告四

## 分领域报告五

总报告

# 促进我国服务贸易开放发展与竞争力提升

服务业开放和服务贸易发展，是各国融入经济全球化、参与国际竞争合作的重要途径。当前，新一轮技术革命和产业变革加速推进，制造与服务融合发展的趋势愈加明显，服务贸易新业态、新模式蓬勃兴起。服务贸易已成为全球贸易和世界经济增长的新动力，对促进全球价值链深化发展日益重要。作为各国发展和全球竞争的重点，服务贸易成为国际经贸规则博弈的焦点议题，也对各国管理体制、监管模式和风险防范等提出新要求。

服务贸易是我国贸易强国建设的重要内容。近年来，我国服务贸易保持平稳较快发展，贸易结构逐步优化，已成为我国对外贸易增长的新引擎，但国际竞争力仍明显不足，新兴贸易与高端服务亟待发展。新形势下，着力促进服务业发展、提高服务贸易国际竞争力，是我国培育国际竞争新优势的关键环节，是当前我国释放增长新动能的重要着力点，是促进制造业竞争力和价值链地位提升的重要支撑，将为我国参与国际经贸合作、参与高标准国际经贸规则制定奠定基础，对新时期我国实现高质量发展意义重大。

# 一、全球服务贸易发展新趋势

## （一）服务贸易成为全球贸易和经济增长的新动力

全球服务贸易出口的总体增速高于 GDP 增速。依据国际收支统计（BOP），1981—2005 年世界服务贸易出口平均增长 8.0%，高于世界经济 3% 的平均增速；2006—2018 年，服务贸易出口平均增长 6.3%，是全球经济增速（2.7%）的两倍以上。据世界贸易组织预测，未来全球服务贸易仍将保持较快的增长速度，成为全球贸易和经济增长的新动力（见图 1）。

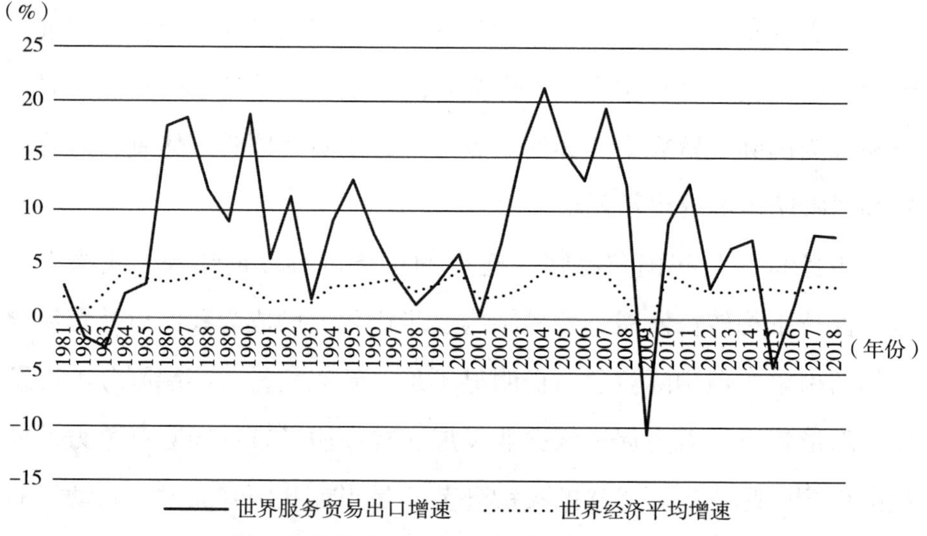


**图1　世界服务贸易出口增速与经济平均增速**

资料来源：联合国贸易和发展会议（UNCTAD）数据库。

全球服务贸易增速高于货物贸易，在全球贸易中的占比和地位稳步提升。过去十年，全球服务贸易增速比货物贸易增速高约 60%；特别是 2012—2018 年，全球服务贸易年均增长 4.19%，高于同期货物贸易的年均增速（1.1%）；2018 年全球服务贸易总额达 5.8 万亿美元，货物贸易总额为 19.4 万亿美元，服务出口占全球出口的比重从 2012 年的 19.73% 上升至 2018 年的 23.14%。未来，随着制造服务化推进、可贸易服务的进一步拓展，服务贸易在全球贸易中的地位和作用将进一步提升（见表 1）。根据世贸组织报告，预计 2040 年服务贸易在全球贸易中的占比将会提高到 50%。

**表1　2012—2018年全球货物与服务出口额占比及增速（%）**

| | 2012年 | 2013年 | 2014年 | 2015年 | 2016年 | 2017年 | 2018年 |
|---|---|---|---|---|---|---|---|
| 货物出口增速 | 0.75 | 2.82 | −0.08 | −12.83 | −3.34 | 10.60 | 9.76 |
| 服务出口增速 | 2.92 | 6.62 | 7.32 | −4.48 | 1.38 | 7.91 | 7.66 |
| 货物出口额占比 | 80.27 | 79.69 | 78.51 | 76.93 | 76.07 | 76.51 | 76.86 |
| 服务出口额占比 | 19.73 | 20.31 | 21.49 | 23.07 | 23.93 | 23.49 | 23.14 |

资料来源：联合国贸易和发展会议（UNCTAD）数据库。

## （二）新一轮科技革命为服务贸易发展拓展新空间

随着新一轮科技革命推动数字信息新技术的快速发展和广泛应用，全球服务贸易发展的动力、模式、主体等多个方面发生诸多变化。

全球数字经济快速发展，大幅降低服务贸易成本。根据联合国发布的《数字经济报告 2019》，2018 年全球 47 个国家数字经济总规模超过 30.2 万亿美元，占 GDP 比重高达 40.3%，美国保持全球第一位，达 12.34 万亿美元，中国保持全球第二位，规模达到 4.73 万亿美元[①]。据 WTO《2019 年世界贸易报告》，服务贸易成本几乎是商品贸易成本的两倍，但在 2000—2017 年，由于数字技术发展、政策壁垒减少和基础设施投资，服务贸易成本下降了 9%。

经济数字化快速发展，激发新的贸易方式和服务业态。随着互

① 中国信息通信研究院：《2019年全球数字经济新图景》。

联网、大数据、云计算、人工智能的快速发展及其与实体经济的深度融合，跨境电商、平台经济等新业态、新模式不断涌现，拓展了服务贸易空间和规模，全球数字贸易急速发展。例如，在平台型数字服务领域，苹果、谷歌等大型平台公司以移动应用商店或搜索引擎为服务桥梁或内容，推动市场规模快速扩大，且一半以上的营业收入来自海外市场。与此同时，基于 SaaS（软件即服务）、PaaS（平台即服务）、IaaS（基础架构即服务）的云平台等服务发展迅猛、前景广阔。根据 Bain & Company 公司 2017 年报告显示，预计全球云计算市场年复合增长率（CAGR）可达 17%，2020 年规模将升至 3900 亿美元。Gartner 是全球知名的 IT 研究与顾问咨询公司之一，根据其 2019 年绘制的"新兴技术成熟度曲线"（The Gartner Hype Cycle for Emerging Technologies），数字生态将成为未来 5 ~ 10 年对全球产生重大影响的五大技术发展趋势之一，数字化将促进价值链解构，价值交付网络快速发展并创造新的产品和服务，商业生态系统持续升级。

经济数字化程度提升正在重塑商业模式，大幅提升服务的可贸易性（tradable goods）。信息技术的发展、互联网的广泛应用，推动数字贸易快速发展，在降低服务贸易成本的同时，可视化与跨境交付技术正在从根本上改变商业模式和贸易方式，大大提高了以往不可贸易的传统服务产品跨境提供的可能性。跨境在线服务正逐渐成为金融机构开展海外业务的重要途径，医疗康养、旅游文娱等服务贸易的便捷性大幅提升、交易成本大幅降低，远程跨境服务日益活跃、品类日益丰富，促进了服务贸易规模快速扩大。根据世界贸易组织（WTO）发布的《2019 年世界贸易报告》，2005—2017 年，基于信息通信技术（ICT）的服务贸易由 10390 亿美元增加至 23680 亿美元，表明由于 ICT 渗透的潜在作用，以跨境提供服务的全球服务贸易出口增长了一倍多。据美国国际贸易委员会测算，全球数字经济总产值将从2017年的12.9万亿美元快速扩大到2025年的23万亿美元，在数字化创新背景下，通过模式一实现跨境提供服务的发展前景十分广阔。

服务外包拓展升级，吸引更多发展中国家融入全球生产服务网络。信息技术和新的交付手段，帮助跨国企业通过外包逐步剥离非核心服务，提升专业化和运营效率、降低成本。据国际数据公司（IDC）预测，2020年全球离岸外包规模约4587.8亿美元，且外包企业逐步向解决方案、系统集成、综合服务提供商、高附加值领域发展。值得关注的是，中小服务商和发展中国家通过承接服务外包，拥有更多、更为便利的机会参与国际化生产，拓展产业发展空间、融入经济全球化。

### （三）服务贸易在全球价值链中的地位不断提升

服务水平的提升、与制造业融合发展趋势的增强，推动服务贸易快速发展和全球价值链重塑。若加上传统贸易统计中被低估的服务贸易规模，服务贸易对全球价值链重塑具有重要意义。

#### 1. 制造业服务化成为价值链升级发展的重要驱动力

全球产业链中制造与服务环节的联系更为紧密。随着全球制造业向服务化、智能化、绿色化、高端化等方向发展，服务在制造业价值链中的地位日益凸显。据世界银行《制造导向发展的未来》报告，发达国家产品的最终价格中，制造环节增值占比不到40%，服务环节增值约占60%。一方面，服务对产业发展的促进作用更为突出。以引领数字经济发展的ICT产业来讲，所谓“产业结构软化”已成为全球共同趋势。据中国信息通信研究院发布的《2019年全球数字经济新图景》，除中国、新加坡、墨西哥、韩国、越南5国，其余国家ICT服务业占比均超过ICT制造业，成为各国数字产业化发展的支柱力量。另一方面，服务已成为制造企业维护竞争优势的核心环节。产品服务已成为企业销售收入和利润的重要来源，商品中的服务要素对提升产品竞争力愈加重要，物流、金融、研发、专业服务、维修检测等相关的生产性服务快速发展，成为价值链增值的主要环节，价值链形态发生变化，微笑曲线有所加深（见图2）。

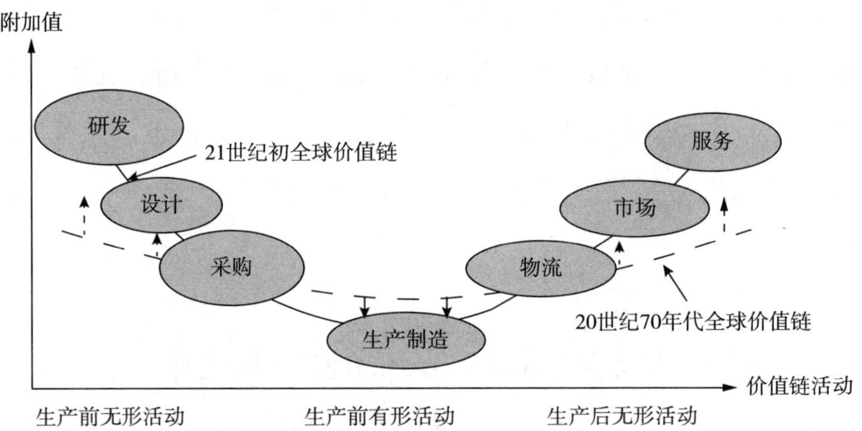


**图2 全球价值链（微笑曲线）的变化**

资料来源：世界贸易组织（WTO）、世界银行（WB）、经济合作与发展组织（OECD），《2017全球价值链发展报告》。

生产性服务快速发展。物流运输、信息科技、商务服务、金融服务等生产性服务受到企业和各国的高度重视，要素投入持续增加，取得快速发展。据商务部发布的《中国服务贸易发展报告》，全球对生产性服务的有效需求中，近70%来自制造业；主要发达国家服务贸易中，生产性服务贸易占比超过70%。据世界贸易组织（WTO）数据，不同行业在全球生产性服务出口的比重呈现出不同程度的增长：2011年前运输行业出口占比最高，但2008年金融危机后占比逐渐下降，2008—2018年由22.3%下降至17.4%。而其他商业服务出口占服务出口的比重不断上升，2005—2018年由19.3%增至21.7%，2011

年超过运输业成为服务出口占比最高的行业。电信、计算机和信息行业占全球服务出口的比重也在不断上升，同期由6.99%增至10.4%。货物相关服务、维修和维护、金融、知识产权的使用等行业在服务出口中的占比变化不明显（见图3）。

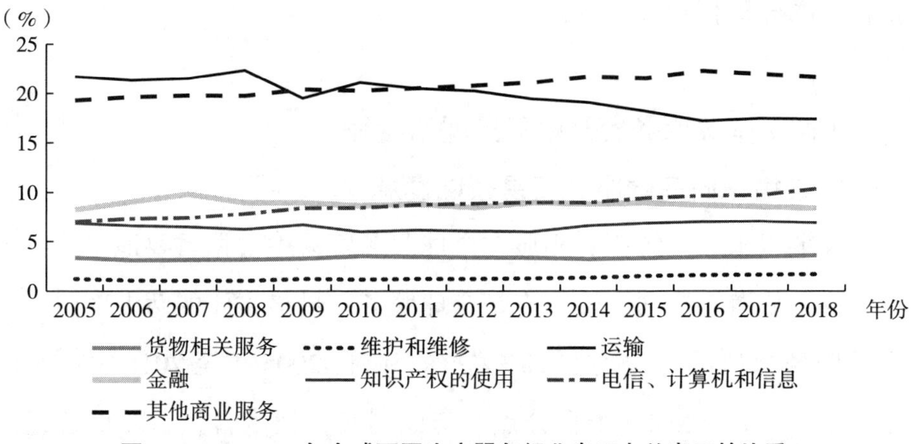


**图3　2005—2018年全球不同生产服务行业出口占总出口的比重**

资料来源：联合国贸易和发展会议（UNCTAD）数据库。

## 2. 从增加值看，服务贸易对全球贸易重要性明显提升

从全球看，以增加值计算的服务贸易在全球贸易中的比重显著提升。联合国贸易和发展会议（UNCTAD）数据显示，以传统贸易总额方法计算，服务占全球出口总额的比重约24%，但以增加值核算方法计算的服务出口，占全球贸易出口的比重近乎一半（46%）。从国家层面看，美国出口商品中50%以上的增加值来自服务业，部分欧洲国家甚至高达70%。

不仅如此，由于传统贸易统计数据不能完全反映服务贸易的规模，现有服务贸易往往被低估。根据麦肯锡全球研究院的报告①，货物贸易中大约1/3的价值归功于服务业；在所有产业链中都存在以进口

① 麦肯锡全球研究院：《变革中的全球化：贸易与价值链的未来图景》2019年4月。

服务替代国内服务的趋势；跨国企业向遍及全球的子公司提供的各项资产也蕴含着软件、品牌、设计、运营流程等无形资产。若将这些包括在内，服务贸易规模将大幅提升，在价值链增加值中的占比将远超一半的水平。这一结论与世界贸易组织（WTO）《2019 服务贸易发展报告》的分析相吻合。

## （四）全球服务贸易格局出现新特征

### 1. 结构：向高端服务贸易领域发展

长期以来，传统服务领域在全球服务贸易中占据重要地位。以出口为例，旅游、交通运输一直是全球服务贸易最主要的两大部门，在全球服务出口的占比均在 20% 左右，但自 2005 年至 2018 年占比已分别下降 1.7 个和 4.3 个百分点。与此同时，技术含量、知识含量高的服务业比重持续上升，计算机与信息服务、金融服务、专业服务和管理咨询、知识产权交易、研发、维修服务等日益活跃，成为各国关注并着力发展的重点领域（见图 4）。

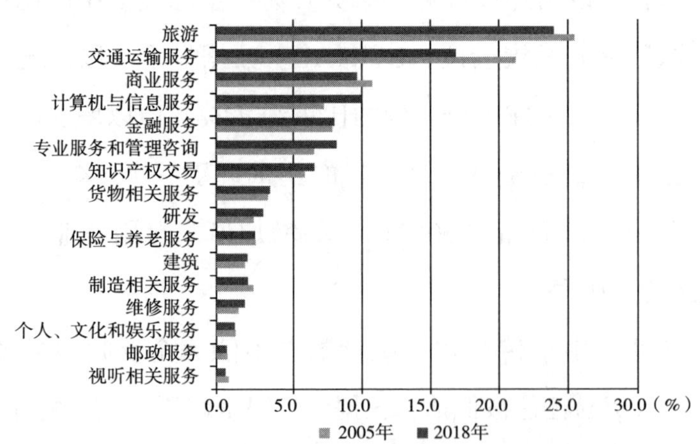


**图4 全球服务贸易出口的结构变化**

资料来源：联合国贸易和发展会议（UNCTAD）数据库。

### 2. 格局：发达经济体占主导地位，发展中国家重要性提升

从国别分布来看，服务贸易的市场集中度较高。出口方面，前十大服务贸易出口国的全球占比在50%上下波动，2018年为53.4%。其中，美国服务贸易出口占绝对领先优势，占全球份额超过14.2%，高于第二大、第三大出口国总和，且仍在持续稳定增长；2005—2018年，中国服务贸易出口额已从全球第10位提高到第5位。进口方面，前十大服务贸易进口国与前十大服务贸易出口国基本一致，并且进口额合计占比为52.4%，略低于出口合计份额。美国也是全球第一大服务贸易进口国，全球占比约10%。我国服务贸易进口增长较快，2013年超越德国成为世界第二大服务贸易进口国，2018年占全球份额达到9.4%，已接近美国（见表2）。

**表2　　服务贸易进出口的前十大国家（2018年）**

| | 出口额（亿美元） | 占全球份额（%） | | 进口额（亿美元） | 占全球份额（%） |
|---|---|---|---|---|---|
| 美国 | 8284.28 | 14.2 | 美国 | 5592.13 | 10.0 |
| 英国 | 3761.57 | 6.4 | 中国 | 5250.40 | 9.4 |
| 德国 | 3311.56 | 5.7 | 德国 | 3514.55 | 6.3 |
| 法国 | 2914.94 | 5.0 | 法国 | 2567.73 | 4.6 |
| 中国 | 2668.41 | 4.6 | 英国 | 2353.39 | 4.2 |
| 荷兰 | 2424.89 | 4.1 | 荷兰 | 2288.51 | 4.1 |
| 爱尔兰 | 2057.32 | 3.5 | 爱尔兰 | 2180.83 | 3.9 |
| 印度 | 2051.08 | 3.5 | 日本 | 2000.47 | 3.6 |
| 日本 | 1920.06 | 3.3 | 新加坡 | 1869.56 | 3.3 |
| 新加坡 | 1840.15 | 3.1 | 印度 | 1765.83 | 3.2 |
| 合计 | 31234.27 | 53.4 | 合计 | 29383.38 | 52.4 |

资料来源：联合国贸易和发展会议（UNCTAD）数据库。

近年来，除建筑领域外，发达经济体大部分领域服务贸易出口份额均有所下降，但仍居主导地位，约占全球服务贸易分行业出口的60% ~ 70%，甚至更高。发展中国家和新兴经济体承接服务外包能力

显著提高，且不断加快新兴领域的创新发展，在旅游、运输、信息服务、维修服务和视听服务等领域的全球出口占比明显提升；但在金融服务、管理法律咨询等专业服务、知识产权交易、货物贸易和制造相关服务、文化服务等知识密集型领域，服务贸易的国际竞争力改善并不明显（见图 5）。

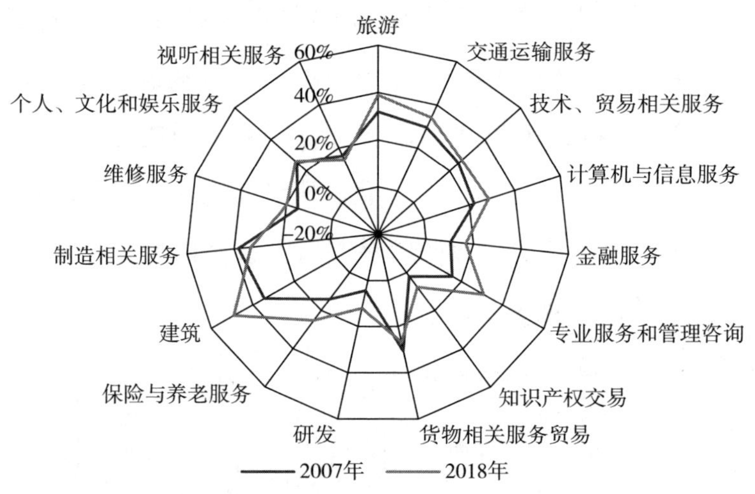


**图5　发展中国家在全球服务出口中的分行业占比**

资料来源：联合国贸易和发展会议（UNCTAD）数据库。
注：视听相关服务采用的是2017年数据。

### 3. 主体：跨国公司加强对服务增值环节的掌控能力

跨国公司是全球产业布局和跨境贸易投资的推动者。近年来，跨国公司日益重视服务要素的投入，服务化转型发展的趋势日益显著，一些传统大型产品制造商已经转型为综合服务解决方案提供商。有数据显示，全球 500 强企业中，20% 的跨国制造企业的服务收入超过总收入的 50%。跨国公司凭借资本、技术和专利等优势，不断集聚资源，通过加强对服务业和服务关键增值环节的竞争力和掌控力，促进业务规模和市场空间的拓展。在高附加值服务市场中，大型跨国企业集中度更趋突出。以云服务市场为例，全球基于亚马逊、微软、谷歌和阿里云四大巨头的云服务，合计市场份额的全球占比提高至 2019 年的 59.9%。

与此同时，信息和数字技术促进贸易新模式和平台化快速发展，中小企业可以通过跨境电商平台参与国际贸易，通过技术创新提升比较优势，通过网络实现跨境服务提供并拓展全球市场，成为全球服务贸易发展中的新力量。

**4. 模式：商业存在成为服务竞争力体现的关键**

商业存在，指世界贸易组织（WTO）成员的服务提供者在其他成员境内通过建立外国附属企业或分支机构（Foreign Affiliate Trade in Service，FATS）提供服务的模式（模式三）。随着跨境投资的快速发展，商业存在成为服务贸易最重要的模式之一，按 FATS 统计口径和公布的最新数据，2017 年经商业存在实现的服务贸易额达 7.9 万亿美元，占服务贸易总额的 58.61%，与全球跨境投资 60% 以上投向服务业的趋势相一致（见图 6）。在服务贸易中规模最大的分销服务和金融服务，2017 年贸易额分别为 2.6 万亿美元和 2.5 万亿美元，占服务贸易总额的 19.9% 和 18.6%，其中，各有 1.9 万亿美元的分销服务通过外国子公司进行交易[①]完成，分别占分销和金融服务的 70% 和 77%。

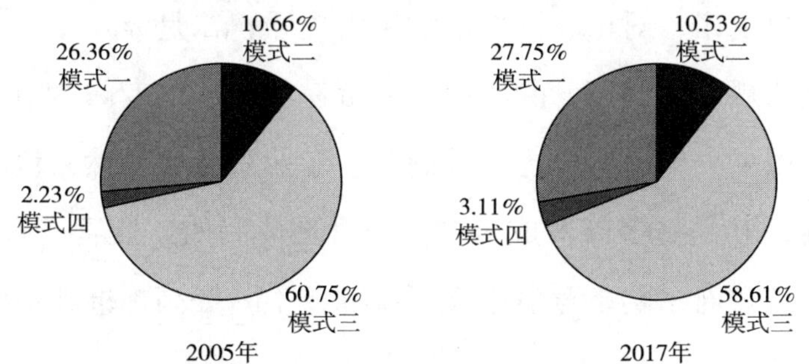


**图6　服务贸易四种模式在全球服务出口中的占比**

资料来源：世界贸易组织（WTO）TISMOS数据库。

① 世界贸易组织（WTO）：《2019年世界贸易报告》，第25页。

### （五）服务贸易成为全球经贸规则重构中各方博弈的重点

经济全球化深入发展的趋势未发生根本性改变，国际经济全方位竞争更加激烈。一方面，全球市场、要素竞争日益激烈，各国在信息技术、数字经济、智能制造等前沿技术领域发力争先。另一方面，逆全球化思潮和保护主义抬头，贸易投资摩擦不断增多，全球经贸规则制定主导权的争夺更趋激烈。作为价值链的高端环节，服务市场开放和投资自由化成为发达国家在新一轮规则重构中关注的两大重点，服务贸易相关规则也日益成为各方博弈的焦点议题。

**1. 新一代服务贸易规则谈判呈现高标准、强约束特征**

1994年在多边框架下达成的《服务贸易总协定》（以下简称GATS），对促进全球服务市场开放、服务贸易发展发挥了重要作用[①]。多哈回合谈判停滞不前，GATS原有规则已无法完全适应信息技术变革和服务贸易快速发展的现实需求。在多边框架内倡导“新议题”遇阻后，发达经济体以所谓“志同道合者”（like-minded），推进国际服务贸易协定（TISA）诸边谈判或商签大型跨区域贸易投资协定。相比GATS，无论是TISA还是高水平的区域/双边自贸协定，服务贸易规则呈现出新特征、新趋势：一是新的规则谈判大多采用更加透明的负面清单模式进行开放承诺，对市场开放的约束力更强；二是涉及服务贸易的内容更广泛、规制更详细，除跨境服务贸易外，还以专门章节或附件形式对金融服务、电信服务、电子商务、专业服务、自然人流动等做出明确规定；三是更多涉及成员方国内管理体制的“监管一致性”，如知识产权、政府采购、竞争中立等议题，不断提高标准或被纳入规则

---

① 全球第一个具有法律约束力的国际服务贸易行为准则。GATS界定的服务贸易是指通过四种方式提供服务，即跨境提供（模式一）、境外消费（模式二）、商业存在（模式三）和自然人移动（模式四），并采取渐进自由化的方式，区分成员的普遍义务与特定义务。

体系；四是关注数据跨境自由流动，限制本地存储等纪律要求。

**2. 数字贸易成为国际规则制定焦点且各方政策分歧凸显**

“经济会随着技术的进化而改变其结构，即改变制度安排”[①]。美国作为“首个全面接受并投入数字经济的国家”[②]，希望“确保自由和开放的互联网”塑造全球规则，增强网络基础设施、信息通信设备联通和相关技术规范标准协调，特别强调降低数据流动的壁垒，《美墨加协定》（USMCA）中更是在体例上将数字贸易问题作为独立一章进行了详细说明，力求占领数字贸易规则制定的高地。欧盟致力于建立统一的数字市场，主张保护隐私、立法先行，2016 年出台的《通用数据保护条例》（General Data Protection Regulation，GDPR）于 2018 年 6 月正式生效。该条例适用范围广泛，任何收集、传输、保留或处理涉及欧盟所有成员国内个人信息的机构组织均受该条例约束，被称为最为严格的个人数据保护方案。此外，有些国家为降低监管风险、保护隐私等倡导加严管制，如跨境数据流动限制、数据存储本地化要求、网络安全风险防范等。2019 年 1 月，包括中国在内的 76 个国家和地区已经开启与贸易有关的电子商务议题谈判并进行了多轮磋商，有可能成为下一轮 WTO 改革的早期收获，但对全球数字贸易规则的未来走向，各国立场差异较大、分歧日益显现，谈判前景仍存较大不确定性。

**3. 在大型区域贸易协定中以禁止“当地存在”条款为服务跨境提供拓展空间**

在新技术革命推进远程服务快速发展背景下，为促进服务业市场开放，发达国家通过新规则和相关纪律要求强调为服务贸易提供更大

---

① 布莱恩 · 阿瑟：《复杂经济学》，浙江人民出版社2018年版。

② 见波士顿咨询公司的《数字化时代的商业革命》，2019年3月。

便利和空间，在《美墨加协定》（USMCA）和《全面与进步跨太平洋伙伴关系协定》（CPTPP）中均包含了“当地存在”条款。该条款规定，“任何缔约方不得要求另一缔约方服务提供者在其领土内设立或维持办事处或任何形式的企业或成为居民，作为跨境提供服务的条件”。这一条款旨在鼓励各成员主动降低当地存在限制、促进服务贸易开放，体现了促进跨境提供服务贸易的国际经贸规则新导向，值得高度关注。

**4. 国际服务贸易协定（TISA）谈判多边化将带来巨大压力**

TISA 谈判参与方已覆盖全球 70% 的服务贸易，该谈判采取封闭形式，涉及数据跨境自由流动等中方较为敏感的议题，服务贸易开放标准更高。我国尚未被批准加入谈判，存在被边缘化的可能。一旦 TISA 达成新的服务贸易规则并实现多边化，将使我国面临的制度性改革和扩大开放压力显著增强，有可能成为中国对外开放必须面对的另一道高门槛。

总体来看，随着经济全球化深入发展及制造业服务投入显著增加，全球服务业和服务贸易发展呈现新趋势，对世界经济、国际贸易的重要性日益凸显，对全球经贸规则提出新要求。这些既蕴含着前所未有的发展机遇，也包括诸多新挑战，因此必须认真研判新走向、妥善应对新形势，才能趋利避害，服务支撑我国高质量经济发展的需要。

## 二、我国服务贸易竞争力的现状和发展趋势

全球服务贸易在价值链中的地位不断提升，对经济增长和全球价值链深化的促进作用日益重要。课题组采取多种方式、多个视角，对

中国服务贸易的竞争力进行全面深入分析：一是从贸易平衡、国际市场份额、贸易竞争力指数（TC）和显性比较优势（RCA）等多个视角；二是兼顾“跨境服务”的国际收支统计（BOP）和“商业存在模式”下的服务贸易统计（FATS）[①]；三是采用增加值核算（VA）的方法。后两个方法，对我国服务贸易竞争力的分析和国际比较较为全面和深入，在国内属于创新性探索研究。研究发现，我国服务贸易快速发展、竞争力有所提升，但与发达国家相比还有明显差距。必须高度重视，加快管理体制改革和对外开放，推动服务贸易竞争力全面提升。

### （一）多措并举促发展，我国已成为服务贸易大国

党的十八大以来，我国积极主动扩大服务业和服务贸易开放，实施负面清单的管理体制，以“服务业扩大开放综合试点”和“服务贸易创新发展试点”等，先行先试探索服务贸易管理体制改革与开放路径，服务贸易实现较快发展。

#### 1. 服务进出口规模快速扩大

改革开放以来，我国服务业占 GDP 的比重从 24.6% 上升至 2019 年的 53.9%。“入世”以来，我国多措并举促进服务市场开放和贸易发展，结构持续优化，在全球地位逐步提高。据联合国贸发会议的跨境服务数据（BOP 口径），我国服务贸易规模持续扩大，2019 年服务贸易进出口总额达 5.41 万亿元（7434 亿美元），已连续五年保持服务贸易全球第二位，分别为第二大进口国和第五大出口国（见图 7）。

---

① BOP统计覆盖的是跨境提供，即WTO所定义的服务贸易四种模式中的模式一、模式二和模式四，包括境外消费和自然人流动；FATS统计的是模式三（商业存在），即外国分支机构在东道国的本地服务销售。

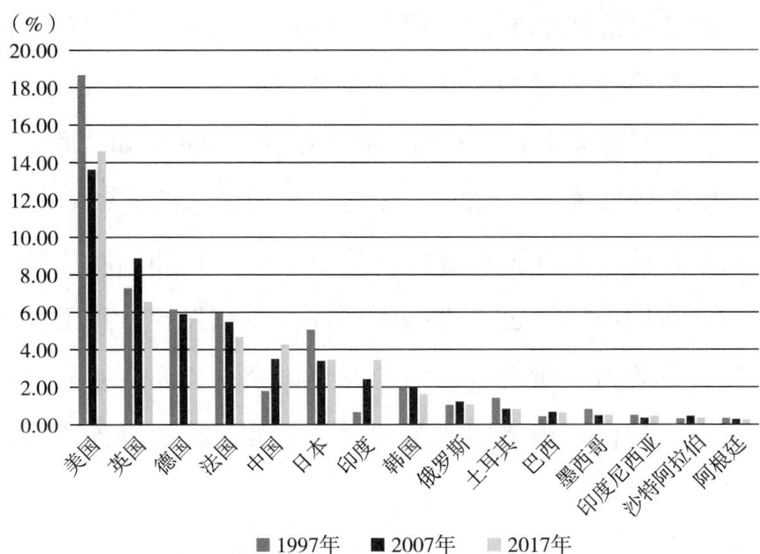


**图7 按BOP统计口径主要经济体服务贸易出口的国际市场份额**

资料来源：根据联合国贸易和发展会议（UNCTAD）数据计算。

### 2. 以商业存在模式提供的服务贸易发展迅猛

据商务部统计，我国商业存在模式服务贸易快速增长，2018 年增长 17.6%，高于服务整体进出口增速 6.1 个百分点，外资在华服务销售收入和中资海外机构服务销售收入分别增长 8.4% 和 28.9%。2018 年中国商业存在模式服务贸易为 15 万亿元人民币，是当年服务进出口的 2.9 倍，占全口径服务贸易（将 FATS 与服务进出口相加）规模的 74.4%。按 WTO 统计，2016 年中国是唯一进入全球前十的发展中经济体，总规模居全球第二位。其中，内向 FATS 低于美国，外向 FATS 低于美国、德国和英国。

### 3. 共建“一带一路”等区域合作助力服务贸易发展

2018 年，我国与“一带一路”沿线国家和地区服务贸易总额达 1217 亿美元，占我国服务贸易总额的 15.4%。沿线国家和地区的投资和承包工程迅猛发展。2019 年对“一带一路”沿线国家和地区承包工程完成营业额 979.8 亿美元，同比增长 9.7%；承接“一带一路”沿线国家和地区服务外包合同执行额达到人民币 1249.5 亿元（约 184.7 亿美元），占比 19.1%。专业服务与管理咨询服务出口快速扩大，成为我国新兴的服务贸易顺差领域。

### （二）我国服务贸易“大而不强”特征明显

#### 1. 服务贸易在对外贸易中的比重仍较低

在全球对外贸易中，服务贸易的重要性持续提高，相比而言，我国仍存在较大差距。从出口看，我国服务贸易占比多年来不升反有微幅下降，2017 年仅为 9.3%，远低于全球 23.5% 的平均水平，主要原因是制造业竞争力提升速度远超服务业；从进口看，我国服务进口在商品与服务合计的外贸进口总额中占比持续提升，2017 年已达 21.2%，接近全球 23.3% 的平均水平。2018 年，我国服务贸易占全部贸易的 14.04%，仍低于全球水平约 10 个百分点（见图 8）。

#### 2. 服务贸易逆差持续扩大，全球市场份额仍有提升空间

“入世”以来，我国服务进口规模持续扩大，2010 年后快速提升，全球占比从 2010 年的 4.3% 提高到 2018 年的 9.4%。我国服务贸易出口大致可分为两个阶段：2011 年之前出口规模和国际市场份额逐步提高，2012 年以后出口规模保持稳定，2018 年占比为 4.6%，与排名第一的美国存在较大差距（出口占全球 14.6%，进口占全球 10.4%）。

自 2005 年以来，我国服务贸易持续逆差，2018 年逆差达到 2913 亿美元。在全球服务贸易排名前五的国家中，美、英、法三国都是顺差，德国微弱逆差，只有中国保持服务贸易逆差，但 2019 年逆差规模有所缩小。

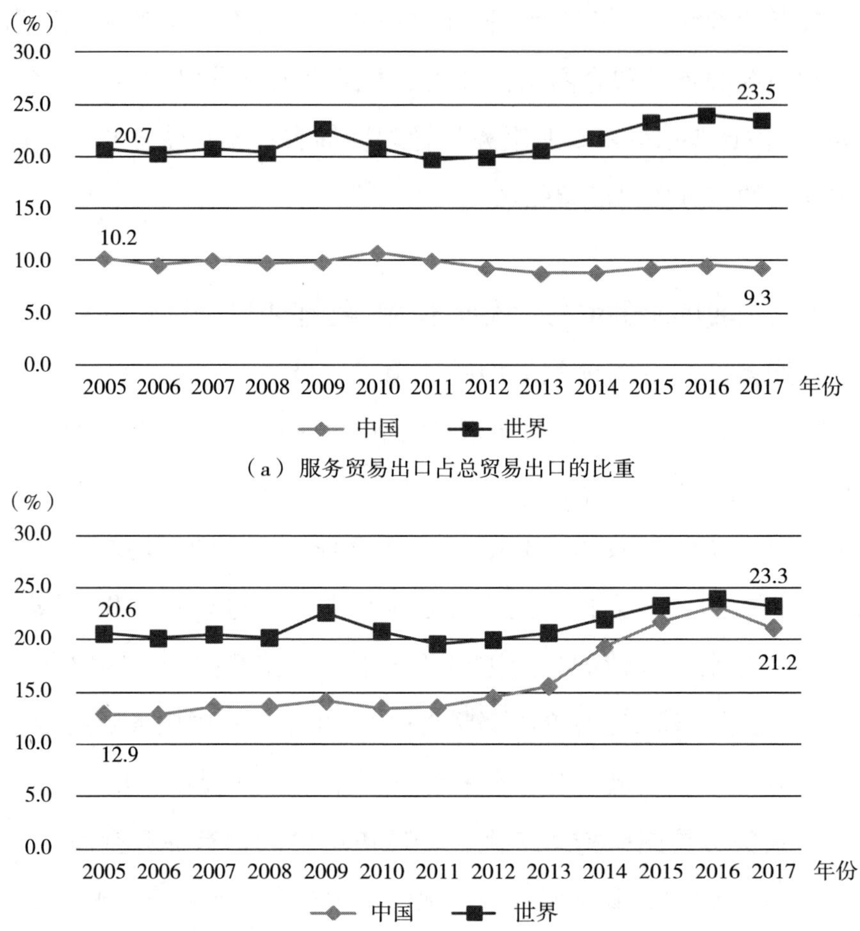


**图8 全球与中国服务贸易占全部贸易的比重**

资料来源：联合国贸易和发展会议（UNCTAD）数据库。

### 3. 行业走势分化，传统优势突出，中高端竞争力较弱

从国际市场份额看，中国细分服务部门有明显差异。①建筑是我国国际竞争力最强的部门，2017 年出口的国际市场份额高达 24%。②我国与货物相关的服务具有很强竞争力，国际市场份额为 13%，略低于美国（14%），但出口主要集中于加工贸易，与高附加值服务的比值为 3 ∶ 1，发达国家该比例约 1 ∶ 1。③电信、计算机及信息服

务，运输，旅游，其他商业服务，保险等行业我国竞争力处于全球中等水平，国际市场份额在 3% ~ 5%。④金融保险、知识产权服务是竞争力最弱的部门，国际市场份额分别仅占 0.7% 和 0.3%。

从进出口结构看，在 BOP 统计口径下，我国服务贸易出口以交通运输，旅游，其他商业服务，电信、计算机和信息服务为主，2017 年上述行业占我服务贸易总出口的 72.5%。服务贸易进口则以旅游为主，2017 年占比达 54.5%，其次为交通运输和其他商业服务，占比分别为 19.9% 和 9.2%，知识产权使用费的占比达 6.1%（见图 9）。总体上，知识密集型服务进出口逐步扩大，2018 年占比提高到 32.4%。

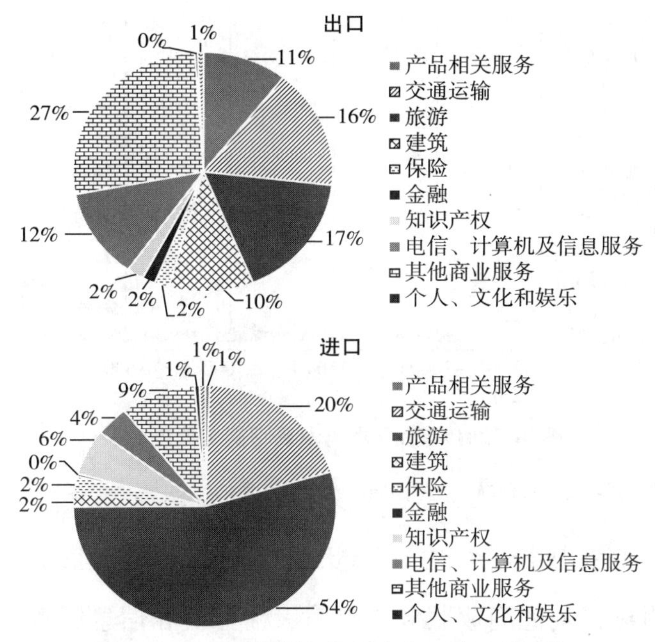


**图9　2017年我国服务贸易进出口的行业结构**

资料来源：《2018中国服务贸易发展报告》。

从贸易平衡看，2019 年我国在金融，建筑，维护和维修服务，电信、计算机和信息服务，加工服务，其他商业服务等行业处于顺差，顺差部门合计550.41亿美元；在旅游、运输、知识产权等6个服务领域处于逆差，逆差总额合计达3143.5亿美元。2019年，服务贸易逆差排名前三的领域是：①旅游项目（含留学和就医）连续十年高居我国服务贸易逆差第一位，且规模快速扩大，反映了国内消费升级、对高品质生活型服务需求快速提升；②运输服务逆差占据第二位，主要是货物贸易较快增长带动运输服务支出增加；③知识产权使用费进口快速增长，连续5年居服务逆差第三位，2018年逆差277.2亿美元，表明我国尊重和保护知识产权意识逐步增强，但技术研发能力亟待提升（见图10）。

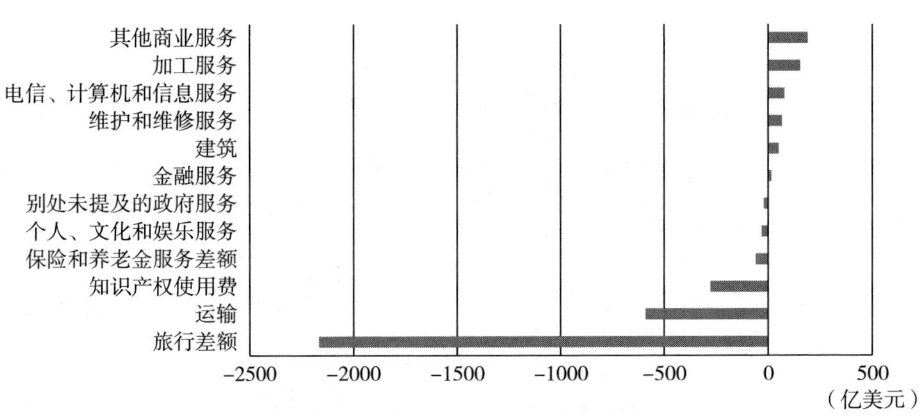


**图10　2019年我国服务贸易平衡（分行业）**

资料来源：国家外汇管理局，《中国国际收支平衡表》。

从国际竞争力指数（TC）衡量，我国在产品相关服务和建筑领域竞争优势明显，其他商业服务，电信、计算机和信息服务的竞争力略高于全球平均水平。我国在旅游和知识产权方面明显处于逆差地位，在交通运输、旅游、文娱等领域竞争力逐步下降，表现为相关领域服务进口大幅提升（见图11）。

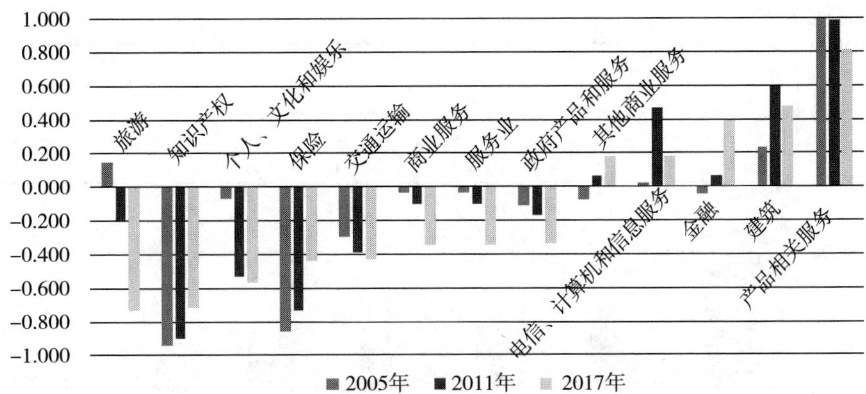


**图11　我国主要服务领域的国际竞争力指数（TC）**

资料来源：商务部，《中国服务贸易统计2018》。

## 4. 商业存在模式下我国服务贸易竞争力差距更加凸显

在商业存在模式下，我国发展差距凸显，表现为我国在商业存在模式下服务贸易显著逆差。据 WTO 统计，2016 年外资在华企业提供服务（我国进口）额高达 6101.2 亿美元，我国通过海外分支机构本地销售实现服务出口额 3850.6 亿美元，逆差为 2250.6 亿美元。按照中国统计，2016 年内向附属机构服务贸易 8530.4 亿美元，外向附属机构服务贸易 6919.0 亿美元，逆差为 1611.4 亿美元。主要发达国家在商业存在模式下的服务贸易均为顺差，美国顺差甚至高达 5446 亿美元（见图 12）。

在美国等发达市场中，我国以商业存在形式提供服务的竞争力明显不足。按美国经济研究局发布的最新数据，2016 年中国在美商业存在的服务销售收入为 83 亿美元，仅占其市场的 0.8%（见图 13）。日本、英国、德国等发达国家企业在美服务销售市场占比分别高达 15.9%、14.4% 和 13.5%，韩国、印度的服务规模也分别是中国的 3 倍和 2 倍。

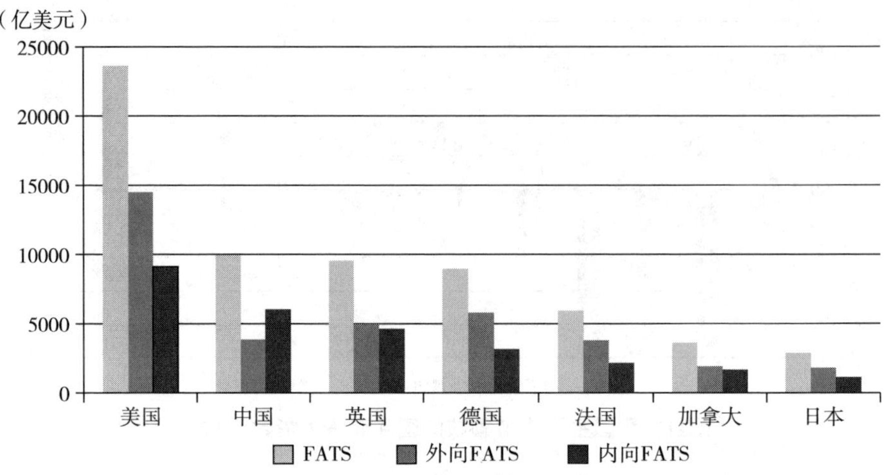


**图12 2016年全球商业存在模式下服务贸易总规模前7位国家**

注：①仅对截至2020年8月20日公布2016年双向商业存在模式服务贸易的38个经济体排序，其中双向数据均具备的有27个经济体。②WTO商业存在统计与各国统计口径不完全一致。

资料来源：WTO服务贸易数据库。

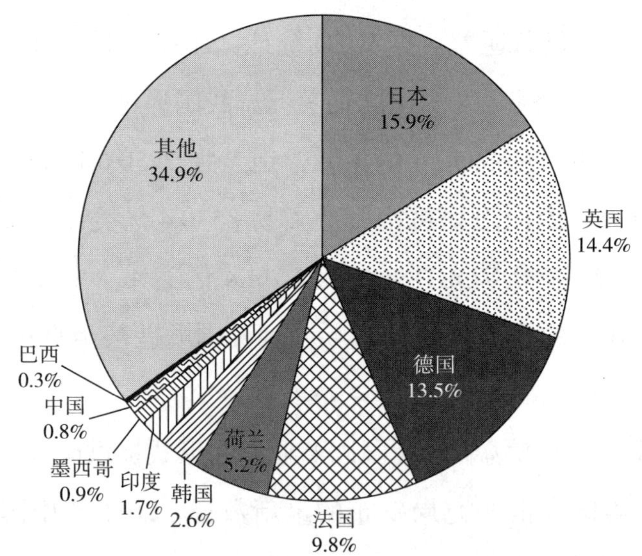


**图13 2016年各经济体在美国商业存在服务销售市场占有率**

资料来源：美国经济分析局（BEA）数据库。

分行业看，美、德、英等国企业海外商业存在的本地销售中，信息电信、金融保险、专业技术服务等高附加值服务占重要地位。我国则以传统服务业为主，如批发零售、商业服务、房地产、交通仓储，以及部分制造产品售后维修与支持服务等；在电信、专业技术两个部门与领先国家差距较 BOP 统计口径更为明显。在信息通信行业，美、英、德企业本地销售收入分别是中国企业的 13.2 倍、1.7 倍和 3.2 倍；在专业科技服务领域，美、英、德企业则分别是中国企业的 16.2 倍、6.5 倍和 2.3 倍（见图 14）。

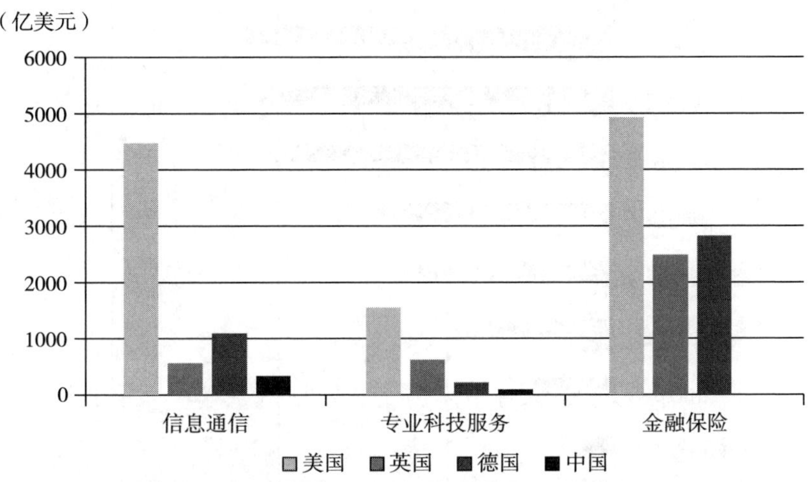


**图14　2016年美、英、德和中国外向FATS高附加值行业分布比较**

注：WTO未统计中国金融保险业外向FATS。
资料来源：WTO服务贸易数据库。

**5. 从增加值分析，我国服务贸易国际竞争力高于贸易总值方法衡量的结果，但仍有较大提升空间**

首先，从国际市场份额看，以贸易增加值计算的我国服务贸易明显好于贸易总值统计口径下的表现。根据 2018 年经济合作与发展组织（OECD）发布的最新国际投入产出表（OECD-ICIO），我国服务增加值出口 5944 亿美元，国际市场份额为 8.6%，全球排名第二，传统统计口径下的服务出口 2181 亿美元，国际市场份额为 3.7%，全球排名第五。二者差异较大的主要原因是，制造与服务融合发展为制造生产提供多环节服务投入，实现大量服务增加值的间接出口。

其次，从分部门市场份额看，金融、商业服务、批发零售、运输等部门的国际市场份额显著提高（见图 15）。这既体现出制造业服务化增强了制造业的出口竞争力，也反映出中国制造业发展带动了服务业国际竞争力的提升。

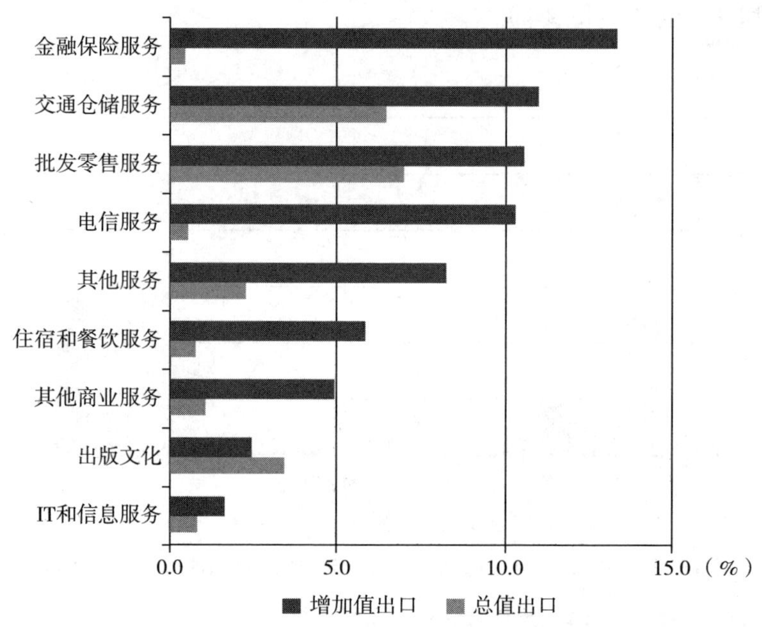


**图15 中国分部门服务出口市场份额：总值和增加值比较**

资料来源：课题组根据WTO服务贸易数据库和OECD-ICIO数据计算。

最后，以显性比较优势指数衡量，我国服务贸易增加值出口的国际竞争力（VA-RCA）明显高于贸易总值测算的竞争力（RCA）。从 RCA 看，我国服务贸易在国际竞争中处于较为明显的弱势地位，且波动变化小，一直处于 0.3 左右的较低水平。从 VA-RCA 看，虽然竞争力仍不高，但处于 0.6 ~ 0.7 的范围，高于 RCA 所在区间且处于稳步上升趋势（2011 年后更为明显）；远低于美、英、法等服务贸易大国，也低于日、德等制造业强国，从趋势看差距正逐步缩小但尚无明显改善（见图 16）。

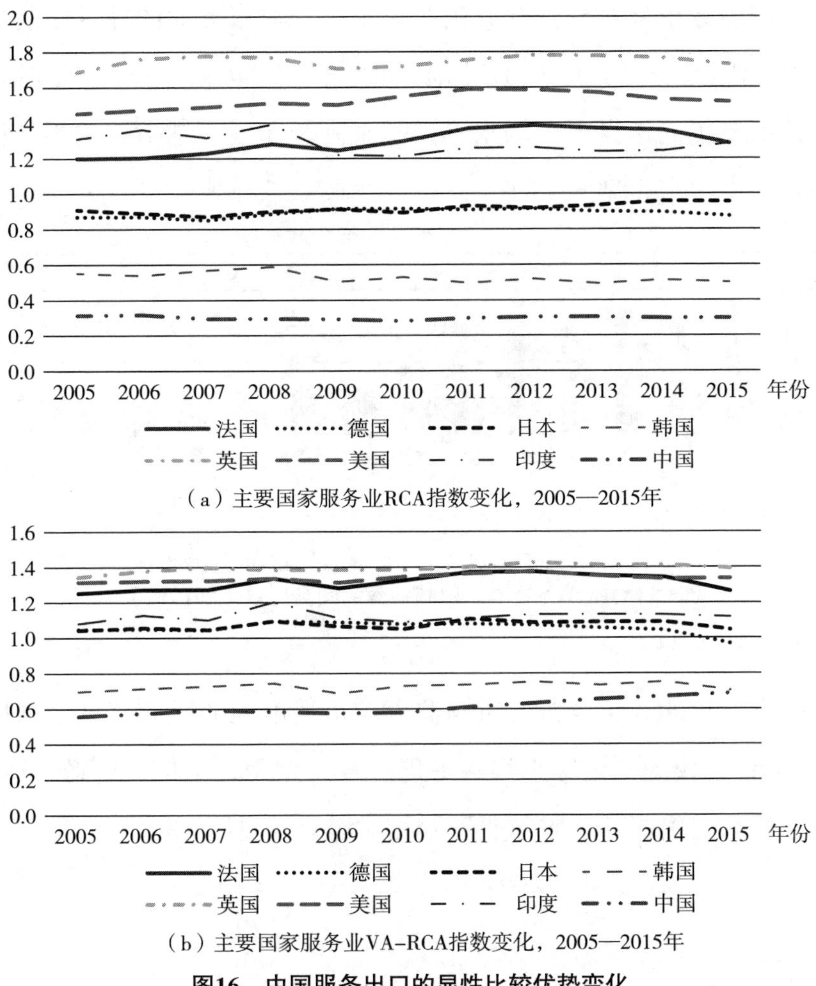

（a）主要国家服务业RCA指数变化，2005—2015年


（b）主要国家服务业VA-RCA指数变化，2005—2015年

**图16 中国服务出口的显性比较优势变化**

资料来源：课题组根据WTO服务贸易数据库和OECD-ICIO数据计算。

## 三、我国服务贸易竞争力不足的原因分析

### （一）服务市场对内管制明显，对外开放不足

一方面，国内管制不科学阻碍市场发挥有效配置资源的作用，使得服务行业竞争力不强。另一方面，对外开放虽取得长足进展，但仍相对滞后。从2019年OECD的外商直接投资（FDI）限制指数

看，我国服务市场对外资开放仍明显不足，对服务业的外资限制指数（0.306）高于所有行业对FDI的限制程度（0.244），部分行业对外资准入的限制仍高于世界平均水平，甚至高于印度、越南、墨西哥和巴西等发展中国家（见图17）。

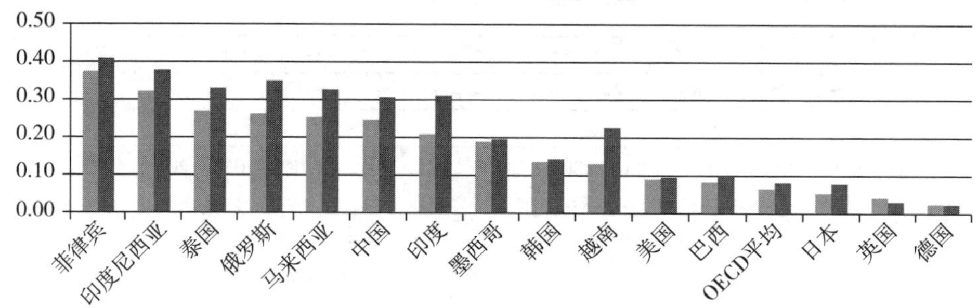


**图17 OECD外资准入限制指数的国际比较（2019年）**

资料来源：OECD。

以可量化的、结合服务贸易监管与市场准入的服务贸易限制指数（STRI）看，我国与全球平均水平仍有较大差距，电信、金融、运输、法律服务和文化等高端服务业开放相对滞后（见图18）。

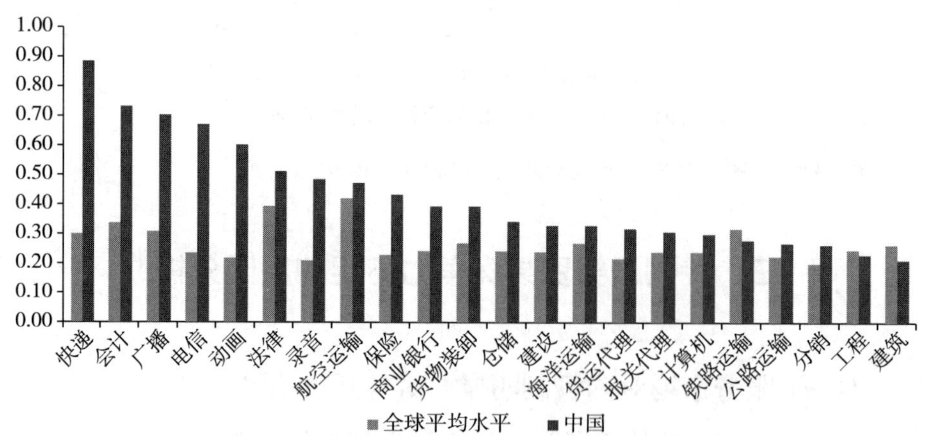


**图18 OECD服务贸易限制指数（STRI）的国际比较**

资料来源：根据OECD STRI数据整理而成。STRI的数值越高，市场限制越多、开放度越低；图中排名越靠前，开放度越高。

### （二）我国制造业服务化水平差距明显

制造业服务化水平是决定一国服务贸易国际竞争力的重要因素。当前，我国制造业转型发展与预期目标相差较大，原因之一就是我国制造企业服务化水平较低。据分析，发达国家制造业企业的服务收入占营收总额的50%以上，我国仅在10%左右。

课题组利用OECD发布的国际投入产出表（OECD–ICIO），对制造业服务化的两大关键指标进行分析：①从制造业生产中的服务业投入看，2005—2015年发达国家服务投入占比保持在25%～33%，我国则明显偏低，一直在15%左右，仅呈微弱的上升趋势。相对较强的领域主要在运输与分销环节，金融、信息服务和商业服务等知识与技术含量较高的领域竞争力明显较低，生产性服务投入主要来源于外国公司提供的服务。②从制造业最终产品中服务增加值的占比看，我国制造业服务化呈现较快发展趋势，2005—2015年，服务增加值占比由26.5%上升至31.6%，逐步向美、欧、日等发达经济体（服务增加值35%～41%）靠近（见图19）。

### （三）监管模式难以适应服务贸易发展需求

由于缺乏针对服务贸易进出口的监管政策，我国仍沿用传统制造生产和货物贸易监管理念和手段，难以适应通关便利化的新要求。例如，医疗用品、耗材、试剂等产品的通关仍沿用原有监管方式，进口少量用于研发的药物，需按上市销售医疗药品经多部门审批，对于时间、质量高度敏感的医药研发检测等业务拓展的影响较大。

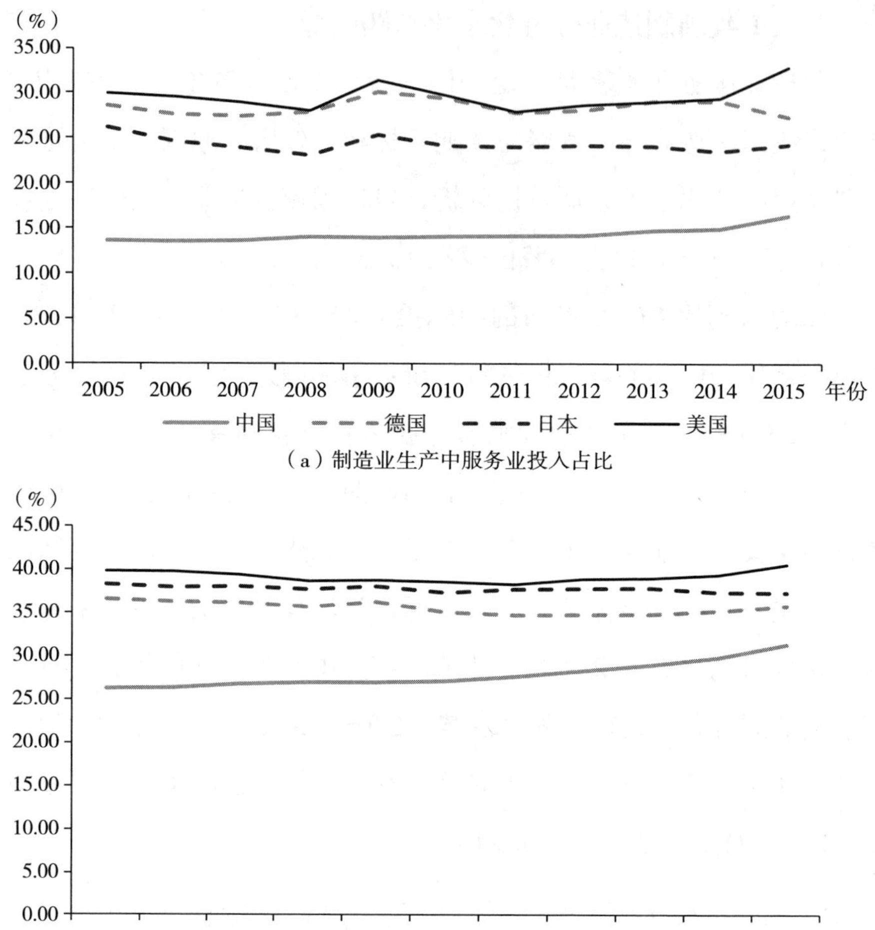

（a）制造业生产中服务业投入占比

（b）制造业最终品中服务业增加值占比

**图19　制造业服务化水平的国际比较（2005—2015年）**

资料来源：课题组根据WTO服务贸易数据库和OECD-ICIO计算。

## （四）财税金融政策仍不完善

企业认为含金量较高的税收优惠政策，即“对技术先进型服务企业享受减按15%税率缴纳所得税”，由于认定门槛高，能切实享受税收优惠政策的企业数量不多。

金融支持政策供给不足、针对性有待提升。例如，服务贸易企业

"轻资产"特征较为明显，融资缺乏抵押品，而知识产权质押融资和应收账款质押贷款都受到市场评估体系和信用体系尚未建立健全等现实问题的限制。

### （五）管理与服务体制亟待完善

服务贸易创新发展是一项系统工程，涉及领域广、管理部门多且分散，政策出台缺乏统筹协调，难以形成合力。

中介服务能力弱，促进服务体系亟须完善。发达国家往往通过建立行业协会、组织联盟等方式，与政府机构形成较为完善的交流合作机制，形成从宏观到微观的全方位促进服务体系。目前，我国在促进体系方面机制和能力尚显不足。

### （六）缺乏具有国际竞争力的大型跨国服务企业和专业人才

跨国公司代表着一国企业发展水平，对服务贸易竞争力也有关键带动作用。相比国际服务巨头的行业影响力和掌控能力，我国跨国服务企业的数量、业务覆盖范围与竞争力仍有待提高。

现代服务业正向技术和知识密集型发展升级，我国人才培养尚不能充分满足服务贸易发展的需要。在信息技术服务、专业服务等新兴服务领域和生产性服务贸易领域，缺乏专业化、国际化高端人才，制约企业拓展市场、向价值链高端发展。

## 四、促进我国服务贸易开放合作与创新发展的重大意义

### （一）意义重大

世界已经进入服务经济时代。随着经济全球化深入发展，服务业

和服务贸易在世界经济和全球贸易中的重要性将持续提升。我国经济正转向高质量发展新阶段，大力发展服务业、加快提升服务贸易国际竞争力，具有重要意义。

第一，服务贸易是我国扩大开放、拓展发展空间和释放增长新动能的重要着力点，有利于“稳增长、稳就业”。在疫情形势下，加快服务业开放和服务贸易发展将有力支持“稳外贸、稳外资”。第二，加快发展服务贸易，是我国促进经济结构调整、提高发展质量和效率、加快外贸转型升级和释放增长新动能的重要支撑；是我国提升制造业国际竞争力、培育国际竞争新优势的关键环节，对我国迈向价值链高端、实现经济高质量发展具有举足轻重的作用。第三，将为我国参与高标准国际经贸规则制定、维护良好的外部制度环境奠定基础，有利于共促全球服务贸易健康发展。

### （二）总体思路

应全面提升服务业和服务贸易在开放型经济中的战略地位，遵循“抢抓机遇、创新发展；立足优势、促进竞争；依托制造、优化环境；扩大开放、防范风险”的思路，促进我国服务贸易高质量发展、国际竞争力持续提升。

**1. 以抢抓两大机遇为突破点**

（1）抢抓信息技术和数字经济机遇，提升创新发展能力。

（2）抢抓制造业服务化新机遇，促进价值链升级。

**2. 促进市场竞争和增强政策供给的四大着力点**

（1）着力改变对外开放不足和对内管制过度的局面。

（2）立足自身优势，深入挖掘市场、产业和人力资本潜力。

（3）改善营商环境，完善服务业和服务贸易发展的生态系统。

（4）改革创新管理体制，形成推动服务贸易发展的合力。

**3. 理性客观地处理好三个关系**

一是顺应发展需要，不片面追求短期内服务贸易“扭亏为盈”。服务贸易逆差的存在，反映出我国与发达经济体按照比较优势进行国际分工的现状。但随着服务业发展和进一步扩大开放，我国服务进出口规模将不断扩大，特别是从产业转型、高质量发展和满足消费升级看，短期内我国服务贸易进口将大幅增加，我国服务贸易逆差可能仍将保持较大规模甚至有所扩大。对此，应客观看待：促进我国服务贸易竞争力提升，不应以追求顺差为目标，更应注重满足经济社会现实需求及服务高质量发展的目标，促进服务贸易全面健康发展。

二是依托制造优势，夯实服务贸易发展的产业基础。制造业是服务业、服务贸易发展的重要基础，制造业中服务要素的投入程度和服务水平，日益成为决定一国国际分工地位、企业国际竞争力的重要因素。需注重发挥我国制造大国优势，推动制造业与现代服务业融合发展，将“中国制造”与“中国服务”有机结合，避免因“重服务、轻制造”而付出巨大代价。

三是注重平衡协调，处理好开放与防范安全风险的关系。在扩大服务业开放、促进服务贸易发展的同时，要着力构建风险防范体系。

## 五、思路与举措

总体来讲，本书课题组提出四个方面的八大举措，如图 20 所示。

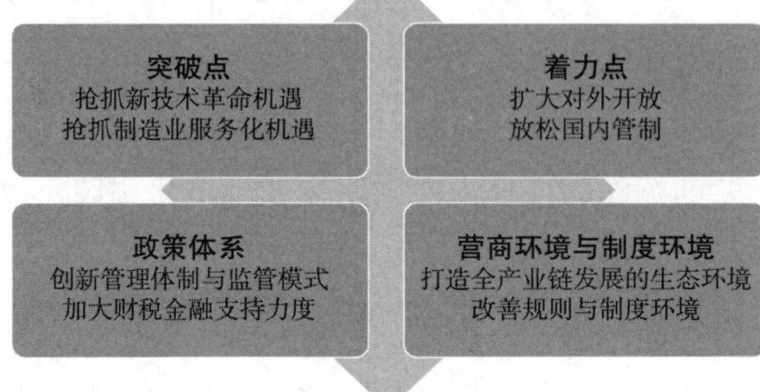


**图20 促进我国服务贸易开放合作与竞争力提升的八大举措**

## （一）抢抓新一代技术革命和产业变革带来的机遇，加快推进信息技术、数字经济与服务贸易的融合与创新发展

在全球经济向数字化、网络化、智能化转型的进程中，新技术对产业和生活带来颠覆性、革命性改变，也将带来前所未有的发展空间。据麦肯锡公司预测，2030 年仅人工智能就可能带来新增产值 13 万亿美元，相当于给全球经济带来 1.2 个百分点的增长。要抢抓信息技术和数字经济带来的机遇，深入研究应对技术革命和全球产业变革的新趋势、新挑战。

一是顺应服务贸易数字化进程，加强互联网、大数据等先进信息技术与服务贸易的融合发展，着力打造和完善发展新兴服务贸易的基础设施和生态系统。

二是鼓励创新发展，大力推动以云计算、大数据、人工智能为技术支撑的平台经济和服务贸易新内容。

三是积极培育跨境电商、外贸综合服务、市场采购贸易等新业态新模式，努力拓展在全球价值链的增值空间。

### （二）顺应制造业服务化新趋势，充分发挥货物贸易和跨境投资对服务贸易发展的带动作用

建立制造业与服务业一体化发展的政策体系，注重发展生产性服务业。整合管理体制和支撑政策，合力推进制造企业与生产性服务企业的分工协作、协同发展。新兴服务贸易市场潜力大、附加值高，大力发展研发、检测、维修、金融、专业服务等领域，发挥人力资源综合优势，加快促进制造业与服务业融合发展，提升服务贸易增加值。

优化服务业对外投资管理体制，促进服务贸易企业走出去。随着我国对外投资不断增多，对外投资相关的法律、金融、标准、会计等服务需求将会增多，要顺势而为，带动服务供应链走出去。

以“一带一路”建设为重点，努力拓展服务贸易新市场、新动能。随着“一带一路”合作机制日益健全成熟、相互合作意愿进一步增强，深度挖掘我国与沿线国家在贸易投资领域的合作潜力，带动相关服务贸易持续发展。

### （三）着力减少国内管制，促进我国服务业快速发展

服务业是服务贸易发展的基础，大力发展现代服务业，促进服务业转型升级，亟须着力扭转对内管制过度的局面，通过增强市场竞争，促进服务业进一步发展。

加快市场化改革，营造公平公正的竞争环境和统一透明的市场环境。一方面，进一步激发服务市场活力，加快市场化改革，降低市场准入门槛，增强社会资本进入公共服务领域的动力。另一方面，着力提升监管能力和水平，减少准入环节的审批管理，增强信用体系建设

和事中事后管理。

### （四）加快扩大市场准入，着力以开放促发展、促竞争

服务业扩大开放，对东道国提高服务质量、管理能力和防范风险等能力都具有较强的示范和促进作用。提升服务贸易国际竞争力，必须走开放发展道路，坚持以开放促改革，积极引进国际先进服务业形态和企业，促进市场竞争、提升服务质量和水平。

近期，服务业开放的重点领域，主要集中在以下三个方面。一是从全产业链发展和价值链地位提升的视角，从促进服务与制造融合发展出发，增强开放的协同促进效应。着力提升研发与设计服务、专业服务、信息服务和金融服务的开放水平，是当前我国服务市场开放、提升服务国际竞争力的关键。二是对于外资进入意愿强烈、我国人民生活消费需求迫切的领域，要加快推进开放步伐。三是顺应数字化服务的新趋势和新挑战，在大数据、云计算等新兴服务领域加大开放力度，通过引入高水平竞争，促进国内新兴领域服务水平提升。

从推进路径看，充分发挥自贸试验区/港、全面深化服务贸易创新发展试点等开放平台在服务业扩大开放中的先行先试作用。进一步优化开放布局，继续压缩外资准入负面清单条目数，加快探索推出高质量的跨境服务贸易负面清单。

要兼顾“引进来”与“走出去”。既要主动有序开放我国服务业市场，还要充分利用我国服务业的独特优势，广泛开展服务跨国投资合作，推动我国服务企业“走出去”。

### （五）从全产业链发展的视角，加快建立适应服务贸易发展的管理体制和监管模式

加强顶层设计统筹协调，完善管理体制，增强政策合力。服务贸易发展涉及部门、环节较多，推动服务贸易发展，需统筹构建制度与政策体系，通过创新集成、信息共享和政策协同，进一步加强跨部门沟通协作，合力营造便利高效的管理体制。

创新监管模式，形成高效便捷的服务贸易监管模式。从“全产业链视角”出发，加强贸易监管理念和模式的转变与创新，探索建立适应服务贸易产品和交易特点的监管体系和监管模式，增强对服务贸易便利化需求的针对性和适应性。

充分发挥中介机构和行业组织的作用。加强行业协调和国际交流合作，建立与各级政府、研究机构相互补充的互动机制，成为促进管理服务改善、推动服务贸易发展的重要环节。

加快完善服务贸易统计体系。健全服务贸易统计调查制度和指标体系，加强大数据在生产性服务业统计中的应用，建立健全有关部门信息统计职能，探索建立各部门信息共享、协同执法的服务贸易统计和监管体系，逐步形成常态化信息发布机制。

### （六）加快完善政策配套，增强扶持力度

服务贸易发展涉及领域多、行业广、业态新，需依据现实需求，实施针对性政策措施，强化对服务贸易创新发展的支持力度与服务功能。

加快金融创新，创新贷款担保方式，拓宽轻资产的服务贸易企业贷款抵押及质押物范围，大力推进各类质押贷款，特别是针对服务贸易企业分散化、创新企业小型化的特点，对中小服务贸易企业开展知

识产权质押融资支持。进一步完善出口信用保险支持政策和措施，扩大小额贷款保证保险、信用保险覆盖范围，创新开发适合服贸企业特点的新型险种，放大保险对服务贸易企业的增信作用。

### （七）持续改善营商环境，打造促进服务贸易全产业链发展的生态系统

围绕服务贸易发展及相关产业，系统营造统一、透明、公平竞争的市场环境。创新服务贸易人才培养和引进机制，增强人才供需衔接。建立创新发展服务平台，注重改善宜居宜业、知识产权保护等营商环境。加强综合服务促进，提升企业海外经营能力。加强服务贸易发展战略和政策研究，建立服务贸易专家库。

### （八）积极参与国际经贸规则制定，以制度型开放维护良好外部环境

顺应高标准服务开放的趋势和要求，应以更加开放积极的姿态，积极参与国际经贸规则制定，营造良好的制度环境。在我国当前参与区域和双边贸易投资协定的谈判中，加大服务领域开放力度，为参与更高水平的国际经贸规则制定奠定基础。积极参与 TISA 等诸边或多边服务贸易谈判，适时加入 CPTPP 等高水平区域自贸安排等。积极参与 WTO 有关新议题的多边规则谈判，如数字贸易规则制定等，共促全球服务贸易健康持续发展。

加快构建更高水平的开放型经济新体制，积极对标高标准、高水平国际经贸规则，在自贸试验区、全面深化服务贸易创新试点或海南自由贸易港等先行先试开放平台，加大压力测试力度。加快探索完善法律保障体系、安全审查机制和风险防范体系，为加强国内

管理体制与国际经贸规则对接，更好地参与国际规则制定做好制度准备。

执笔人：张　琦　赵福军　吕　刚　许宏强
罗雨泽　宗芳宇　陈红娜
参与讨论：王金照　高庆鹏

## 参考文献

[1] 联合国贸易和发展会议. 2018世界投资报告.

[2] 世界贸易组织，经济合作与发展组织[J]. 2017全球价值链发展报告，2018.

[3] 商务部. 2018中国服务贸易发展报告，2018.

[4] 商务部. 2018中国服务贸易统计，2018.

[5] 商务部. 中国对外投资统计公报，2004—2018.

[6] 王轶辰. 我国服务贸易保持较快增长态势[N]. 经济日报，2018-9-19.

[7] 罗立彬，郭芮. 新时代背景下服务贸易：趋势与战略[J]. 海外投资与出口信贷，2018（1）.

[8] 李俊. 中国服务贸易理论、政策与实践[M]. 北京：时事出版社，2017.

[9] 江小涓. 服务全球化的发展趋势和理论分析[J]. 经济研究，2018（2）.

[10] 管涛. 中国服务贸易持续逆差20年：无近虑，有远忧[N]. 第一财经，2019-2-13.

[11] 王晓红. 我国服务外包产业的转型升级与创新发展[J]. 中国社会科学院研究生院学报，2019（1）.

[12] 申长雨. 去年我国知识产权使用费进口额已超过2300亿元[N]. 新华网，2019-3-12.

[13] 罗立彬，郭芮. 新时代背景下服务贸易：趋势与战略[J]. 海外投资与出口信贷，2018（1）.

[14] 姚战琪. 中国服务业开放度测算及其国际竞争力分析[J]. 国际贸易，2018（9）.

[15] 王拓，李俊，张琼. 服务业国际直接投资特征与中国的趋势[J]. 国际经济合作，2017（10）.

[16] 程大中，郑乐凯，魏如青. 全球价值链视角下的中国服务贸易竞争力再评估[J]. 世界经济研究，2017（5）.

[17] 迟福林. 抓住全球服务贸易快速发展机遇[J]. 服务外包，2017（7）.

[18] 国务院发展研究中心课题组. 新兴大国的竞争力升级战略[M]. 北京：中国发展出版社，2016.

[19] 刘斌，魏倩，吕越. 制造业服务化与价值链升级[J]. 经济研究，2016（3）.

[20] 商务部研究院课题组[J]. 迈向贸易强国的战略路径研究，2015.

[21] 黄满盈，邓晓虹. 中国金融服务贸易国际竞争力分析——基于BOP和FATS统计的分析[J]. 世界经济研究，2010（5）.

[22] Cecilia Heuser and Aaditya Mattoo，“Services Trade and Global Value Chains”，World Bank，2017.

[23] Loungani，P.，Mishra，S.，Papageorgiou，C. & Wang，K.，“World Trade in Services：Evidence from a New Dataset”，IMF，2017.

[24] “Trade in Services：The most dynamic segment of international trade”，WTO，2015.

[25] J. Bradford Jensen，“Global Trade in Services：Fear，Facts and Offshoring”，PIIE，2011.

[26] Juan Marchetti and Martin Roy，“Opening Markets for Trade in Services：Countries and Sectors in Bilateral and WTO Negotiations”，WTO，2009.

# 专题报告

专题报告一

# 对中国服务贸易竞争力和服务业开放度的评估

已有文献对中国服务业的开放度和国际竞争力做了测算，但其主要缺陷在于只考察了服务贸易的一部分，即国际收支统计口径（BOP）下的服务贸易（覆盖世界贸易组织定义的第1、第2、第4种服务贸易模式），而未涉及国外分支机构统计口径（FATS）下的服务贸易（世界贸易组织定义的第3种服务贸易模式），因而大大削弱了结论的说服力。

现有研究覆盖范围不全的主要原因是FATS服务贸易数据难以获得。基于世界贸易组织发布的部分国家的FATS服务贸易数据，以及联合国贸易和发展会议（UNCTAD）发布的BOP服务贸易数据，本报告全面考察了中国服务业的对外开放度和国际竞争力，并进行了国际比较，试图对中国服务业的开放度和竞争力给出较为全面的判定。

## 一、研究方法的再思考

已有不少学者研究了中国服务业的对外开放程度和国际竞争力状

况。张蕴如[①]、樊瑛[②]、吕刚[③]、姚战琪[④]所采用的方法，基本都是用服务业的进口数据或外商直接投资数据来衡量开放度，用服务业的出口数据（有时也结合进口数据）来衡量国际竞争力。

但是，现有分析存在一个显著缺点，即它们使用的都是国际收支统计口径下的服务贸易数据，而这显然只覆盖了服务贸易的一部分。按照世界贸易组织《服务贸易总协定》（GATS）的定义，服务贸易包含四种模式，分别是跨境提供（模式一，即一成员的服务提供者从境内向位于其他成员境内的消费者提供服务）、境外消费（模式二，即一成员的服务提供者向来到该成员境内的其他成员的消费者提供服务）、商业存在（模式三，即一成员的服务提供者在其他成员境内以商业存在形式提供服务）和自然人流动（模式四，即一成员的服务提供者在其他成员境内以自然人形式提供服务）。而按照联合国、欧盟统计局、国际货币基金组织、经济合作与发展组织、世界旅游组织、世界贸易组织联合发布的《2010 年国际服务贸易统计手册》，BOP 口径下的服务贸易数据主要覆盖了模式一、模式二和模式四，FATS 口径下的服务贸易数据则反映模式三。

随着全球对外直接投资流量由 1994 年的约 2800 亿美元增长到 2017 年的 14300 亿美元[⑤]，模式三 已成为国际服务贸易的重要方式。据世界贸易组织 统计，2016 年全球 BOP 口径下的服务贸易进出口总

---

① 张蕴如：《中国服务业的开放度与竞争力分析》，国际经济合作，2002年第4 期，第34~37页。

② 樊瑛：《中国服务业开放度研究》，国际贸易，2012年第10 期，第10~17页。

③ 吕刚：《对中国服务业开放现状的量化评估》，国务院发展研究中心调查研究报告，72（2015）（总4757号）。

④ 姚战琪：《中国服务业开放度测算及其国际竞争力分析》，国际贸易，2018年第9期，第50~56页。

⑤ 资料来源：UNCTAD，“Foreign Direct Investment：Inward and Outward Flows and Stock”，annual。

额为 9.8 万亿美元，FATS 口径下的服务贸易进出口总额也高达 7.8 万亿美元；2016 年中国 BOP 口径下的服务贸易额约为 6600 亿美元，而 FATS 口径下的服务贸易额则高达 1 万亿美元，后者明显大于前者[①]。因此，不论研究对象是服务业的开放度还是服务业的国际竞争力，都需要同时分析 BOP 数据与 FATS 数据，才足以反映事物的全貌。为此，本报告将基于世界贸易组织的 FATS 数据，结合 BOP 数据，对中国服务业的开放度和国际竞争力在全球的位置做出一个全面的研判。

## 二、中国服务业的实际开放度

根据吕刚的总结，测量一个经济体服务业开放程度的维度有三个。第一个维度是利用 Martin[②] 基于 Hoekman[③] 频度分析法提出的改良方法，考察一成员在世界贸易组织服务贸易协定中承诺开放的部门数量占部门总数的比重，称为承诺开放度，其资料来源是世界贸易组织数据库。该指标的缺点是只包括了各成员的 GATS 开放承诺，但并未包含在各类双边或区域贸易协定（RTA）中就服务贸易做出的开放承诺。

第二个维度是一国实际执行的服务业政策所代表的开放程度，可称为政策开放度。其资料来源是世界银行基于私人部门的评价得到的服务贸易限制指数（STRI），但该数据基于 2008—2010 年的情况，较为陈旧。目前更新的数据由经济合作与发展组织（OECD）发

① 资料来源：WTO，https：//data.wto.org/，[2019-05-10]。

② Roy，Martin，“Services Commitments in Preferential Trade Agreements：An Expanded Dataset”，WTO Staff Working Papers，2011.

③ Hoekman，Bernard，“Assessing the General Agreement on Trade in Services”，in Martin and Winters（eds.），The Uruguay Round and Developing Countries，Cambridge University Press，Cambridge，1996.

布，时间范围为2014—2018年，其优点是提供了22个细分行业的开放度数据，但缺点是并未提供一国总体的服务业开放度数据，若直接用细分行业的平均值代表总体，又会因各行业的规模差异而造成较大失真。

第三个维度是计算服务业的进口依存度和外商直接投资（FDI）依存度，可称为实际开放度。其优点是服务进口或服务业FDI可较为及时地反映各国服务业开放措施的实际效果。本报告将基于该维度，并分别利用FATS和BOP两种统计口径来分析主要国家服务业的对外开放情况。

我们把FATS统计口径的内向销售额（FATS –Sales by service sector inward）作为一个经济体FATS口径下的服务贸易进口，并用其与该经济体服务业GDP的比例来反映该经济体服务业对跨境投资的开放水平，即$FATSM_i/GDPService_i$。我们把该指标命名为openfats。该数值越大，说明服务业的FATS开放度越高。其中，$FATSM_i$数据来自世界贸易组织WTO，$GDPService_i$数据来自联合国贸易和发展会议（UNCTAD）。

作为对比，本文也用BOP统计口径下的商业服务进口（Commercial services imports）与服务业GDP的比例来反映一个经济体在跨境提供、境外消费、自然人流动这三种模式下的服务业对外开放水平，即$BOPM_i/GDPService_i$。我们把该指标命名为openbop。该数值越大，说明服务业的BOP开放度越高。可获得openbop数据的经济体要比可获得openfats数据的经济体多，但为了对比方便，我们只选取了可获得openfats数据的29个国家，来考察其openbop数据（见图1）。

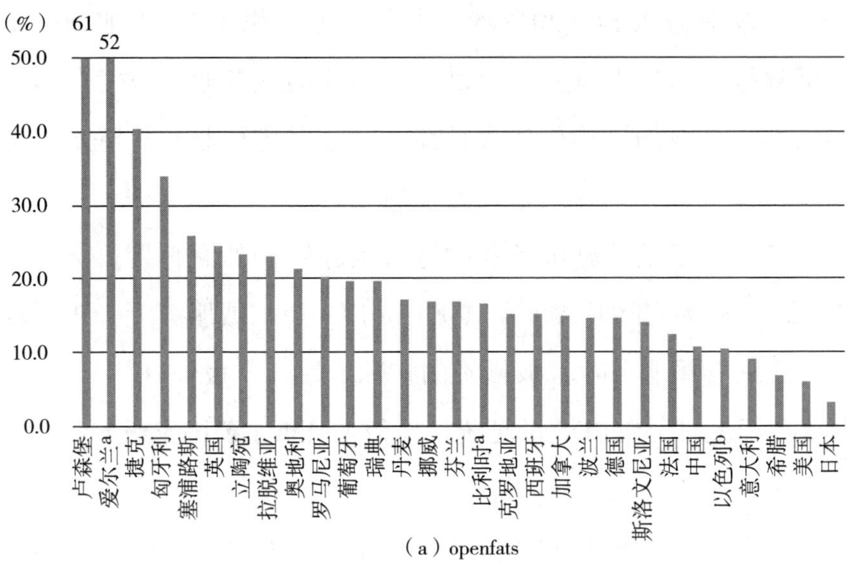


（a）openfats

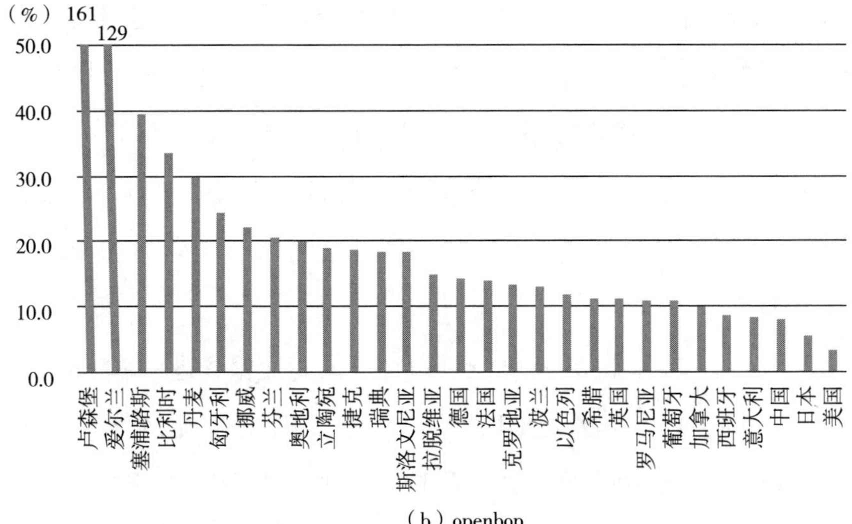


（b）openbop

**图1　2016 年主要国家FATS服务和BOP服务的实际开放度**

注：部分国家2016 年的FATS开放度数据缺失，用最近的其他年份代替，其中a代表2015年数据，b代表2013年数据。

资料来源：根据WTO和UNCTAD数据计算。

从图 1 可见，中国在 FATS 口径下（模式三）的服务业开放程度在国际上还处于较低水平，2016 年 FATS 服务进口占服务业 GDP 的比例约为 11%，低于大部分 OECD 国家，但高于美国和日本。

中国在 BOP 口径下（模式一、模式二、模式四）的服务业开放程度同样较低，2016 年 BOP 服务进口占服务业 GDP 的比例约为 8%，低于大部分 OECD 国家，但高于美国和日本。

从变动趋势看，中国在 BOP 口径下的服务业开放度在 2009 年有一个较大幅度的下滑，之后又缓慢回升。估计这主要是 2008 年国际金融危机造成中国宏观经济明显减速，进而导致服务进口下降所致，而并不一定是中国开放政策变动的结果。此外，中国在 FATS 口径下的服务业开放度仅可获得两年的数据，尚无法观察其发展趋势（见图 2）。

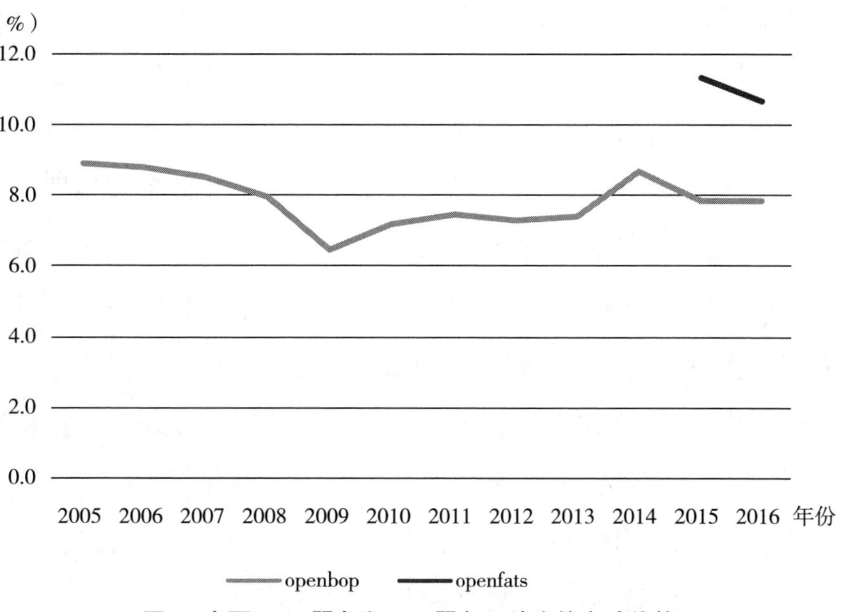


**图2　中国FATS服务和BOP服务开放度的变动趋势**

资料来源：根据WTO和UNCTAD数据计算。

## 三、中国服务业的国际竞争力

从方法上看，国际市场占有率（Market Share，MS）、贸易竞争力指数（Trade Competitiveness，TC）、显示性比较优势指数（Revealed Comparative Advantage，RCA）和净出口显示性比较优势指数（Net Export Revealed Comparative Advantage，NRCA）均是测算一个国家或地区某种产业国际竞争力的常用指标。国际市场占有率是指一个国家或地区某种产业的出口额在该产业全球出口总额中所占比重，能直观地反映该国此产业在国际市场上的地位，市场份额越高，表示竞争力越强。贸易竞争力指数[①]表示一国出口贸易与进口贸易的差额占进出口贸易总额的比重，数值介于 -1 ~ 1 之间，越接近于 -1 表示竞争力越弱，越接近于 1 则表示竞争力越强。显示性比较优势指数是一个国家某种出口商品占其出口总值的比重与世界该类商品占世界出口总值的比重这二者之间的比率。数值大于 1 表示该国此种商品具有显示性比较优势，反之则表示该国此种商品不具显示性比较优势。净出口显示性比较优势指数是对显示性比较优势指数的一种改进，考虑了进口对国际竞争力的影响，它指一国某一产业出口在总出口中的比例与该国该产业进口在总进口中的比例之差，数值大于 0 表示存在竞争优势，小于 0 表示存在竞争劣势。

比较而言，用国际市场占有率反映国际竞争力具有直观的优势，只是在遇到转口贸易比例高的情况时会存在失真。TC 能反映一国产业的国际贸易平衡状况，同时通过标准化考虑了该国该产业总体贸易规模的状况，也是比较好的国际竞争力指标。不过，由于 TC 指数把

---

① 又称标准化净出口指数（Normalized Trade Balance）或贸易专业化指数（Trade Specialization Index）。

进口也纳入考虑，有时一国的 TC 指数较高可能是进口壁垒较高压低了进口所致，而不一定是因为国际竞争力很强。此外，RCA 和 NRCA 实际上并不适合对竞争力进行国际比较。按照《普林斯顿国际经济百科全书》的介绍，一个拥有更加多样化出口的大国，其 RCA 会小于一个专注于某几类产品出口的小国，但是前者的国际竞争力却更强。

综合以上情况，本报告选取国际市场占有率作为测算服务贸易竞争力的指标。为此，本报告把 FATS 统计口径的外向销售额（FATS - Sales by service sector outward ）作为一个经济体 FATS 口径下的服务贸易出口，并使用了一个经济体的 FATS 服务出口与同期全球 FATS 服务出口的比值（$FATSX_i/FATSX_W$）来衡量该经济体的 FATS 服务的出口竞争力。数据均来自世界贸易组织。本报告将该指标命名为 competfats1，即 FATS 口径下服务出口的国际市场占有率。该数值越大，说明 FATS 服务的国际竞争力越强。

作为对比，本报告也使用了 BOP 统计口径下一个经济体的商业服务出口（Commercial services exports）与同期全球 BOP 商业服务出口的比值（$BOPX_i/BOPX_W$）来衡量该经济体 BOP 服务的国际竞争力。本报告将该指标命名为 competbop1，即 BOP 口径下服务出口的国际市场占有率。该数值越大，说明 BOP 服务的国际竞争力越强。为了对照方便，本报告同样选取了前文所述的 29 个国家。

从图 3 中可见，中国在 FATS 服务出口方面已经具备规模优势，2016 年占全球 FATS 服务出口总额的比重为 7.5%，排名世界第三，仅次于美国和德国。不过，与美国 28% 的全球市场占有率相比，中国还有很大的差距。

中国在 BOP 服务出口上同样具有一定的规模优势，2016 年占全球 BOP 服务出口总额的比重为 4.2%，位居世界第五，列在美国、英国、德国和法国之后。同样地，与美国 15% 的全球市场占有率相比，中国还有非常大的差距。

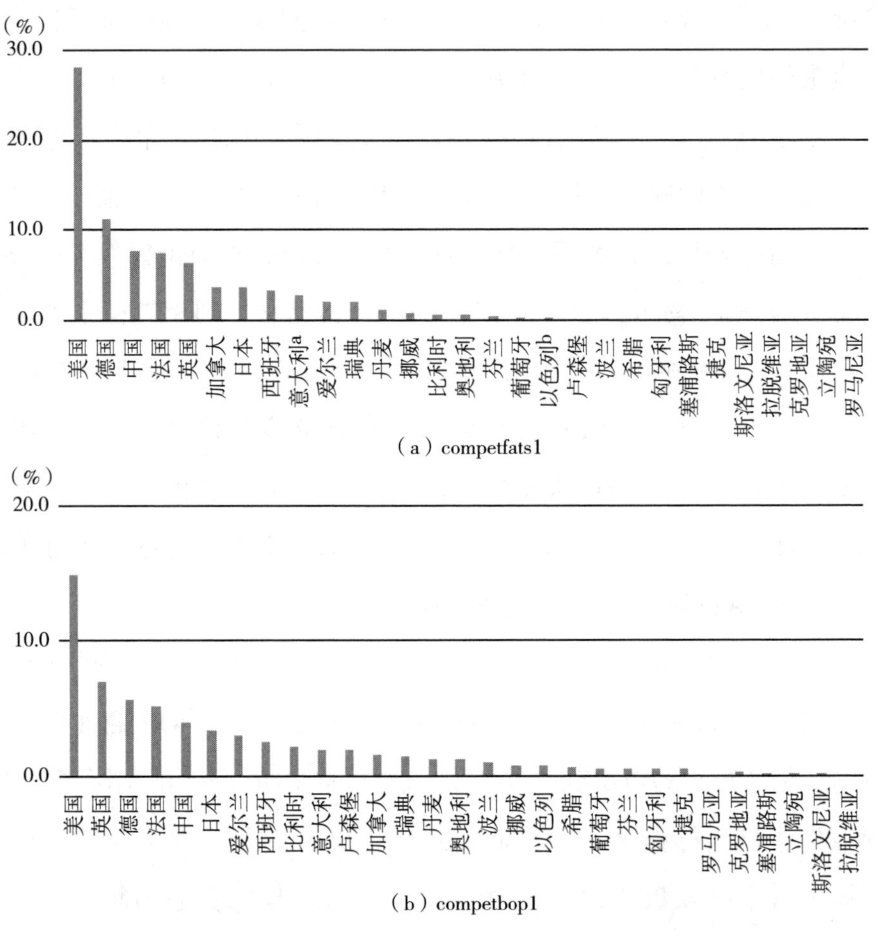


（a）competfats1

（b）competbop1

**图3　2016年主要国家FATS服务和BOP服务的国际市场占有率**

注：部分国家2016 年的FATS 服务竞争力数据缺失，用最近的其他年份代替，a 为2015年数据，b 为2013 年数据。

资料来源：根据WTO 数据计算。

为了剔除服务业规模对服务业出口的影响，本报告还采用了每一单位服务业 GDP 对应的服务出口额来衡量一个经济体服务业的国际竞争力。本报告把一个经济体的 FATS 服务出口与其服务业 GDP 的比例，即 $FATSX_i/GDPService_i$，命名为 competfats2，即 FATS 服务出口依存度。该数值越大，说明 FATS 服务的国际竞争力越强。作为对照，本报告把一个经济体的 BOP 服务出口与其服务业 GDP 的比例，即 $BOPX_i/GDPService_i$，命名为 competbop2，即 BOP 服务出口依存度。该数值越大，说明 BOP 服务的国际竞争力越强（见图 4）。

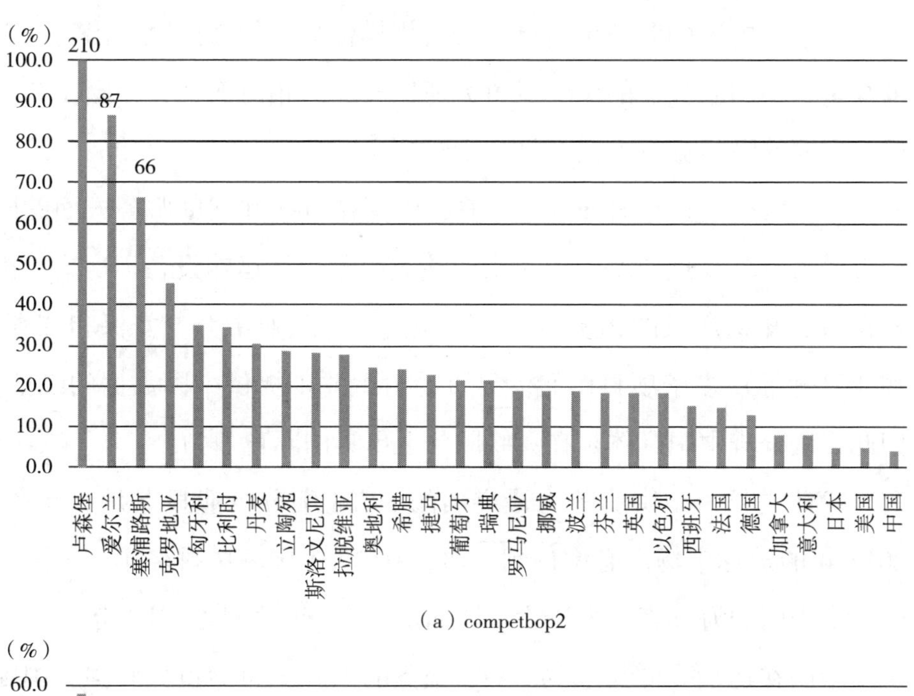


（a）competbop2

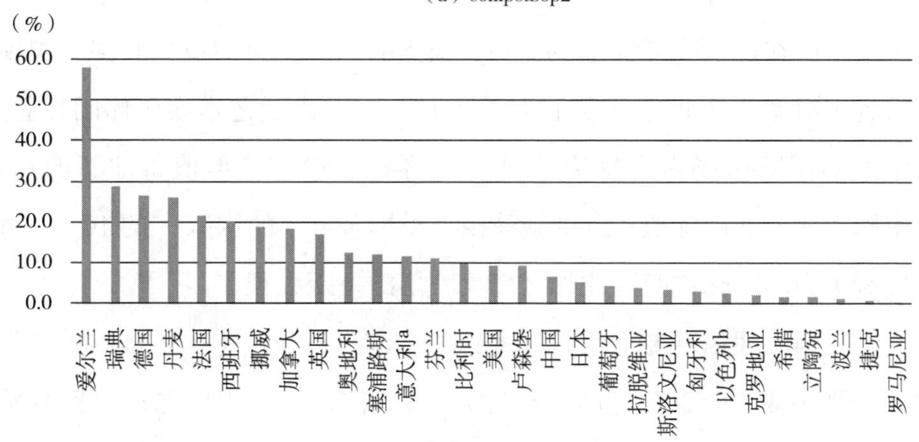


（b）competfats2

**图4　2016 年主要国家的FATS服务和BOP服务的出口依存度**

注：部分国家2016年的FATS服务竞争力数据缺失，用最近的其他年份代替，a 为2015年数据，b为2013 年数据。

资料来源：根据WTO和UNCTAD数据计算。

由此得到的结果与国际市场占有率反映出的情况有明显不同。中国在2016年的FATS服务出口依存度为6.7%，在29个国家中名列第17位，位居中下游。中国的BOP服务出口依存度更低，只有3.6%，在29个国家中排名最后一位。这一反差说明，虽然按照国际市场占有率衡量，中国的服务出口已经具有规模优势，但按照服务出口依存度衡量，中国服务业的国际竞争力还比较弱。相对而言，中国在BOP服务方面的国际竞争力比FATS服务更弱。

从FATS服务的细分行业来看，中国在行政和辅助服务方面的国际市场占有率高达50%。但是由于该类服务包括运输设备、房屋、机器设备、知识产权的租赁，还包括旅行社、就业中介、安保和调查、物业管理等众多子项目，而世界贸易组织并未提供中国数据的细项，因此无法分辨中国具体是在哪些服务上更具国际竞争力。

除此之外，中国竞争力最突出的FATS细分行业显然是房地产，2016年的国际市场占有率达到36%，在29个国家中排名第一。这与近年来中国的海外直接投资大量流向房地产行业的事实相吻合。

中国在运输仓储行业的FATS服务的国际竞争力也比较强，国际市场占有率为7.4%，世界排名第四位。接下来是艺术娱乐休闲行业，中国的国际市场占有率为7.2%，世界排名第三，但值得注意的是，中国在该行业的FATS出口额只相当于排名第一的国家[①]的10%，所以竞争力的实际差距要比排名所反映出的差距大很多。

在信息通信、专业科技服务这两个细分行业，中国的国际市场份额分别为4%和3%，世界排名都是第七位；但是中国的出口额分别只相当于排名第一的国家的8%和6%，差距还相当大。

① 指美国，国际市场份额69%。

在 BOP 服务方面，中国在加工贸易制造、建筑这两个细分行业的国际竞争力最强，2016 年的国际市场占有率分别为 20% 和 14%，在 29 个国家中均名列第一。这与中国加工贸易出口和海外工程承包业务的巨大规模相吻合。

在运输、信息通信、其他商业服务、旅行、保险、维修保养这六个细分行业，中国的国际竞争力按规模衡量处于中上游，国际市场份额为 3% ~ 6%，世界排名为第 4 ~ 6 位。

中国在个人、文化和娱乐，金融，知识产权使用费这三个 BOP 服务细分类别的国际竞争力最弱，国际市场份额分别只有 1.5%、0.7% 和 0.3%，世界排名分别为第 11 位、第 14 位和第 18 位。

为了得到对中国服务细分行业国际竞争力的总体印象，我们尝试着将 FATS 服务和 BOP 服务对照考察。我们发现，两种统计口径在运输、艺术娱乐休闲（对应个人、文化和娱乐）、信息通信、专业科技服务（对应其他商业服务）、餐饮住宿（对应旅行）、金融、保险这七个细分类别，能够实现大体的对应，而在剩余的类别则难以建立明确的对应关系。不过因为 FATS 服务在餐饮住宿、金融、保险这三个细分类别的数据缺失，所以实际可以比较的就只有四个类别。

同时发现，中国在运输方面的 FATS 和 BOP 服务的国际竞争力都较强，在艺术娱乐休闲方面的 FATS 和 BOP 服务的国际竞争力都较弱。在信息通信、专业科技服务方面，中国都是 BOP 服务竞争力较强，但 FATS 服务竞争力较弱。

综合 FATS 和 BOP 两种口径来看，中国在知识产权、金融、信息通信、专业科技服务、艺术娱乐休闲这五个细分类别的国际竞争力比较弱，而在房地产、加工贸易制造、运输、建筑、维修保养这五类服务方面的国际竞争力较强（见表 1）。

表1 中国FATS服务和BOP服务细分类别的国际竞争力

| | FATS 服务出口 | | | | BOP 服务出口 | | |
|---|---|---|---|---|---|---|---|
| | 国际市场占有率 | 世界排名 | 相当于第一名的比例 | | 国际市场占有率 | 世界排名 | 相当于第一名的比例 |
| 行政和辅助服务 | 50.4% | 1 | | | | | |
| 房地产 | 36.3% | 1 | | | | | |
| 运输仓储 | 7.4% | 4 | 27% | 运输 | 3.9% | 5 | 40% |
| 艺术娱乐休闲 | 7.2% | 3 | 10% | 个人文化及休闲 | 1.5% | 11 | 14% |
| 信息通信 | 4.0% | 7 | 8% | 信息通信 | 5.5% | 4 | 41% |
| 专业科技服务 | 3.0% | 7 | 6% | 其他商业服务 | 5.2% | 5 | 42% |
| 餐饮住宿 | — | | | 旅行 | 3.6% | 5 | 21% |
| 金融 | — | | | 金融 | 0.7% | 14 | 3% |
| 保险 | — | | | 保险 | 3.2% | 6 | 16% |
| 教育 | — | | | | | | |
| 保健和社会 | — | | | | | | |
| | | | | 加工贸易制造 | 20.0% | 1 | |
| | | | | 建筑 | 13.7% | 1 | |
| | | | | 维修保养 | 6.2% | 4 | 20% |
| | | | | 知识产权使用费 | 0.3% | 18 | 1% |

注：“—”代表数据缺项。灰色代表竞争力较弱的细分类别。

资料来源：根据WTO数据计算。

## 四、结论

根据世界贸易组织的数据，本报告对中国服务业在 FATS 和 BOP 两种统计口径下的实际开放度和国际竞争力状况做了完整的分析。分析表明，中国在 FATS 口径（模式三）和 BOP 口径（模式一、模式二、模式四）下的服务业开放程度在国际上都处于较低水平，两相比较，后者的开放度还要更低一些。

中国在 FATS 服务出口和 BOP 服务出口方面均已具备一定的规模优势，2016 年国际市场占有率在 29 个国家中分列第 3 位和第 5 位，但市场占有率还远远低于排名第一的美国，只相当于后者的 1/4 左右。按照服务出口与服务业 GDP 的比例来衡量，中国的服务出口便不再具备优势。2016 年中国 FATS 服务出口依存度和 BOP 服务出口依存度分别名列第 17 位和第 29 位。相对而言，中国 BOP 服务的国际竞争力比 FATS 服务更弱。

综合 FATS 和 BOP 两种口径来看，按国际市场占有率衡量，中国在房地产、加工贸易制造、运输、建筑、维修保养这五类细分服务方面的国际竞争力较强，而在知识产权、金融、信息通信、专业科技服务、艺术娱乐休闲这五类细分服务方面的国际竞争力比较弱。

本报告的研究仍存在四项缺憾。一是现有的 FATS 数据所覆盖的国家数量还比较有限，特别是缺少发展中国家的数据，因而影响了根据国际比较所得出结论的质量。二是现有 FATS 数据在不少细分行业方面还存在较多数据缺失的情况，这也不可避免地影响到对细分服务类别国际竞争力的分析。三是由于 FATS 和 BOP 分类标准方面的差异，将二者的细分类别进行对比的分析还是比较粗略的。四是现有的 BOP 数据仍不支持分别考察模式一、模式二、模式四的开放度和竞争力。如果世界贸易组织在将来推出区分四种服务贸易模式的数据，就有可能开展更为详尽准确的研究。

执笔人：吕　刚　林佳欣

专题报告二

# 推进我国商业存在模式服务贸易高质量发展

商业存在是指世界贸易组织（WTO）成员的服务提供者在其他成员境内通过建立附属企业或分支机构提供服务的一类服务贸易模式（GATS 下模式三）。随着跨境投资的快速发展，商业存在成为服务贸易最重要的模式之一，也是我国服务贸易重要增长点。同时，我国也是全球主要商业存在模式服务贸易大国中极少数的逆差大国。在国际环境更加复杂严峻、新技术革命加速变革与我国自身发展动能转换的关键时期，我国应立足双向投资大国优势，厘清商业存在模式服务贸易发展面临的问题及制约因素，以高水平开放，加快建设服务贸易强国。

## 一、我国商业存在模式服务贸易的国际竞争力

### （一）商业存在模式在我国服务贸易中占据重要地位

商业存在模式服务贸易数据一般滞后发布，截至 2020 年 7 月底，中国发布了 2015—2018 年的数据，WTO 统计的部分经济体数据为 2016 年或 2017 年[①]。据商务部统计，2018 年我国商业存在模式服务

① 中国发布的2015年和2016年数据包含较详细的国别、行业数据，WTO统计的中国最新数据为2016年。为便于比较，本报告在国别比较和行业比较时主要采用2016年数据。

贸易规模达 15 万亿元人民币，是当年服务进出口的 2.9 倍，占全口径服务贸易（商业存在与服务进出口之和）的 74.4%，超过全球 2017 年平均水平 14 个百分点。

商业存在模式是中国服务贸易重要增长点。从商务部发布的数据来看，中国商业存在模式服务贸易保持两位数增长，增速超过总体服务进出口。2018 年，中国商业存在模式服务贸易增长 17.6%，高于服务整体进出口增速 6.1 个百分点，达到 2015 年的 1.6 倍，外资在华服务销售收入和中资海外机构服务销售收入分别增长 8.4% 和 28.9%。

### （二）我国商业存在模式服务贸易规模在全球领先，但与美国存在较大差距

据 WTO 统计，2016 年，中国商业存在模式服务贸易仅次于美国，居全球第 2 位，在发布数据的 38 个经济体总规模中占 10.6%。中国是唯一进入前十位的发展中经济体。

商业存在模式服务贸易统计为对外国附属机构（外资占比超过 50% 的机构）服务贸易（Foreign Affiliate Trade in Service，FATS）的统计，分为内向和外向。内向附属机构服务贸易是外资在一个国家或地区境内通过设立商业机构销售服务的收入，外向附属机构服务贸易是一个国家或地区企业在另一个国家或地区境内通过设立商业机构销售服务的收入。其中，中国内向附属机构服务贸易居全球第 2 位，仅次于美国；外向附属机构服务贸易居全球第 4 位，低于美国、德国和英国。这表明，随着利用外资和对外投资的快速发展，中国商业存在已具有较大规模（见图 1）。

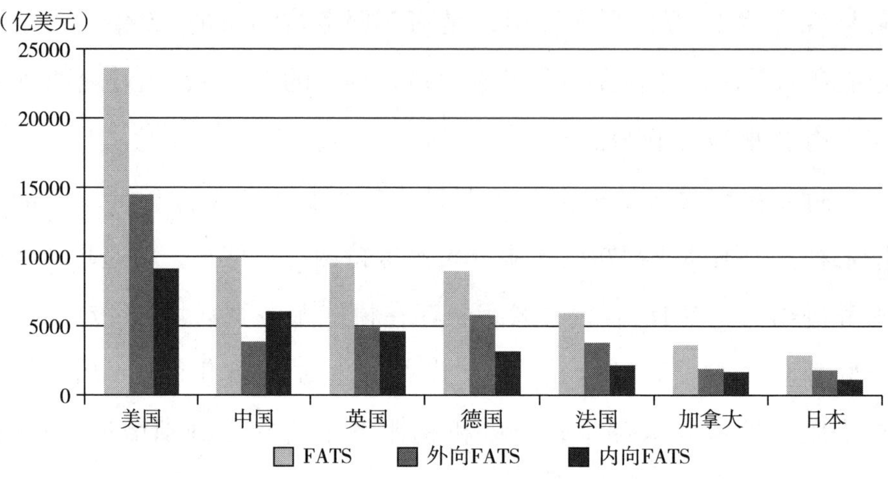


**图1　2016年全球商业存在模式下服务贸易总规模前7位国家**

注：①仅对截至2020年8月20日公布的2016年双向商业存在模式服务贸易的38个经济体排序，其中双向数据均具备的有27个经济体。②WTO商业存在统计与各国统计口径不完全一致。

资料来源：WTO服务贸易数据库。

尽管如此，与处于全球第一位的美国相比，中国企业商业存在模式服务贸易的竞争力差距也较为明显，主要来自外向附属机构服务贸易。据 WTO 统计，2016 年中国商业存在模式服务贸易仅为美国的 42.1%，其中，内向附属机构服务贸易是美国的 67.1%，但外向附属机构服务贸易仅为美国的 26.5%。中国与美国商业存在模式服务贸易规模相差 1.37 万亿美元，有 78.2% 的差距来自与美国外向附属机构服务贸易的差距。据中国商务部统计，2016 年美国在华附属机构服务销售收入 315.7 亿美元，是同期中国在美商业存在服务销售收入的 3.1 倍；据美国经济分析局（BEA）统计，2016 年美国在华服务业附属机构销售收入 551.4 亿美元，是同期中国企业在美服务销售收入的 6.6 倍。

### （三）我国是商业存在模式服务贸易逆差大国

我国内向附属机构服务贸易大幅高于外向附属机构服务贸易，即商业存在模式服务贸易为逆差。从国际比较来看，据WTO统计[①]，我国2016年内向附属机构服务贸易为6101.2亿美元，外向附属机构服务贸易为3850.6亿美元，逆差为2250.6亿美元。据商务部统计，2016年我国内向附属机构服务贸易8530.4亿美元，外向附属机构服务贸易6919.0亿美元，逆差为1611.4亿美元，约1.1万亿元人民币。这一逆差正在快速下降，2018年降至2637亿元人民币。

WTO数据显示，商业存在模式服务贸易规模前十位的国家中，除了中国以外其他国家均为顺差。美国的顺差达到5446亿美元，占其商业存在模式服务贸易的23.1%，中国的逆差占商业存在模式服务贸易的22.6%。

需要关注的是，2018年中国商业存在模式服务贸易逆差与服务进出口逆差之和高达当年货物贸易顺差（23247亿元人民币）的84.8%。

### （四）我国对高质量的内向附属机构服务贸易集聚度仍不够高

从行业看，中国内向附属机构服务贸易集中在传统生产性服务业和信息通信等少数新兴服务业。据商务部统计，外资在华服务销售收入排名前5位的行业集中于租赁和商业服务业，房地产业，信息传输、计算机服务和软件业，批发和零售业以及交通运输、仓储和邮政业。2016年，以上5个行业的内向附属机构服务贸易为6766.6亿美

① WTO未统计中国住宿餐饮服务业、金融服务、教育健康和社会活动等行业的外向附属机构服务贸易数据，以及社区和居民服务业的内向附属机构服务贸易。

元，占外资在华服务销售总额的 79.3%。

据 WTO 统计，外国附属机构 2016 年金融保险、信息通信领域在美服务销售收入分别是在华的 23.7 倍和 1.5 倍；专业科技服务业在美国、英国、德国服务销售收入分别是在华的 3.5 倍、3.2 倍和 2.4 倍（见图 2）。

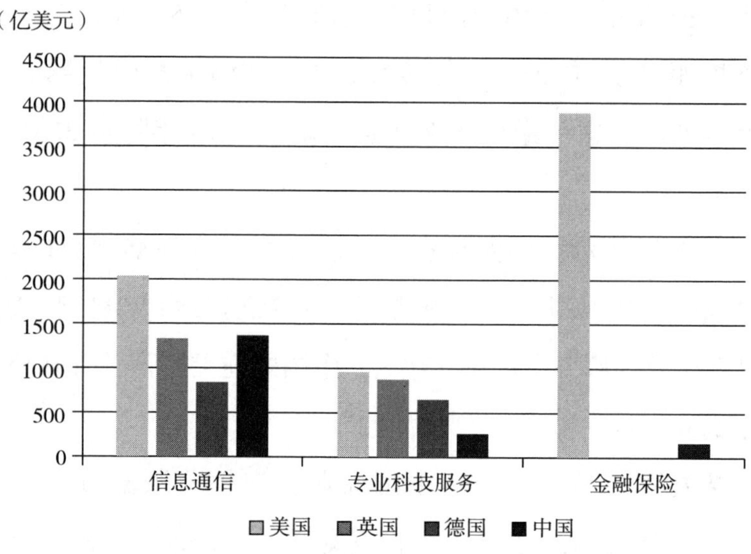


**图2 2016年美国、英国、德国和中国内向FATS高附加值行业比较**

注：WTO未发布2016年英国、德国的金融保险业内向FATS数据。

资料来源：WTO服务贸易数据库。

从来源地看，据商务部统计，2016 年内向附属机构服务贸易规模居前 5 位的来源地为中国香港、日本、英属维尔京群岛、新加坡和美国，在华服务销售收入合计 6856.2 亿美元，占中国内向附属机构服务贸易的 80.4%。其中，中国香港占 56.1%。

但是，美欧等发达经济体在华附属机构服务贸易占比仍较低。2016 年美国、德国等技术先进的发达国家在华附属机构的服务销售规模仅占中国内向附属机构服务贸易的 3.7% 和 2.8%。据美国 BEA 统计，2016 年英国、德国、法国和日本企业分别占美国内向附属机构服务贸易的 14.4%、13.5%、9.8% 和 15.9%。这一对比显示出我国市场对发达市场来源投资的吸引力仍待进一步提升。

再以美国为例，美资企业在华附属机构服务销售规模占美在全球份额仍较低。据美国 BEA 统计，美资企业在华机构 2009—2016 年服务销售占在全球比重仅由 2.14% 略微提高到 3.78%。这一占比与中国经济规模不相匹配。

美国企业在华高附加值行业商业存在模式服务贸易占其在全球比重更低。2016 年，美国企业在信息通信、金融保险、专业科技服务等高附加值行业附属机构服务贸易占其全行业服务销售的比重分别为 17.7%、15.4% 和 16.1%，合计约占一半，但在华服务销售收入仅占该行业美资企业在全球销售收入的 1.1%、0.8% 和 3%。在这些行业，美资企业在华服务销售规模不但显著低于在英、德、日等发达国家，而且还低于在巴西、印度等发展中国家。比如，信息行业在华服务销售仅为在印度的一半、在巴西的 1/3（见表 1）。

**表1　　美国在全球和部分国家商业存在销售的行业比较**　单位：亿美元

| 行业/分布地区 | 全球 | 英国 | 德国 | 日本 | 巴西 | 印度 | 中国 | 中国占比（%） |
|---|---|---|---|---|---|---|---|---|
| 所有行业 | 14562.9 | 2320.8 | 682.8 | 720.0 | 391.3 | 270.5 | 551.4 | 3.8 |
| 采矿 | 360.8 | 51.5 | 5.7 | 0.0 | 28.5 | 1.9 | 3.2 | 0.9 |
| 制造 | 346.1 | 69.7 | 22.1 | 4.4 | 6.2 | 4.7 | 20.5 | 5.9 |
| 批发贸易 | 2277.1 | 194.4 | 125.6 | 89.0 | 33.3 | 36.7 | 161.8 | 7.1 |
| 零售贸易 | 1085.7 | 236.7 | 67.6 | 51.1 | 27.5 | 9.7 | 62.7 | 5.8 |
| 信息通信 | 2575.9 | 357.1 | 114.6 | 112.4 | 90.3 | 61.3 | 27.4 | 1.1 |
| 金融保险 | 2245.1 | 553.8 | 46.8 | 224.1 | 70.7 | 27.6 | 17.6 | 0.8 |
| 房地产和租赁 | 681.5 | 68.2 | 20.7 | 11.9 | 14.3 | 9.5 | 12.6 | 1.8 |

续表

| 行业/分布地区 | 全球 | 英国 | 德国 | 日本 | 巴西 | 印度 | 中国 | 中国占比（%） |
|---|---|---|---|---|---|---|---|---|
| 专业科技服务 | 2342.3 | 391.5 | 129.8 | 138.5 | 54.8 | 91.7 | 69.9 | 3.0 |
| 其他行业 | 2648.4 | 397.9 | 149.9 | 88.7 | 65.9 | 27.4 | 175.7 | 6.6 |

资料来源：根据美国BEA数据整理。

### （五）我国外向附属机构在高端领域和发达市场仍缺乏竞争力

从行业来看，我国外向附属机构服务贸易行业集中在传统生产性服务业和信息通信等少数新兴服务业。据商务部统计，2016 年销售收入规模居前 5 位的是租赁和商业服务业，建筑业，批发和零售业，信息传输、软件和信息技术服务业，交通运输、仓储和邮政业，合计 5835.2 亿美元，占全部中资企业在外服务销售收入的 84.3%。其中，租赁和商业服务业占 34.1%，租赁和商业服务业以及建筑业规模超过了 1000 亿美元。

中国企业海外附属机构在金融保险、信息通信、专业科技服务等高附加值服务业与美欧等发达经济体存在较大差距。据 WTO 统计，美国、英国、德国在信息通信行业的外向附属机构服务贸易分别是中国的 13.2 倍、1.7 倍和 3.2 倍，在专业科技服务领域分别是中国的 16.2 倍、6.5 倍和 2.3 倍。其中，中国金融业对外投资规模较大，但商业存在模式服务贸易竞争力较低（见图 3）。截至 2017 年底，中国金融业对外投资存量超过 1000 亿美元，居各行业第 4 位，占对外投资存量的 11.2%。但是，中国金融企业境外附属机构本地服务销售规模尚未进入中国外向附属机构服务贸易前 10 位行业，规模还不到 23.6 亿美元（排名第 10 位的行业规模）（见表 2）。这表明，在高端服务领域，我国对外投资的效益仍有待提升。

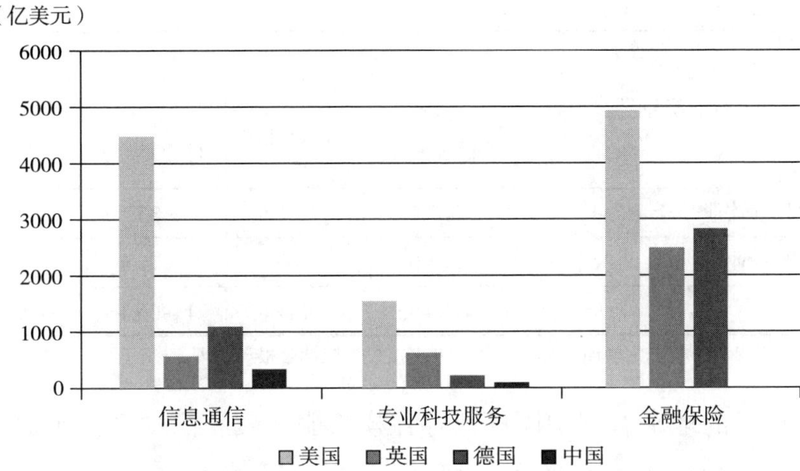


**图3　2016年美国、英国、德国和中国外向FATS高附加值行业分布比较**

注：WTO未统计中国金融保险业的外向FATS。

资料来源：WTO服务贸易数据库。

**表2　中国对外直接投资存量——服务业分行业**

| 行业类别 | 2012年 | | 2017年 | |
|---|---|---|---|---|
| | 规模（亿美元） | 占全行业存量比（%） | 规模（亿美元） | 占全行业存量比（%） |
| 租赁和商业服务业 | 1757.0 | 33.0 | 6157.7 | 34.1 |
| 金融业 | 964.5 | 18.1 | 2027.9 | 11.2 |
| 批发和零售业 | 682.1 | 12.8 | 2264.3 | 12.5 |
| 交通运输、仓储和邮政业 | 292.3 | 5.5 | 547.7 | 3.0 |
| 建筑业 | 128.6 | 2.4 | 337.0 | 1.9 |
| 房地产业 | 95.8 | 1.8 | 537.6 | 3.0 |
| 电力、热力、燃气及水的生产供应业 | 89.9 | 1.7 | 249.9 | 1.4 |
| 科学研究和技术服务业 | 67.9 | 1.3 | 216.8 | 1.2 |
| 信息传输、软件和信息服务业 | 48.2 | 0.9 | 2189.0 | 12.1 |
| 居民服务、修理和其他服务业 | 35.8 | 0.7 | 190.2 | 1.1 |
| 文化、体育和娱乐业 | 7.9 | 0.1 | 81.2 | 0.5 |

续表

| 行业类别 | 2012年 | | 2017年 | |
|---|---|---|---|---|
| | 规模（亿美元） | 占全行业存量比（%） | 规模（亿美元） | 占全行业存量比（%） |
| 住宿和餐饮业 | 7.6 | 0.1 | 35.1 | 0.2 |
| 其他服务业 | 3.0 | 0.0 | 70.7 | 0.4 |
| 合计 | 4180.6 | 78.4 | 14905.1 | 82.6 |

资料来源：根据中国商务部《中国对外直接投资统计公报》整理。

从目的地来看，中国商业存在模式服务贸易高度集中于避税地，在发达市场进入程度较低。据商务部统计，中资企业附属机构2016年在中国香港、新加坡、开曼群岛、英国、英属维尔京群岛的服务销售规模居于前5位，达到4609.1亿美元，占全部中资海外机构服务销售规模的66.6%。其中，中国香港是最大目标市场，规模达到3289.5亿美元，占全部中资企业对外服务销售收入的47.5%。2016年中资企业附属机构在美国、英国市场销售占在全球商业存在模式服务贸易的比重仅为1.5%和4.3%，在德国、日本等的销售占比更是低于1%。

以美国市场为例，中资企业在美国市场进入程度不仅低于主要发达经济体，而且低于部分发展中经济体。据美国BEA统计，2016年中国在美附属机构服务贸易额为83亿美元，占全球在美附属机构服务贸易的0.8%。日本、英国、德国、法国等发达国家企业在美附属机构服务贸易销售规模分别为中资机构的19倍、17倍、16倍和12倍，韩国、印度和墨西哥等发展中国家在美附属机构服务贸易销售规模分别为中资机构的3倍、2倍和1.1倍（见图4）。印度在美投资的主要行业之一专业科技行业在美服务销售收入约为140亿美元，是中国该行业在美销售收入的93倍。

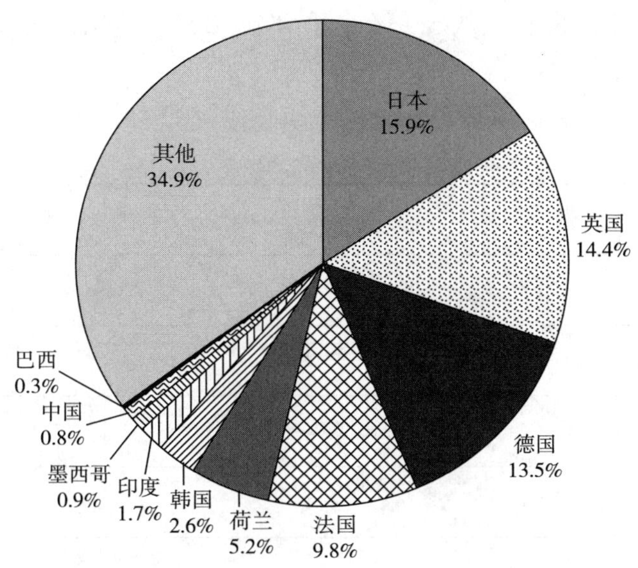


**图4　2016年各经济体在美国商业存在服务销售规模和市场占有率**

资料来源：根据美国BEA数据整理。

## （六）我国企业制造业服务化水平仍有待提升

在美国市场，与一些制造业强国相比，中国企业在美制造业服务销售不仅规模小，而且占全行业比重呈下降趋势。据美国 BEA 统计，2013—2016 年，中国在美制造业企业服务销售规模基本维持在 1 亿美元左右，而德国从 205 亿美元增至 272 亿美元，日本保持在 140 亿美元左右。从各国在美制造业附属机构服务销售收入占其在美总体服务销售收入的比重来看，中国从 2013 年的 2.4% 下降至 2016 年的 1.2%，2016 年分别低于德国和日本 19.1 个和 7.5 个百分点（见图 5 和图 6）。这表明，中国大部分制造业处于产业链中低端，服务附加值不高，进入美国等发达市场难度比较大。

与此同时，2009—2016 年，美国企业在海外的制造业服务销售收入从 263.47 亿美元增至 346.07 亿美元，增长了 31.4%，其中美国在华制造业服务销售收入从 5.9 亿美元增至 20.5 亿美元，显示出较强的制造业服务能力。

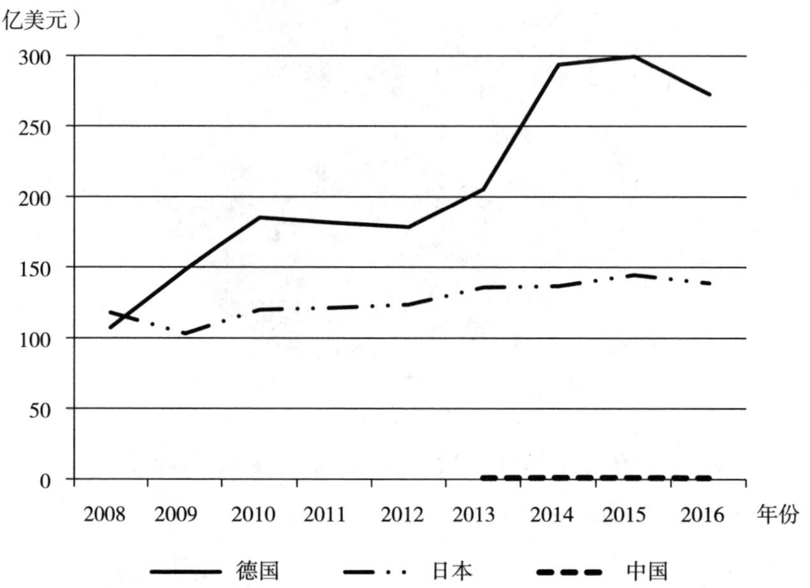


**图5　2008—2016年德、日、中在美制造业商业存在服务贸易规模**

注：对中国该项数据仅统计了2013年以后的数据。

资料来源：美国BEA数据。

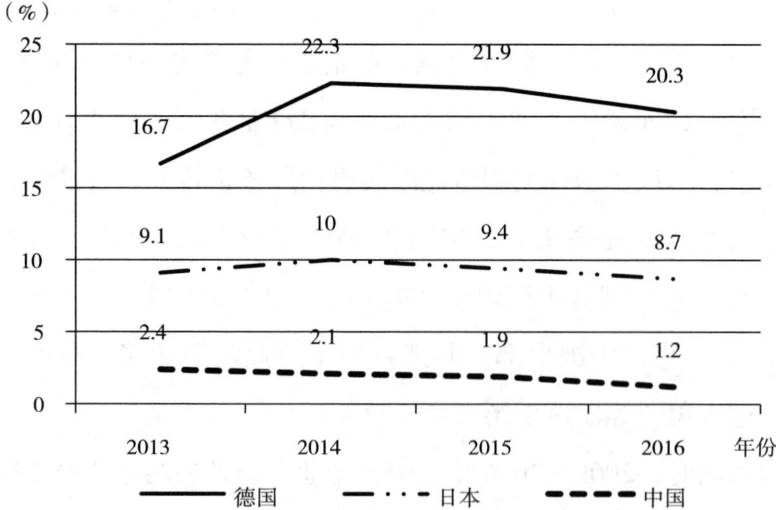


**图6　德国、日本和中国制造业在美服务销售占其全行业在美服务销售比重**

资料来源：作者根据美国BEA数据整理。

一些发达国家高端制造业的服务化比较突出。在交通设备、计算机和电子产品、机械、化学行业（如制药）等制造业的服务销售，无论是外资在美还是美资在外的制造业的服务销售中都占有重要位置。比如，美国制造业企业在欧洲的计算机和电子产品的服务销售占美资企业在全球的2/3。欧洲的交通设备制造业企业在美国服务销售占外资在美该行业服务销售的七成多。

## 二、存在的主要制约因素

商业存在模式服务贸易的竞争力是双向的。一个国家既是投资的东道国也是母国，其国内环境既影响了外商投资企业来投资的意愿和质量，也对培育自身的市场主体以及其海外提供服务的竞争力具有深远影响。图7初步总结了一个国家作为不同身份角色对商业存在模式服务贸易竞争力的影响因素框架。

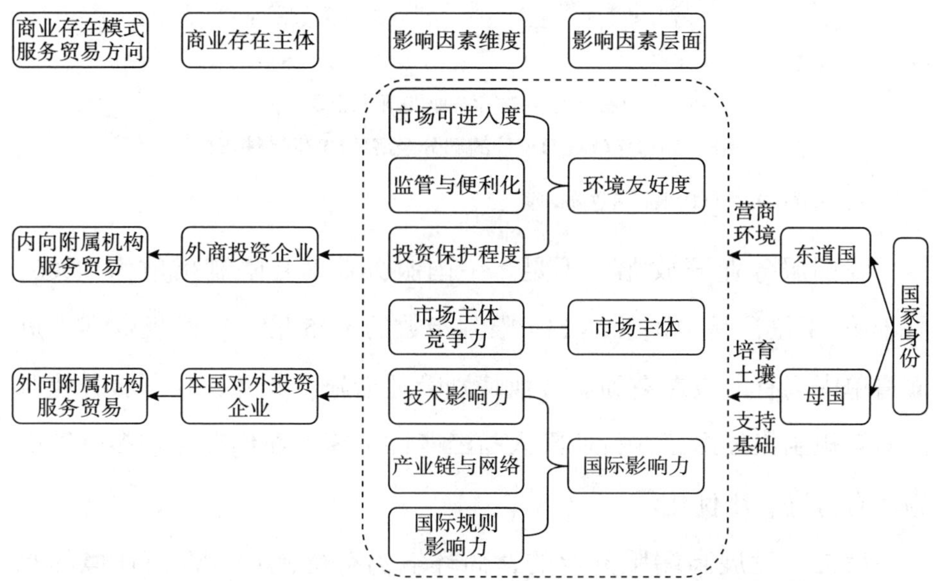

图7　商业存在模式服务贸易的影响因素分析框架

从内部来看，我国主要面临三个方面的制约因素。

第一，我国的市场开放程度仍相对滞后。扩大开放成为很多发展中国家促进经济发展的重要举措。近年来，我国扩大开放取得显著成效，但仍有较大空间。据 OECD 统计，中国 FDI 限制指数由 2013 年的 0.42 降至 2019 年的 0.244，从限制度由高到低排序的第 3 位下降至第 9 位，但是仍低于 OECD 国家，以及印度（0.207）、墨西哥（0.188）、越南（0.130）等发展中国家（见图 8）。同期，越南对外资限制度从第 7 位快速下降至第 24 位。

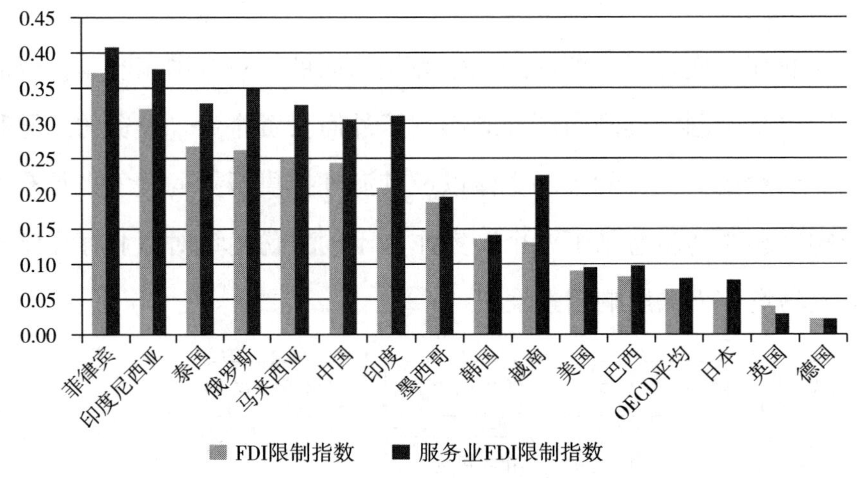


**图8 2019年OECD统计的部分经济体FDI限制指数**

资料来源：OECD FDI限制指数数据库。

我国服务业开放尤为不足。中国服务业 FDI 限制指数为 0.306，居于第 11 位，是中国总体 FDI 限制指数的 1.25 倍。外商投资准入负面清单中仍有七成左右为服务业特别管理措施。此外，我国服务业对内监管规制仍较多，在行业准入与经营许可等方面仍存在较多监管措施，有待进一步优化。

第二，发展高端服务业的营商环境仍有待优化。营商环境的水平对高端服务业的培育与发展有重要影响。从欧美等外资企业评价来看，我国在知识产权保护等创新环境建设方面近年来有了显著进步，但仍有较大改善空间。世界银行以北京和上海为样本评价的我国营商环境指标从全球第 78 位上升至 2019 年的第 31 位，但应认识到，各地营商环境质量仍参差不齐，存在差距。

第三，缺乏服务业龙头企业。跨国公司对全球产业链布局、规则和标准制定引领有重要影响力，对一国提升商业存在模式服务贸易规模具有显著带动作用。我国大型跨国公司中的服务业企业以及海外服务的竞争力与发达国家存在明显差距。据联合国贸易和发展组织统计，全球非金融跨国公司中服务业企业数量约占一半。2019 年，美国有 13 家入围，其中 6 家为服务业企业；我国有 9 家企业入围，但仅有 1 家为服务业企业。2019 年福布斯数字经济 100 强企业中，美国有 38 家企业，且有 7 家公司居于前 10 位；我国大陆有 10 家入选，比美国少 28 家，最靠前的中国移动与阿里巴巴分别居第 8 位和第 10 位。

## 三、面临的新形势

在百年未有之大变局下，我国商业存在模式服务贸易的发展面临技术、政策、规则等新形势，我国自身的发展条件也正在发生重大变化，机遇与挑战并存。

一是新技术革命改变了要素需求结构，催生了服务新业态，服务的附加值和重要性提升。新一轮技术革命以数字化、网络化、智能化为核心，对劳动力成本等传统要素的需求下降，数据、人力资源质量、市场规模等重要性急剧增长。新技术革命促进了技术、资本和商业模式融合，催生了新业态、新产业，促进了传统产业升级、制造业服务化和关键基础设施建设，服务的附加值和在价值链中的地位进一步提升。我国正在由传统竞争优势向培育新动能转变，可借助新技术革命充分发挥市场规模优势，成为全球先进技术大规模商业化的测试应用和消费市场，汇聚全球跨国公司对华引进新技术与服务，营造培育中国跨国公司的良好产业生态，提升商业存在模式服务贸易的竞争力。

二是主要发达国家对外商投资高技术和服务业的安全审查加严，我国外向附属机构服务贸易面临更严峻的外部环境。近年来美国、欧盟、德国、英国、日本等发达经济体均加强了外商投资安全审查机制，扩大了对关键新兴技术、基础设施等的审查范围，加强了对数据流动、网络安全、隐私保护等新领域的审查力度。商业存在模式的境外本地服务与东道国、本土企业、当地居民等信息联系愈加密切，是发达国家外资审查的重点领域，我国企业具有比较优势的基础设施建设、电信及数字服务等新兴服务业对外投资面临的挑战增加。

三是服务领域经贸规则呈高水平发展趋势，对我国服务业的改革开放提出更高要求。服务领域的规则制定与开放等议题是本轮经贸规则重构的重要内容，美欧等发达经济体提出的对知识产权保护等传统议题升级，以及数据流动、网络安全等新议题，均与服务业及商业存在模式服务贸易密切相关，对我国服务业开放提出高度关切。部分发达经济体已通过多双边协定先行制定了高水平的经贸规则，使我国面临较大制度开放压力。

四是我国成为主要对外投资大国，扩大商业存在模式服务贸易具备更佳条件。外向附属机构服务贸易是我国商业存在模式服务贸易的最大短板。我国 2014 年起对外投资与利用外资大体平衡，2018 年成为全球对外投资存量和流量均居全球前三位的主要对外投资大国。截至2018年底，我国服务业对外投资存量占对外投资总存量的近九成，其中存量排名前四位的行业均为服务业，依次为租赁和商业服务业，批发零售业，金融业和信息传输、软件和信息技术服务业，合计占比2/3。随着中国企业在外设立附属机构提供服务的经验和能力不断提升，外向附属机构服务贸易的增长也迎来重要机遇。

## 四、思考与建议

面向未来，中国既要立足自身改革开放，吸引高质量外资对华引进先进技术与服务，培育有国际竞争力的中国企业，又要放眼国际，积极为企业“走出去”“走上去”和开展国际合作营造良好的内外部环境，加快提升服务贸易竞争力。

加快推进服务业扩大开放与监管创新。充分利用自贸试验区、自由贸易港等压力测试平台，深化金融、电信、文化、教育等现代服务业市场开放，着力做大新兴领域市场蛋糕，提高对外资的吸引力。加快推进服务业开放和服务贸易试点改革、经验总结与复制推广。吸引跨国公司在华设立具有研发、金融结算、总部服务和分销等功能的区域总部和平台。优化服务业监管模式，进一步完善适应开放需要的监管制度体系。

加快建设国际化、法治化、便利化的高水平营商环境。深入贯彻落实《外商投资法》，加强知识产权保护力度，落实各类企业平等获得研发支持、参与标准制定等政策措施，提高对高技术外资企业的吸引力。在建设一批有利于促进高端服务业发展的标杆营商环境的同时，加快补齐短板，缩小地区差距，提高营商环境的整体水平。

加快培育有国际竞争力的中国跨国公司。抓住新技术革命机遇，鼓励和支持数字经济、人工智能等新兴领域企业加强资源整合和并购重组，带动上下游企业对外拓展市场，提升中国品牌价值以及在新兴领域的影响力。加快利用先进技术和管理模式对传统制造业改造升级，加大创新支持力度，提高企业制造业服务化水平。营造宽松政策环境，进一步激发金融、保险、教育、文化等现代服务业企业活力，提高在海外市场服务销售能力。

积极参与高水平的服务规则制定。坚持维护多边贸易规则与秩序，积极参与 WTO 改革，加快推进区域全面经济伙伴关系协定（RCEP）、中欧投资协定等高水平多双边经贸协定谈判。对标国际高水平经贸规则，加大推进国内改革力度。积极参与数据跨境流动等新兴领域议题的全球性方案研究与建议，共建开放、包容的新兴领域技术和服务规则、标准。

提升对外投资与合作水平。深化高技术产业链的国际合作，扩大第三方市场的服务合作，营造互利共赢的海外投资环境。增强专业服务能力，提升对外投资企业适应规则变化、合规经营与风险防控能力。支持企业因国施策拓展多元化技术来源与市场。

执笔人：宗芳宇

## 参考文献

[1] 贺寅宇. 美国国际服务贸易FATS统计研究[J]. 国际商务研究，2001（2）.

[2] 黄满盈，邓晓虹. 中国金融服务贸易国际竞争力分析——基于BOP和FATS统计的分析[J]. 世界经济研究，2010（5）.

[3] 凌婕，倪俊. 国际金融服务贸易中商业存在规模的决定因素[J]. 国际商务研究，2009（6）.

[4] 吕刚，林佳欣. 中国服务业的实际开放度与国际竞争力：基于FATS和BOP统计口径的全面衡量[J]. 国际经济评论，2019（5）.

[5] 王拓，李俊，张琼. 服务业国际直接投资特征与中国的趋势[J]. 国际经济合作，2017（10）.

[6] 夏杰长，谭洪波. 服务贸易之商业存在：规模、竞争力和行业特征[J]. 财经问题研究，2019（11）.

[7] 谢伏瞻. 论工业革命加速拓展与全球治理变革方向[J]. 经济研究，2019（7）.

[8] 姚战琪. 中国服务业开放度测算及其国际竞争力分析[J]. 国际贸易，2018（9）.

[9] 中国商务部. 中国对外投资统计公报，2004—2018.

[10] 联合国贸易和发展会议. 世界投资报告2018.

[11] 世界贸易组织. 世界贸易报告2019.

专题报告三

# 出口增加值视角下的中国服务贸易竞争力研判

国际金融危机后，全球经济已逐渐步入服务经济时代，相关发达国家服务业增加值占到其经济总量（GDP）的 75% 以上，而中低收入国家服务业增加值的比重也已达到 50%。全球服务贸易以超过货物贸易的速度持续增长，从而使全球贸易结构不断向服务贸易倾斜，服务贸易逐渐成为引领全球贸易增长的“新引擎”。基于此背景，各国（地区）正日益把服务贸易的发展状况视为衡量各国（地区）参与全球分工合作与竞争能力的重要指标之一，因此，关于服务贸易国际竞争力的研究也逐渐成为学术界关注的热点。

目前，关于中国服务贸易国际竞争力问题的研究，虽然已取得较为丰富的成果，但大多基于传统总值核算方法。随着全球价值链的迅猛发展，基于传统总值进行国际竞争力研究的缺陷逐渐显现出来：一是未剔除进口中间投入的影响，存在重复计算的问题；二是未考虑物化在制造业出口中的服务间接出口；三是未能考虑到服务业在全球价值链中分工带来的影响，因此不能揭示一国服务业真实的国际竞争力。所以，基于贸易增加值核算方法对服务业国际竞争力进行重新测算的重要性日益突出。

贸易增加值核算方法为分析国际贸易竞争力提供了新的视角。

Koopman 等（2014）沿价值链的后向产业关联，对一国总出口进行了分解，构建了总贸易分解框架，并基于增加值出口重新计算了 RCA 指数。Wang 等（2013）和王直、魏尚进、祝坤福（2015）对 Koopman 等的总贸易分解框架进行了扩展，创新地解决了细分部门双边贸易流的分解问题，构建了总贸易核算框架，并基于产业部门前向联系定义了一种测量一国部门显示性比较优势的新指标。戴翔（2016）基于贸易增加值重新计算了中国服务业的显示性比较优势指数，并与传统总值法计算出的 RCA 指数进行了比较。本报告基于 Wang 等（2013）和王直、魏尚进、祝坤福（2015）的总贸易核算方法，利用最新的 OECD–ICIO（国际投入产出表，2018 年底公布，数据更新至 2015 年），分别从出口总值和出口增加值两个角度全面客观分析中国服务业及其细分行业出口在全球价值链中的竞争力及其变化趋势，并剖析其演变机理，进而为提升中国服务业在全球价值链中的竞争力提出有价值的政策建议。

## 一、中国服务出口的国际市场占有率及变化趋势

2005—2015 年这 11 年，按贸易总值法来看，中国服务出口快速增长，由 2005 年的 701.7 亿美元上升至 2015 年的 2180.9 亿美元，增长了两倍以上，同时中国服务出口在国际市场份额稳步上升，由 2005 年的 1.98% 增加至 2015 年的 3.65%，增幅为 1.67%（见图 1）。这在全球主要经济体中表现是最好的。

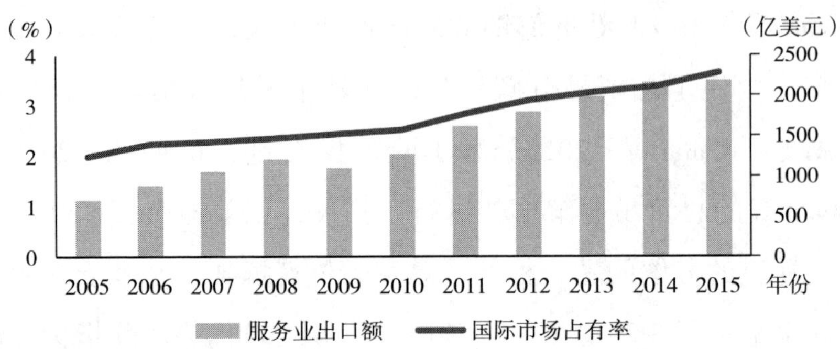


**图1　2005—2015年中国服务业出口额及国际市场占有率变化**

资料来源：OECD-ICIO数据库。

按增加值法来看，中国服务出口增加值表现更为突出。2005 年中国服务业出口增加值总额为 1378.6 亿美元，是服务业出口总值的两倍左右。2015 年中国服务业出口增加值总额为 5944.1 亿美元，接近服务业出口总值的 3 倍。同时中国服务业出口增加值的国际市场份额由 2005 年的 3.28% 增加至 2015 年的 8.61%，增幅为 5.33%（见图 2）。

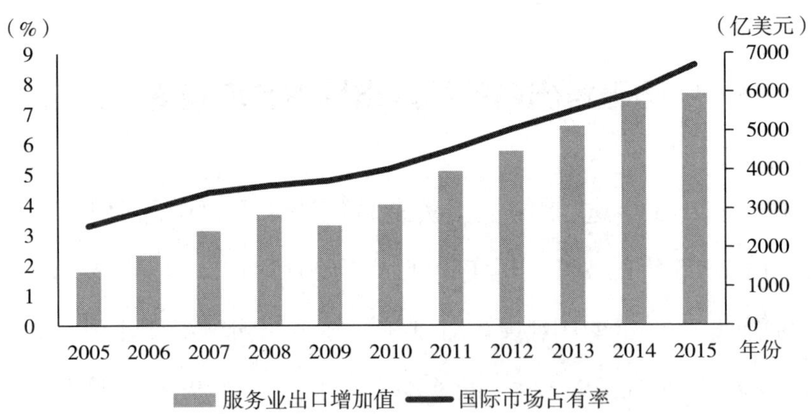


**图2　2005—2015年中国服务业出口增加值及国际市场占有率变化**

资料来源：根据OECD-ICIO数据计算而得。

可以看出，无论是从各年中国服务业出口的国际市场份额，还是从其增幅来看，增加值法所计算出的结果都远高于贸易总值法的计算结果，传统的贸易总值法的计算结果其实是对中国服务业出口进行了低估。其中必须指出的是，中国服务业出口的直接增加值比例较低，大量服务业增加值是通过隐含于下游制造业产品中出口的。

从服务出口总额来看，按照贸易总值法，中国的服务出口由 2005 年的 702 亿美元增长至 2015 年的 2181 亿美元，在全球主要大国里的排名由第 12 位迅速上升至第 6 位（见表 1）。同时，在全球经济体中表现最为突出的是美国，2005 年服务出口总额为 5485 亿美元，是中国的 7 倍多；2015 年服务出口总额为 10200 亿美元，是中国的 4 倍多。

按照增加值法，中国的服务出口由 2005 年的 1379 亿美元增长至 2015 年的 5944 亿美元，在全球主要大国中的排名由第七位跃升至第二位（见表 2）。与美国相比，中国服务业增加值出口也有较大幅度的提升，从 2005 年仅为美国服务业增加值出口的 1/4 不到，上升到 2015 年的 1/2 以上。各年中，增加值法下中国服务出口额均显著大于贸易总值法下对应年份的结果。从全球主要大国里的排名也可以看出，增加值法下中国服务出口额排名远高于贸易总值法下对应年份的排名。这也从另一个角度印证了传统的贸易总值法的计算结果低估了中国服务业出口竞争力。

除了中美两个大国的服务业出口数据比较之外，还可以由图表数据注意到在全球主要经济体中，绝大部分经济体的服务业出口增加值高于服务业出口总额（只有英国是例外，服务业出口总额稍高于服务业出口增加值），说明服务业不仅直接参与全球贸易，更多的是通过对制造业投入生产性服务而间接参与全球贸易，即制造业服务化。

将中国的服务出口额与其他主要发展中经济体进行比较，无论是贸易总值法还是增加值法，都可以看出在主要发展中经济体中，中国的服务出口总额处于领先地位。

按照贸易总值法，除了2008年、2010年和2011年中国的服务出口低于印度，2008年低于俄罗斯，其他年份中国在全球主要发展中经济体的排名均为第1名（见表3）。而按照增加值法，从2005年至2015年，中国的服务出口在全球主要发展中经济体的排名一直居于首位（见表4）。以出口增加值统计，中国服务业出口增加值远高于其他发展中经济体，2015年中国服务业出口增加值（5944亿美元）是其他主要发展中经济体（或其他金砖国家）即印度（1830亿美元）、俄罗斯（1398亿美元）、巴西（1148亿美元）和南非（316亿美元）服务业出口增加值的总和。

从分部门情况来看，2005—2015年，中国服务细分部门出口的国际市场份额有明显差异。由表5可以看出，在贸易总值法下，批发零售部门、交通运输部门、出版部门、信息服务部门、商业服务部门以及其他服务部门出口的国际市场份额均有较为明显的增长。相比之下，通信部门、金融服务部门出口的国际市场份额很小，且增长幅度也很小，而住宿餐饮部门出口的国际市场份额显示出稳中有降的趋势。

在增加值法下，与采用贸易总值法所计算出结果不同的是，所有部门均呈现增长的态势，除了出版部门和信息服务部门增长幅度很小之外，其他部门均有较大幅度的增长，且其增长幅度远大于贸易总值法下这些部门的增长幅度（见表6）。

2005—2015年，在全球主要发展中经济体里，中国服务细分部门出口的排名具有显著差异。对于批发零售部门，按贸易总值法所计算出的出口额（见图3），由2005年的304.1亿美元上升至2015年的1137.1亿美元，排名由2005年的第10名上升至2015年的第2名；而按增加值法（见图4），该部门出口额由2005年的449.6亿美元上升至2015年的1995.1亿美元，排名由2005年的第7名上升至2015年的第2名，该部

**表1　2005—2015年中国服务出口额及在全球经济体中的排名**

单位：亿美元

| | 2005年 | 2006年 | 2007年 | 2008年 | 2009年 | 2010年 | 2011年 | 2012年 | 2013年 | 2014年 | 2015年 |
|---|---|---|---|---|---|---|---|---|---|---|---|
| 美国 | 5485 | 6153 | 7056 | 7679 | 7188 | 8067 | 8949 | 9352 | 9805 | 10273 | 10200 |
| 英国 | 2890 | 3249 | 3798 | 3707 | 3187 | 3302 | 3699 | 3755 | 3980 | 4232 | 4017 |
| 德国 | 2401 | 2672 | 3164 | 3538 | 3131 | 3386 | 3720 | 3629 | 3809 | 4094 | 3731 |
| 法国 | 2088 | 2217 | 2605 | 2871 | 2474 | 2595 | 2985 | 2898 | 3095 | 3253 | 2853 |
| 日本 | 1834 | 1880 | 2019 | 2259 | 1857 | 2235 | 2385 | 2328 | 2200 | 2420 | 2296 |
| 中国 | 702 | 883 | 1057 | 1209 | 1098 | 1269 | 1617 | 1792 | 1982 | 2156 | 2181 |
| （中国排名） | （12） | （12） | （12） | （12） | （11） | （11） | （10） | （7） | （6） | （6） | （6） |
| 印度 | 661 | 829 | 994 | 1260 | 1063 | 1378 | 1651 | 1679 | 1804 | 1797 | 1760 |
| 荷兰 | 1171 | 1233 | 1450 | 1672 | 1490 | 1532 | 1706 | 1642 | 1768 | 1902 | 1708 |
| 意大利 | 1485 | 1630 | 1869 | 1885 | 1590 | 1673 | 1849 | 1802 | 1859 | 1926 | 1670 |
| 瑞士 | 916 | 1004 | 1217 | 1375 | 1298 | 1411 | 1630 | 1627 | 1714 | 1744 | 1649 |
| 新加坡 | 556 | 711 | 890 | 991 | 929 | 1086 | 1312 | 1367 | 1501 | 1610 | 1526 |
| 西班牙 | 1076 | 1199 | 1419 | 1543 | 1346 | 1361 | 1567 | 1483 | 1556 | 1618 | 1436 |
| 爱尔兰 | 610 | 713 | 867 | 958 | 906 | 967 | 1086 | 1108 | 1239 | 1406 | 1398 |
| 比利时 | 831 | 886 | 1058 | 1192 | 1100 | 1220 | 1324 | 1308 | 1370 | 1487 | 1334 |
| 加拿大 | 958 | 1057 | 1144 | 1191 | 1011 | 1180 | 1301 | 1341 | 1369 | 1383 | 1180 |
| 卢森堡 | 448 | 560 | 713 | 786 | 649 | 707 | 802 | 820 | 923 | 1120 | 1077 |
| 俄罗斯 | 642 | 813 | 971 | 1272 | 895 | 1130 | 1415 | 1401 | 1491 | 1375 | 1074 |
| 中国香港 | 570 | 644 | 737 | 791 | 710 | 887 | 978 | 1004 | 1061 | 1069 | 1028 |
| 韩国 | 567 | 617 | 762 | 869 | 698 | 868 | 957 | 1039 | 1038 | 1121 | 1026 |
| 澳大利亚 | 512 | 521 | 621 | 681 | 625 | 779 | 936 | 951 | 938 | 925 | 820 |

资料来源：OECD-ICIO数据库。

表2 2005—2015年中国服务出口增加值及在全球经济体中的排名

单位：亿美元

| | 2005年 | 2006年 | 2007年 | 2008年 | 2009年 | 2010年 | 2011年 | 2012年 | 2013年 | 2014年 | 2015年 |
|---|---|---|---|---|---|---|---|---|---|---|---|
| 美国 | 6155 | 6897 | 7903 | 8571 | 7996 | 8910 | 9800 | 10354 | 10800 | 11290 | 11217 |
| 中国 | 1379 | 1804 | 2424 | 2845 | 2562 | 3103 | 3959 | 4472 | 5111 | 5743 | 5944 |
| （中国排名） | （7） | （7） | （7） | （6） | （6） | （5） | （3） | （3） | （3） | （2） | （2） |
| 德国 | 3463 | 3827 | 4584 | 5180 | 4424 | 4628 | 5121 | 4932 | 5183 | 5472 | 4687 |
| 英国 | 2938 | 3259 | 3834 | 3699 | 3192 | 3298 | 3688 | 3732 | 3923 | 4223 | 3983 |
| 法国 | 2583 | 2761 | 3190 | 3562 | 3038 | 3095 | 3511 | 3368 | 3578 | 3719 | 3218 |
| 日本 | 2810 | 2958 | 3190 | 3556 | 2838 | 3469 | 3725 | 3613 | 3294 | 3451 | 3178 |
| 意大利 | 2030 | 2185 | 2574 | 2674 | 2219 | 2240 | 2516 | 2438 | 2562 | 2657 | 2270 |
| 印度 | 671 | 834 | 1012 | 1271 | 1125 | 1441 | 1704 | 1752 | 1913 | 1913 | 1830 |
| 西班牙 | 1190 | 1305 | 1588 | 1797 | 1637 | 1650 | 1903 | 1813 | 1920 | 1957 | 1687 |
| 瑞士 | 909 | 1008 | 1210 | 1386 | 1314 | 1438 | 1677 | 1660 | 1761 | 1786 | 1665 |
| 荷兰 | 1219 | 1290 | 1497 | 1706 | 1543 | 1575 | 1754 | 1675 | 1783 | 1892 | 1663 |
| 加拿大 | 1348 | 1477 | 1608 | 1643 | 1373 | 1668 | 1868 | 1946 | 1993 | 1877 | 1553 |
| 韩国 | 734 | 827 | 989 | 1012 | 899 | 1132 | 1281 | 1361 | 1436 | 1566 | 1438 |
| 俄罗斯 | 828 | 1032 | 1252 | 1641 | 1188 | 1517 | 1878 | 1812 | 1881 | 1729 | 1398 |
| 新加坡 | 535 | 654 | 778 | 813 | 789 | 992 | 1185 | 1204 | 1286 | 1325 | 1276 |
| 墨西哥 | 677 | 750 | 821 | 869 | 741 | 910 | 1035 | 1065 | 1131 | 1195 | 1148 |
| 比利时 | 822 | 885 | 1042 | 1154 | 1053 | 1121 | 1245 | 1190 | 1248 | 1307 | 1136 |
| 澳大利亚 | 556 | 617 | 721 | 846 | 788 | 1000 | 1282 | 1303 | 1232 | 1281 | 1089 |
| 巴西 | 475 | 571 | 700 | 840 | 723 | 902 | 1110 | 1103 | 1090 | 1071 | 962 |

资料来源：根据OECD-ICIO数据计算而得。

**表3　2005—2015年中国及全球主要发展中经济体服务出口额**

单位：亿美元

| | 2005年 | 2006年 | 2007年 | 2008年 | 2009年 | 2010年 | 2011年 | 2012年 | 2013年 | 2014年 | 2015年 |
|---|---|---|---|---|---|---|---|---|---|---|---|
| 中国 | 702 | 883 | 1057 | 1209 | 1098 | 1269 | 1617 | 1792 | 1982 | 2156 | 2181 |
| 印度 | 661 | 829 | 994 | 1260 | 1063 | 1378 | 1651 | 1679 | 1804 | 1797 | 1760 |
| 俄罗斯 | 642 | 813 | 971 | 1272 | 895 | 1130 | 1415 | 1401 | 1491 | 1375 | 1074 |
| 泰国 | 317 | 370 | 457 | 514 | 467 | 553 | 646 | 707 | 787 | 768 | 794 |
| 墨西哥 | 449 | 487 | 527 | 549 | 458 | 548 | 616 | 640 | 681 | 734 | 725 |
| 巴西 | 263 | 316 | 394 | 471 | 436 | 519 | 650 | 661 | 657 | 663 | 578 |
| 马来西亚 | 243 | 254 | 337 | 377 | 342 | 447 | 492 | 498 | 509 | 515 | 433 |
| 印度尼西亚 | 199 | 215 | 236 | 265 | 239 | 319 | 386 | 389 | 395 | 406 | 384 |
| 菲律宾 | 93 | 138 | 171 | 186 | 184 | 223 | 273 | 299 | 298 | 316 | 347 |
| 罗马尼亚 | 80 | 103 | 137 | 202 | 155 | 159 | 183 | 175 | 246 | 278 | 251 |
| 南非 | 170 | 192 | 219 | 215 | 197 | 256 | 285 | 279 | 267 | 265 | 239 |
| 沙特阿拉伯 | 106 | 176 | 195 | 153 | 150 | 184 | 218 | 215 | 237 | 241 | 233 |
| 阿根廷 | 108 | 128 | 161 | 197 | 173 | 206 | 244 | 241 | 235 | 219 | 206 |

资料来源：OECD-ICIO数据库。

表4　2005—2015年中国及全球主要发展中经济体服务出口增加值　单位：亿美元

| | 2005年 | 2006年 | 2007年 | 2008年 | 2009年 | 2010年 | 2011年 | 2012年 | 2013年 | 2014年 | 2015年 |
|---|---|---|---|---|---|---|---|---|---|---|---|
| 中国 | 1379 | 1804 | 2424 | 2845 | 2562 | 3103 | 3959 | 4472 | 5111 | 5743 | 5944 |
| 印度 | 671 | 834 | 1012 | 1271 | 1125 | 1441 | 1704 | 1752 | 1913 | 1913 | 1830 |
| 俄罗斯 | 828 | 1032 | 1252 | 1641 | 1188 | 1517 | 1878 | 1812 | 1881 | 1729 | 1398 |
| 墨西哥 | 677 | 750 | 821 | 869 | 741 | 910 | 1035 | 1065 | 1131 | 1195 | 1148 |
| 巴西 | 475 | 571 | 700 | 840 | 723 | 902 | 1110 | 1103 | 1090 | 1071 | 962 |
| 泰国 | 345 | 396 | 492 | 539 | 510 | 608 | 679 | 716 | 775 | 769 | 787 |
| 印度尼西亚 | 263 | 291 | 314 | 340 | 321 | 435 | 534 | 521 | 525 | 540 | 526 |
| 菲律宾 | 93 | 139 | 163 | 181 | 179 | 226 | 270 | 295 | 301 | 325 | 339 |
| 马来西亚 | 275 | 298 | 364 | 434 | 367 | 463 | 532 | 531 | 531 | 546 | 460 |
| 南非 | 208 | 233 | 265 | 264 | 255 | 345 | 395 | 369 | 348 | 346 | 316 |

资料来源：根据OECD–ICIO数据计算而得。

表5　2005—2015年中国服务细分部门出口的国际市场份额（%）

| | 2005年 | 2006年 | 2007年 | 2008年 | 2009年 | 2010年 | 2011年 | 2012年 | 2013年 | 2014年 | 2015年 |
|---|---|---|---|---|---|---|---|---|---|---|---|
| 批发及零售业 | 2.74 | 3.10 | 3.29 | 3.40 | 3.65 | 3.74 | 4.30 | 4.96 | 5.38 | 5.61 | 6.73 |
| 运输及储存 | 3.57 | 4.14 | 4.12 | 4.25 | 4.50 | 4.73 | 5.29 | 5.43 | 5.72 | 6.00 | 6.23 |
| 住宿及餐饮服务 | 0.50 | 0.53 | 0.51 | 0.52 | 0.51 | 0.48 | 0.52 | 0.52 | 0.49 | 0.44 | 0.49 |
| 出版及广播 | 1.02 | 1.18 | 2.17 | 2.46 | 2.51 | 2.48 | 2.79 | 2.75 | 2.80 | 2.71 | 3.15 |
| 电信 | 0.22 | 0.27 | 0.27 | 0.23 | 0.25 | 0.17 | 0.22 | 0.26 | 0.28 | 0.31 | 0.32 |
| 信息技术及其他信息服务 | 0.40 | 0.55 | 0.46 | 0.39 | 0.57 | 0.40 | 0.47 | 0.60 | 0.61 | 0.70 | 0.61 |
| 金融及保险服务 | 0.07 | 0.06 | 0.05 | 0.06 | 0.12 | 0.14 | 0.13 | 0.16 | 0.17 | 0.19 | 0.19 |
| 其他商业服务 | 0.68 | 0.76 | 0.61 | 0.54 | 0.80 | 0.51 | 0.58 | 0.72 | 0.75 | 0.86 | 0.80 |
| 其他服务 | 1.57 | 1.71 | 1.89 | 1.81 | 1.60 | 1.63 | 1.82 | 2.16 | 2.25 | 2.37 | 2.07 |

资料来源：OECD-ICIO数据库。

表6　2005—2015年中国服务细分部门出口增加值的国际市场份额（%）

| | 2005年 | 2006年 | 2007年 | 2008年 | 2009年 | 2010年 | 2011年 | 2012年 | 2013年 | 2014年 | 2015年 |
|---|---|---|---|---|---|---|---|---|---|---|---|
| 批发及零售业 | 3.64 | 4.19 | 4.81 | 5.40 | 5.93 | 6.57 | 7.14 | 8.12 | 8.82 | 9.57 | 10.36 |
| 运输及储存 | 5.91 | 6.79 | 7.30 | 7.66 | 7.94 | 8.26 | 8.64 | 8.73 | 9.43 | 10.00 | 10.77 |
| 住宿及餐饮服务 | 2.91 | 3.44 | 3.89 | 4.45 | 4.56 | 4.72 | 4.36 | 4.57 | 4.80 | 5.15 | 5.57 |
| 出版及广播 | 0.86 | 1.07 | 1.53 | 1.72 | 1.62 | 1.51 | 1.60 | 1.66 | 1.75 | 1.91 | 2.19 |
| 电信 | 3.71 | 4.34 | 4.83 | 5.03 | 4.69 | 4.57 | 4.77 | 5.98 | 7.04 | 8.27 | 10.08 |
| 信息技术及其他信息服务 | 1.04 | 1.19 | 1.17 | 1.03 | 0.78 | 0.58 | 0.65 | 0.84 | 0.85 | 1.05 | 1.46 |
| 金融及保险服务 | 2.03 | 2.63 | 3.91 | 4.76 | 5.00 | 5.66 | 7.50 | 8.71 | 9.89 | 11.02 | 13.70 |
| 其他商业服务 | 1.35 | 1.62 | 1.87 | 1.95 | 2.08 | 2.28 | 2.68 | 3.16 | 3.60 | 4.01 | 4.64 |
| 其他服务 | 4.03 | 4.74 | 5.38 | 4.77 | 4.62 | 4.70 | 5.48 | 6.27 | 6.81 | 7.21 | 8.06 |

资料来源：根据OECD-ICIO数据计算而得。

门在贸易总值法下与增加值法下所得出的结果差异较大。

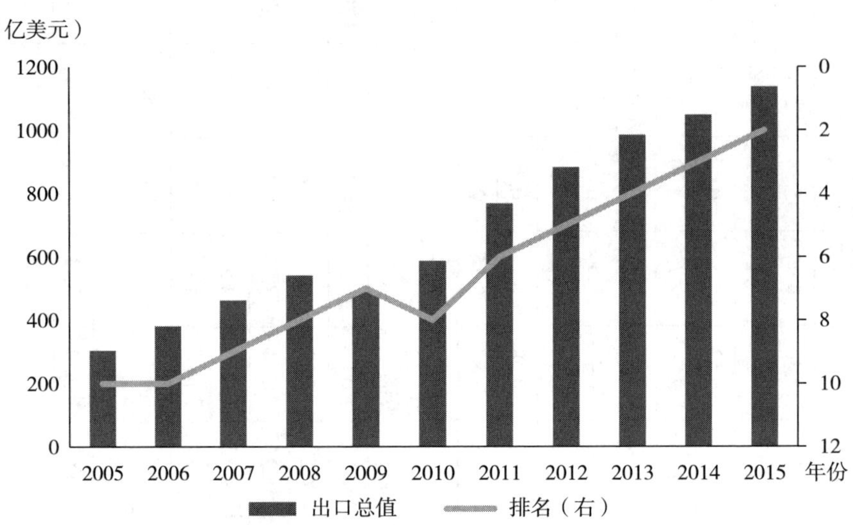


**图3 2005—2015年中国批发零售业出口总值及在全球中的排名**

资料来源：OECD-ICIO数据库。

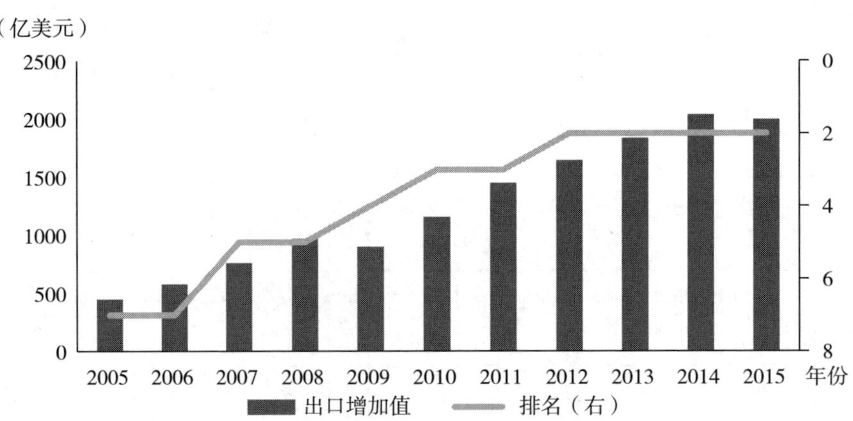


**图4 2005—2015年中国批发零售业出口增加值及在全球中的排名**

资料来源：根据OECD-ICIO数据计算而得。

对于交通运输部门，按贸易总值法所计算出的出口额（见图5），由2005年的300.2亿美元上升至2015年的794.6亿美元，排名由2005年的第7名上升至2015年的第2名；而按增加值法（见图6），该部门出口额由2005年的352.6亿美元上升至2015年的978.6亿美元，排名由 2005 年的第 6 名上升至 2015 年的第 2 名，该部门在贸易总值法下与增加值法下所得出的结果差异不大。

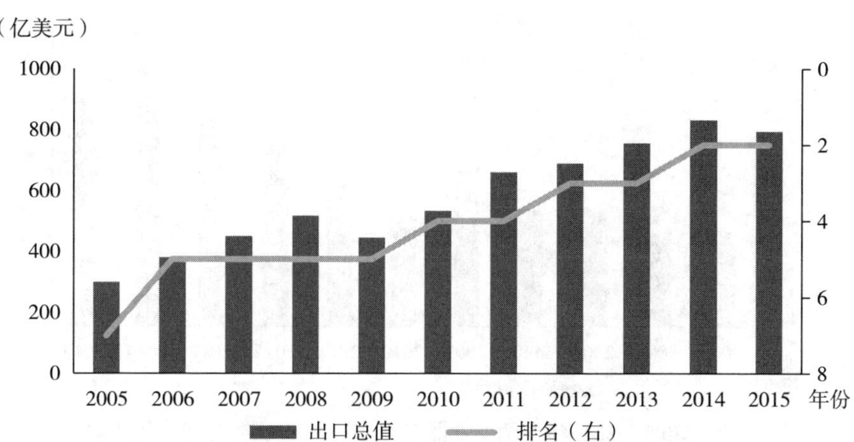


**图5　2005—2015年中国交通运输业出口总值及在全球中的排名**

资料来源：OECD-ICIO数据库。

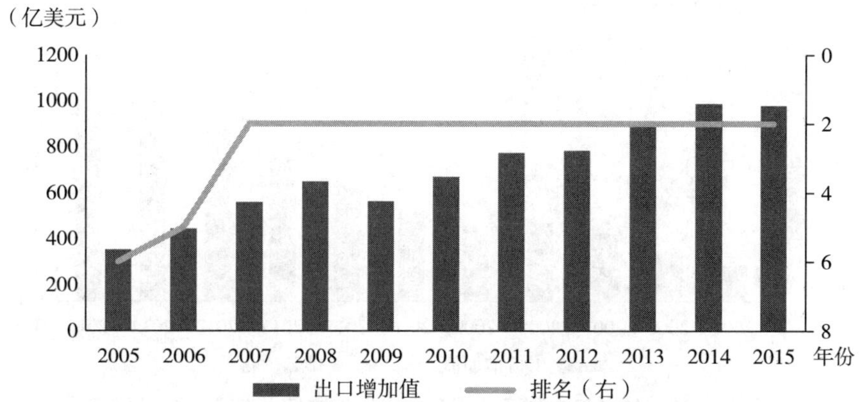


**图6　2005—2015年中国交通运输业出口增加值及在全球中的排名**

资料来源：根据OECD-ICIO数据计算而得。

对于商业服务部门，按贸易总值法所计算出的出口额（见图 7），由 2005 年的 36.8 亿美元上升至 2015 年的 89.2 亿美元，排名由 2005 年的第 25 名下降至 2015 年的第 27 名；而按增加值法（见图 8），该部门出口额由 2005 年的 10.55 亿美元上升至 2015 年的 647.6 亿美元，排名由 2005 年的第 15 名上升至 2015 年的第 5 名，该部门在贸易总值法下与增加值法下所得出的结果差异很大。

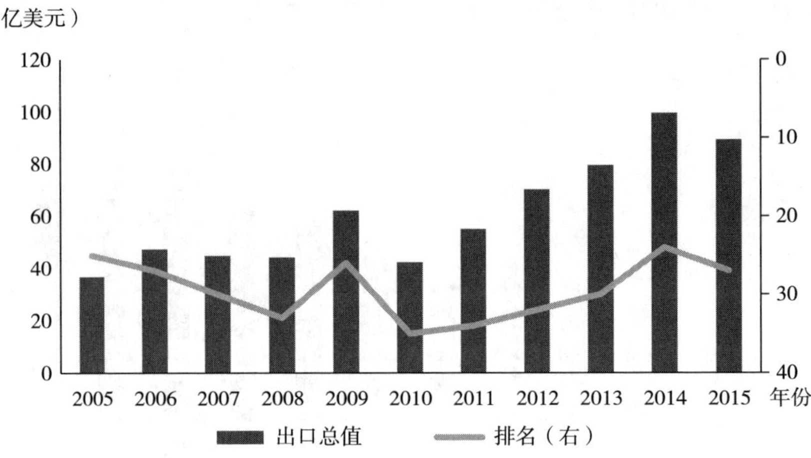


**图7 2005—2015年中国商业服务业出口总值及在全球中的排名**

资料来源：OECD-ICIO数据库。

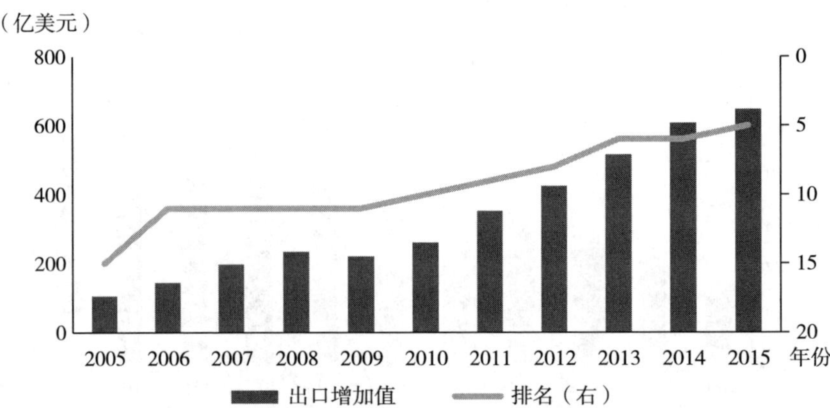


**图8 2005—2015年中国商业服务业出口增加值及在全球中的排名**

资料来源：根据OECD-ICIO数据计算而得。

对于信息服务部门，按贸易总值法所计算的出口额（见图9），由2005年的6.3亿美元上升至2015年的30亿美元，排名由2005年的第41名上升至2015年的第30名；而按增加值法（见图10），该部门出口额由2005年的11.5亿美元上升至2015年的38.5亿美元，排名由2005年的第18名上升至2015年的第16名，该部门在贸易总值法下与增加值法下所得出的结果差异较大。

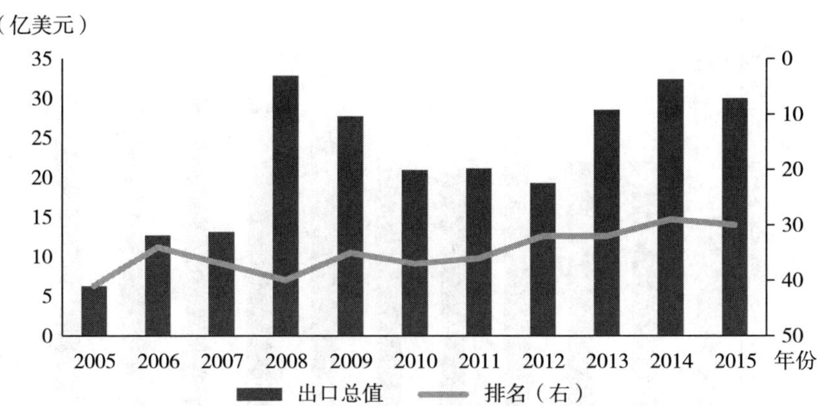


**图9　2005—2015年中国信息服务业出口总值及在全球中的排名**

资料来源：OECD-ICIO数据库。

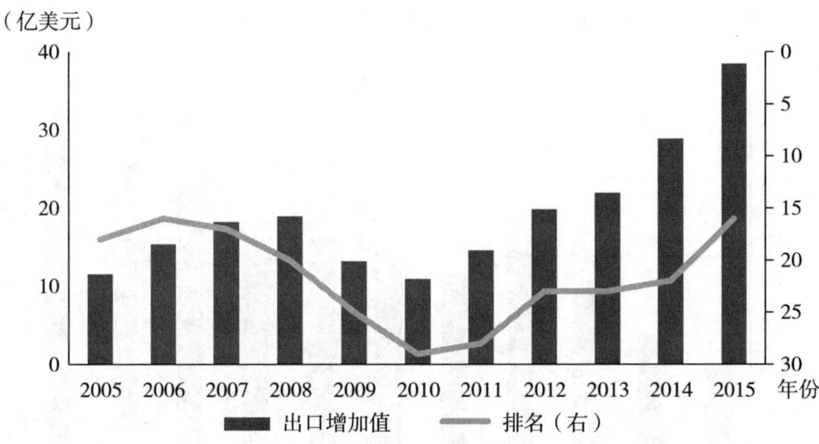


**图10　2005—2015年中国信息服务业出口增加值及在全球中的排名**

资料来源：根据OECD-ICIO数据计算而得。

对于住宿餐饮部门，按贸易总值法所计算出的出口额（见图 11），由 2005 年的 11 亿美元上升至 2015 年的 17.7 亿美元，排名较为稳定，在第 38 ~ 40 名波动，2005 年和 2015 年均为第 39 名；而按增加值法（见图 12），该部门出口额由 2005 年的 44.1 亿美元上升至 2015 年的 138.8 亿美元，排名由 2005 年的第 9 名上升至 2015 年的第 3 名，该部门在贸易总值法下与增加值法下所得出的结果差异很大。

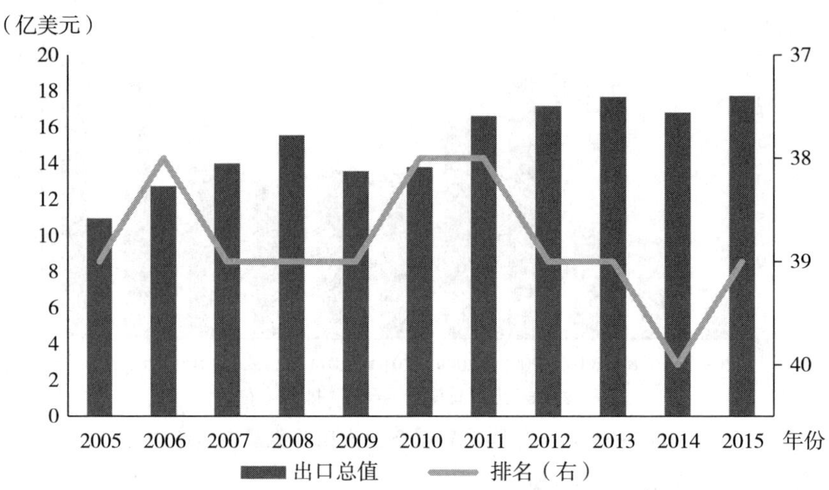


**图11 2005—2015年中国住宿餐饮业出口总值及在全球中的排名**

资料来源：OECD-ICIO数据库。

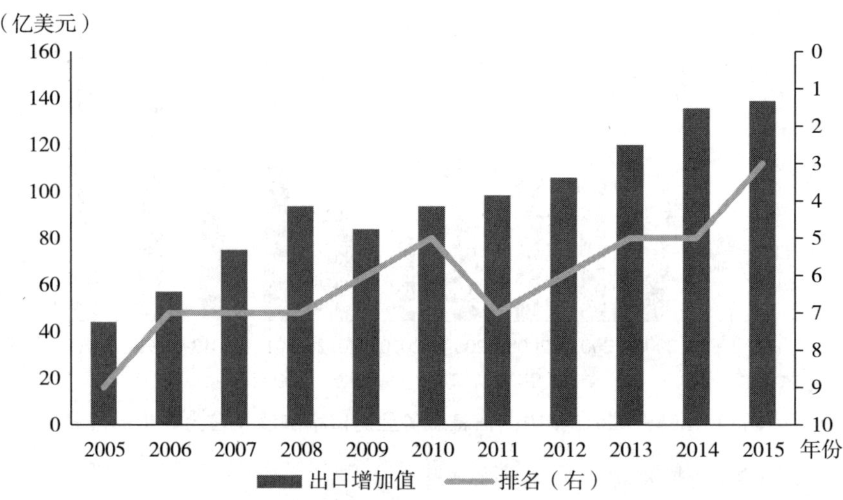


**图12 2005—2015年中国住宿餐饮业出口增加值及在全球中的排名**

资料来源：根据OECD-ICIO数据计算而得。

对于金融服务部门，按贸易总值法所计算出的出口额（见图13），由2005年的2.5亿美元上升至2015年的11.5亿美元，排名由2005年的第45名上升至2015年的第36名；而按增加值法（见

图 14），该部门出口额由 2005 年的 90.7 亿美元上升至 2015 年的 1078.7 亿美元，排名由 2005 年的第 13 名上升至 2015 年的第 2 名，该部门在贸易总值法下与增加值法下所得出的结果差异很大。

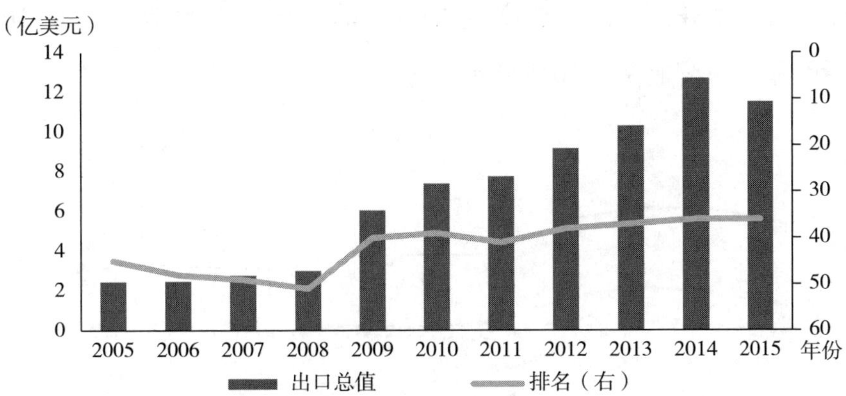


**图13　2005—2015年中国金融服务业出口总值及在全球中的排名**

资料来源：OECD–ICIO数据库。

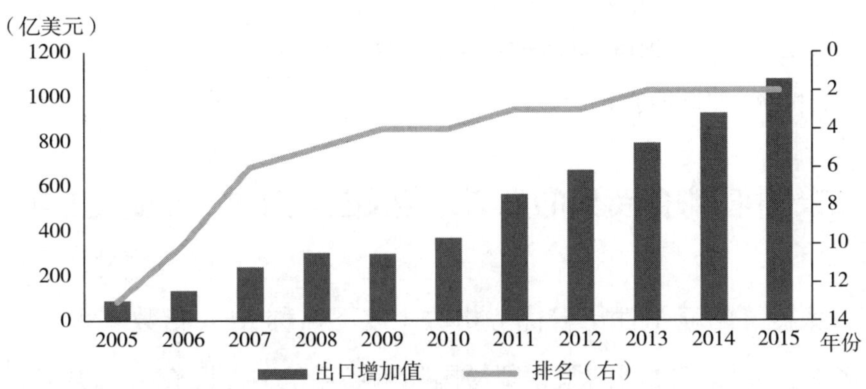


**图14　2005—2015年中国金融服务业出口增加值及在全球中的排名**

资料来源：根据OECD–ICIO数据计算而得。

以增加值出口占比来测算，批发零售部门的开放度由 2005 年的 31% 上升至 2006 年的 32%，之后呈稳步下降趋势，2015 年的开放度为 22%；交通运输部门的开放度由 2005 年的 31% 上升至 2007 年的 34%，之后呈稳步下降趋势，2015 年的开放度为 23%；金融服务部门的开放度较为平稳，由 2005 年的 14% 上升至 2007 年的 17%，之后呈稳步下降趋势，2015 年的开放度为 14%；商业服务部门的开放度由 2005 年的 19% 上升至 2007 年的 21%，之后呈稳步下降趋势，2015 年的开放度为 15%；信息服务部门的开放度由 2005 年的 13% 上升至 2007 年的 16%，之后呈稳步下降趋势，2015 年的开放度为 8%（见图 15）。

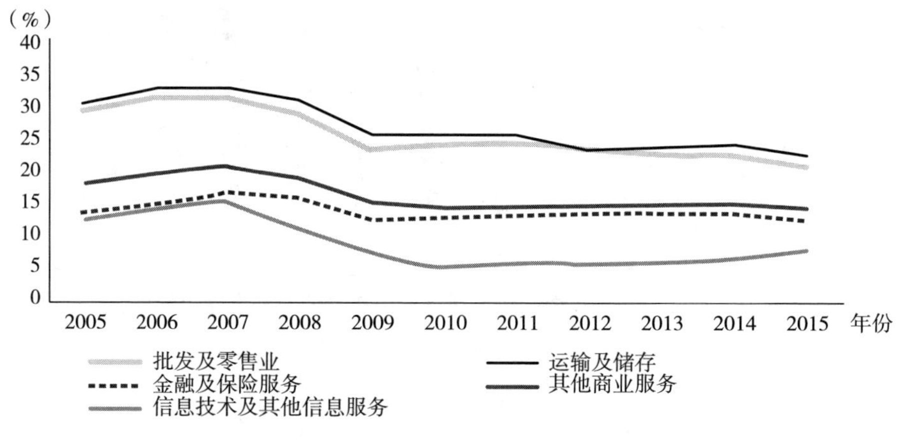


**图15　2005—2015年主要服务部门的开放度**

资料来源：根据OECD–ICIO数据计算而得。

## 二、中国服务贸易的竞争力（RCA 指数）及变化趋势

从传统的显示性比较优势指数（以下简称 RCA 指数）来看，世界各个主要国家之间的服务贸易国际市场竞争力差距较大，美国、法国、印度和英国的 RCA 指数均大于 1，在国际市场中具有比较优势，日本、德国、韩国以及中国的 RCA 指数则低于国际平均水平，在国际服务贸易市场中竞争力相对较弱。从波动趋势来看，各个国家 2005—2015 年的服务贸易比较优势波动不大，其中，美国、法国和日本的 RCA 指数略有上升，印度和韩国稍有下降。中国的 RCA 指数不仅在数值上低于其他各个主要国家水平，而且波动极小，未出现上升趋势。如

图 16 和图 17 所示。

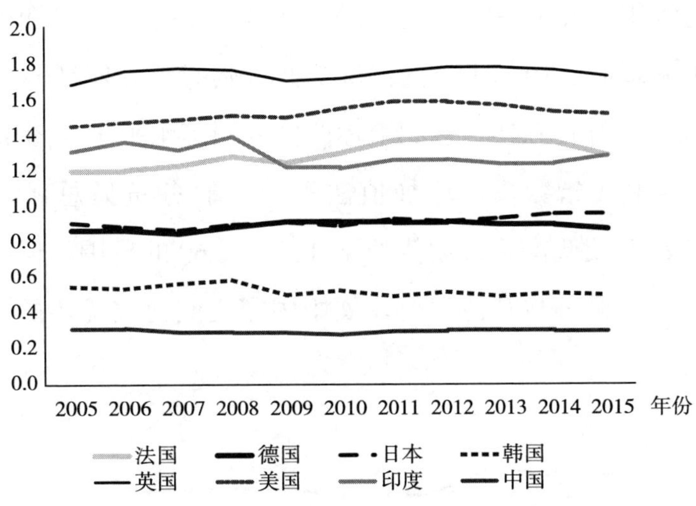


**图16　2005—2015年主要国家服务业RCA指数变化**

资料来源：根据OECD-ICIO数据计算而得。

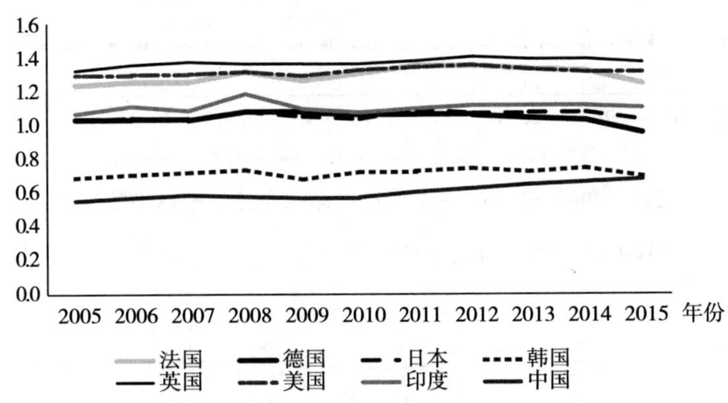


**图17　2005—2015年主要国家服务业VA-RCA指数变化**

资料来源：根据OECD-ICIO数据计算而得。

从 RCA 指数比较中国、巴西、俄罗斯、印度以及南非等主要发展中国家的服务业国际竞争力，中国的 RCA 指数处于五个国家中的最低水平（0.3 左右），波动幅度相对最小，表明在总值法下中国服务贸易不仅总体竞争力相对最弱，发展也最为迟缓。印度是这五国里唯一在国际服务贸易市场中具有比较优势的国家，RCA 指数在

2009 年后基本稳定在 1.2 ~ 1.3；俄罗斯和南非的 RCA 指数稍低于国际平均水平，2005—2015 年基本在 0.8 上下浮动；巴西的竞争优势则在不断增强，RCA 指数从 2005 年明显低于俄罗斯与南非两国的 0.65 逐年上升到 0.78，达到上述两国的同等水平（见图 18）。

从 VA-RCA 指数看，增加值法下中国服务贸易总体的国际竞争力仍然处于较低水平，数值处于 0.57 ~ 0.69 的范围，但在 2005—2015 年持续上升，与其他主要发展中国家之间比较优势的差距缩小（见图 19）。

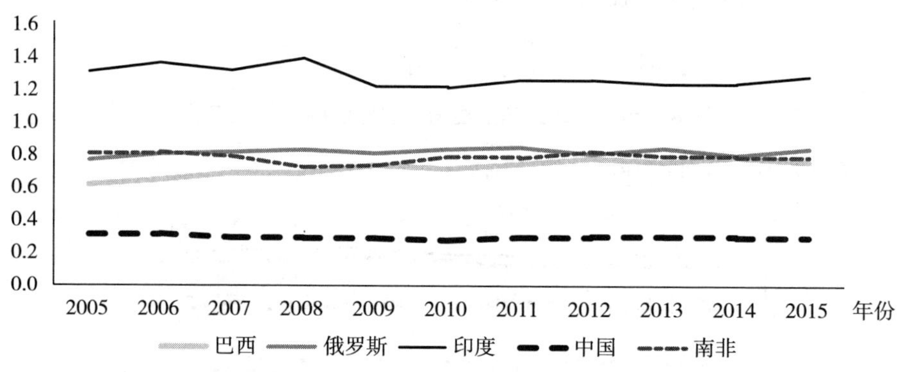


**图18　2005—2015年主要发展中国家服务业RCA指数变化**

资料来源：根据OECD-ICIO数据计算而得。

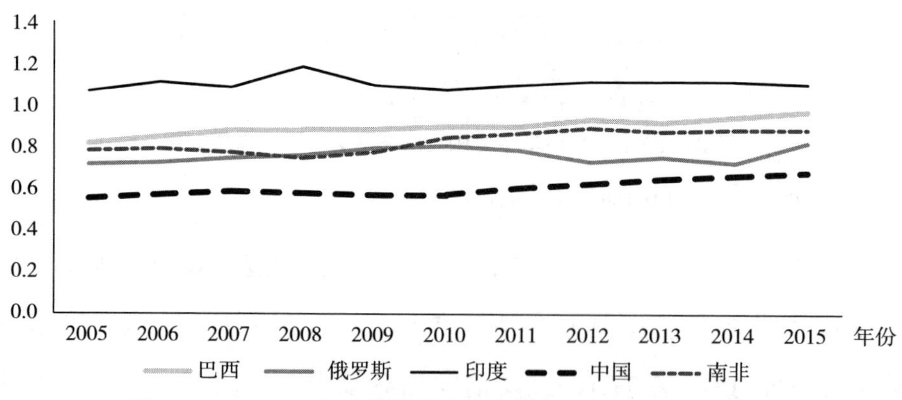


**图19　2005—2015年主要发展中国家服务业VA-RCA指数变化**

资料来源：根据OECD-ICIO数据计算而得。

具体到中国服务业的各个细分部门，又呈现出不同的变化趋势。对于运输业，从 RCA 指数看（见图 20 和图 22），中国在世界主要国家和发展中国家里都处于偏低水平，而且 2006 年后呈现轻微的下滑趋势；从 VA–RCA 指数看（见图 21 和图 23），中国运输业的比较优势在 2006 年以前高于国际平均水平，2006 年以后略低于平均水平，且呈现更为明显的下滑趋势，相对而言在世界主要国家中处于中下水平，在发展中国家中则处于中间地位。

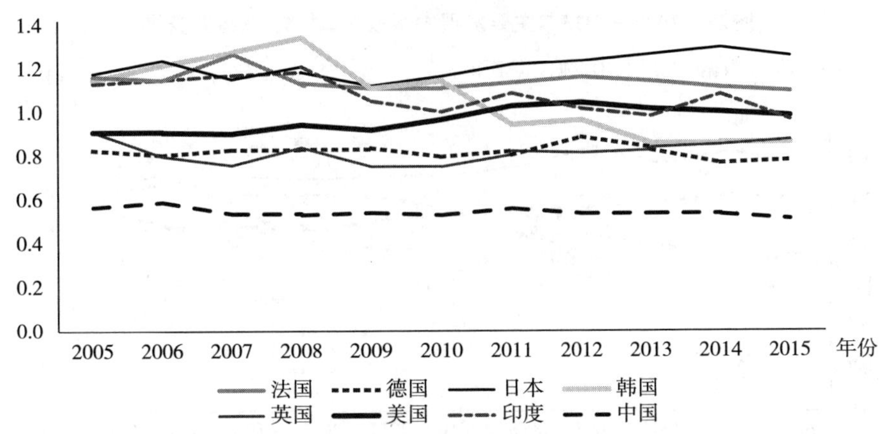


**图20　2005—2015年主要国家运输业RCA指数变化**

资料来源：根据OECD–ICIO数据计算而得。

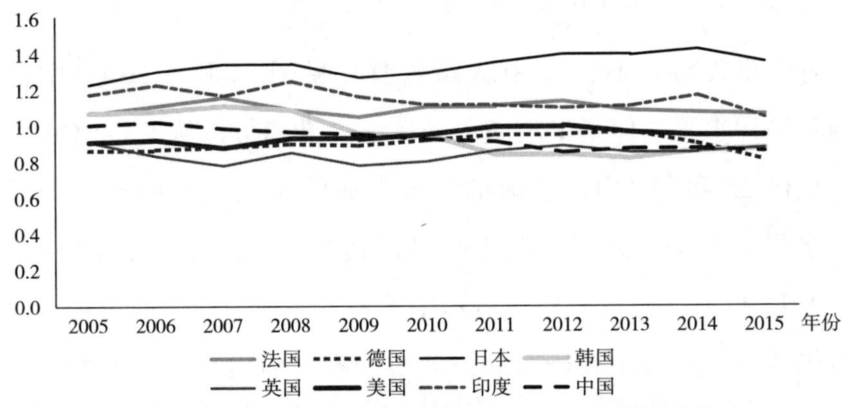


**图21　2005—2015年主要国家运输业VA-RCA指数变化**

资料来源：根据OECD–ICIO数据计算而得。

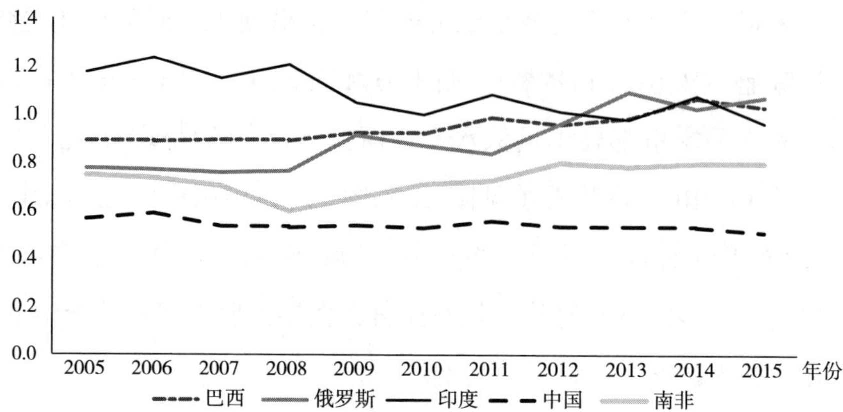


**图22 2005—2015年主要发展中国家运输业RCA指数变化**

资料来源：根据OECD-ICIO数据计算而得。

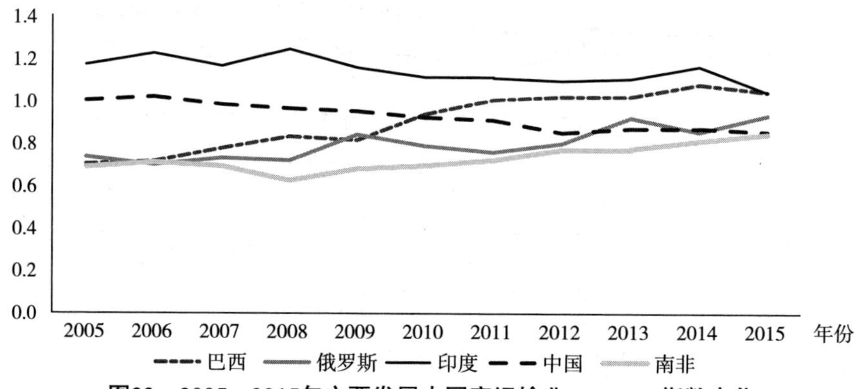


**图23 2005—2015年主要发展中国家运输业VA-RCA指数变化**

资料来源：根据OECD-ICIO数据计算而得。

对于批发零售业，从RCA指数看（见图24和图26），中国低于国际平均水平，但是呈现微弱的持续上升趋势；从VA-RCA指数看（见图25和图27），中国批发零售业的比较优势同样低于国际平均水平，但是上升态势较为明显，其VA-RCA指数从2005年的0.61上升到2015年的0.81，显示中国批发零售业的国际市场竞争力虽然仍低于大部分主要国家和发展中国家，但是与国际平均水平的差距已经显著缩小。

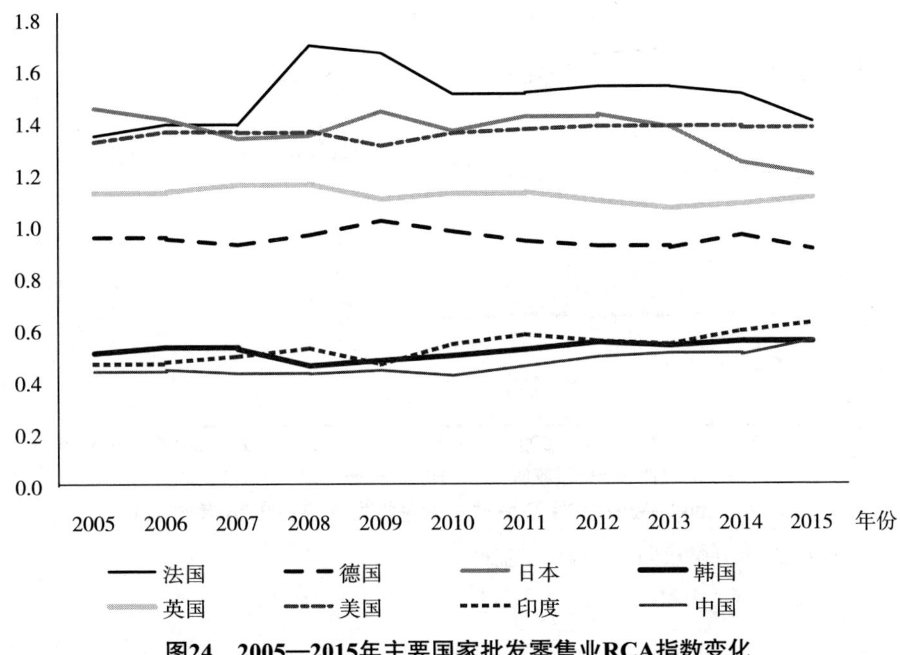


**图24　2005—2015年主要国家批发零售业RCA指数变化**

资料来源：根据OECD–ICIO数据计算而得。

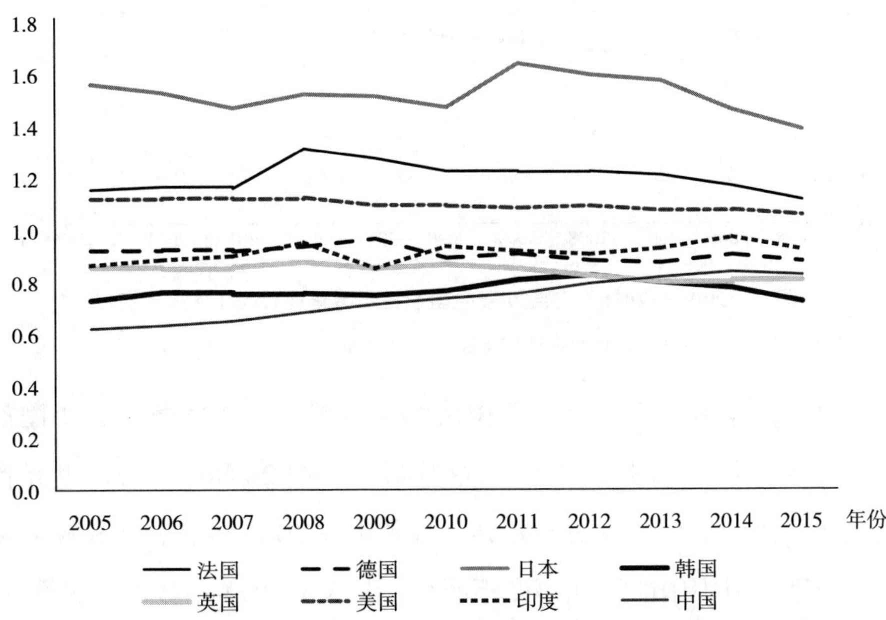


**图25　2005—2015年主要国家批发零售业VA-RCA指数变化**

资料来源：根据OECD–ICIO数据计算而得。

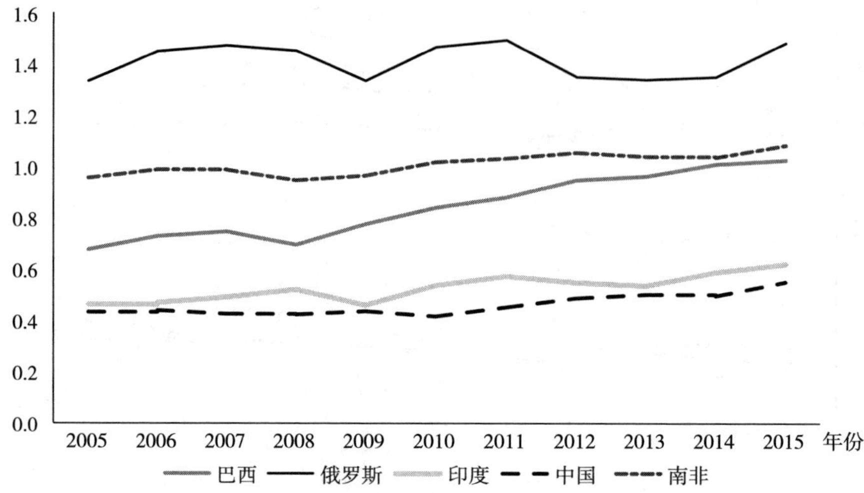


**图26 2005—2015年主要发展中国家批发零售业RCA指数变化**

资料来源：根据OECD-ICIO数据计算而得。

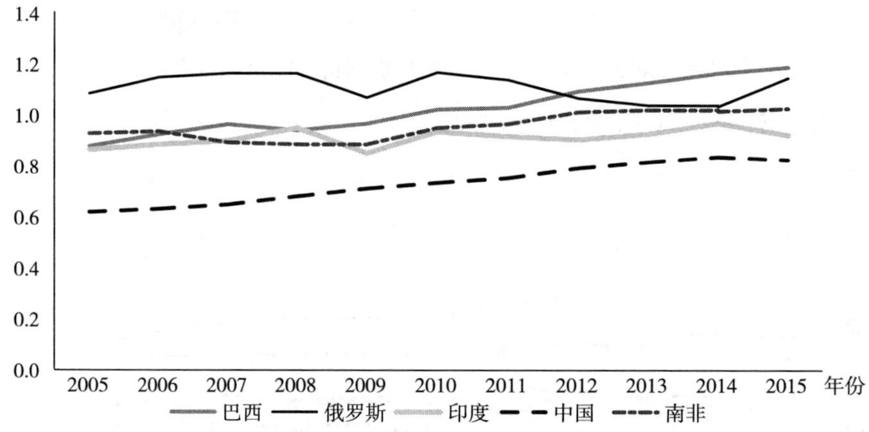


**图27 2005—2015年主要发展中国家批发零售业VA-RCA指数变化**

资料来源：根据OECD-ICIO数据计算而得。

对于商业服务业，无论是RCA指数还是VA-RCA指数，中国都处于显著偏低的水平。从RCA指数看（见图28和图30），世界各国之间的比较优势存在明显差异，且各国在2008年前后都有较大幅度的波动，但中国的波动幅度不明显；从VA-RCA指数看（见图29和图31），世界各国的波动幅度较RCA指数而言更小，中国则存在明显的上升趋势。

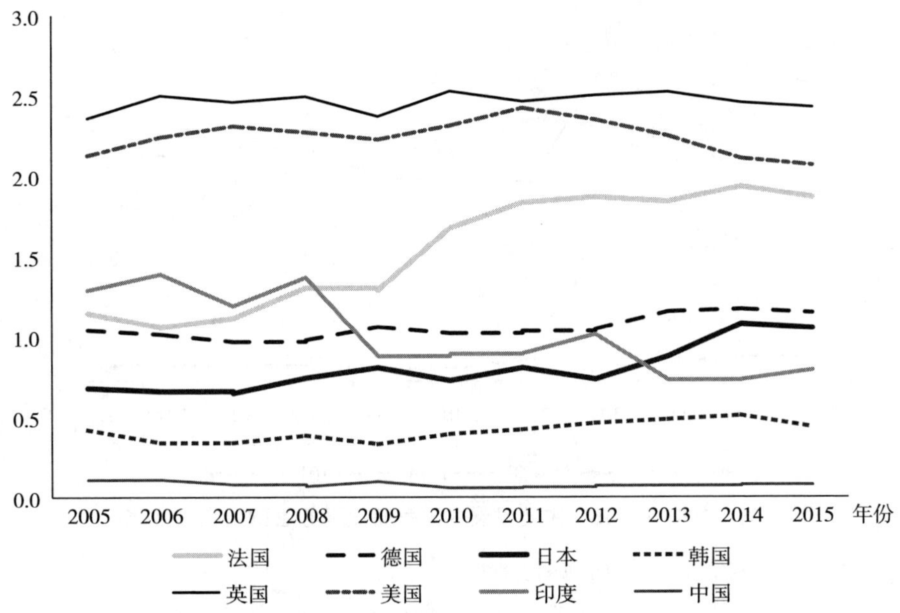


**图28　2005—2015年主要国家商业服务业RCA指数变化**

资料来源：根据OECD-ICIO数据计算而得。

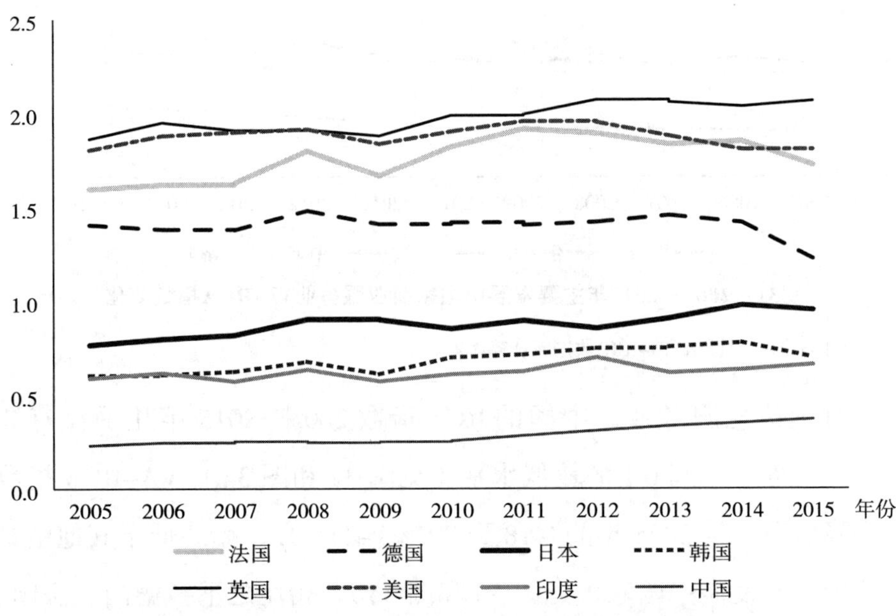


**图29　2005—2015年主要国家商业服务业VA-RCA指数变化**

资料来源：根据OECD-ICIO数据计算而得。

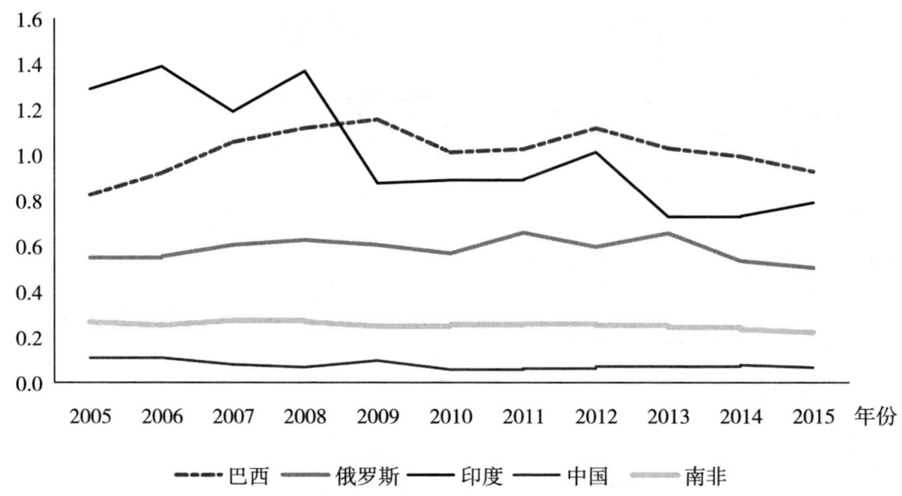


**图30　2005—2015年主要发展中国家商业服务业RCA指数变化**

资料来源：根据OECD–ICIO数据计算而得。

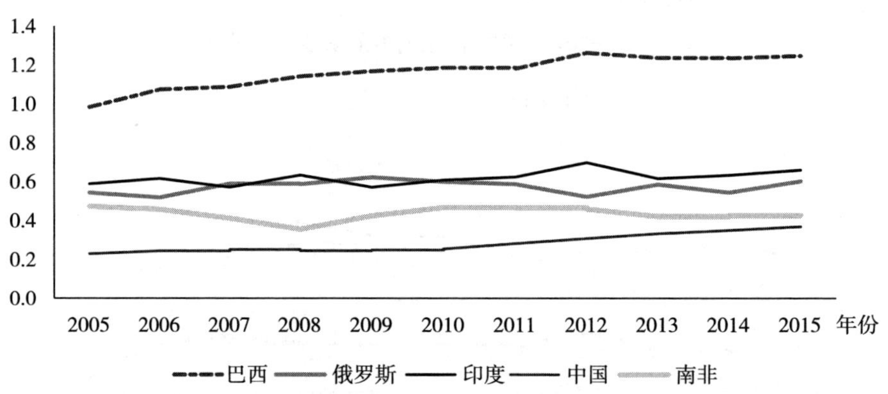


**图31　2005—2015年主要发展中国家商业服务业VA-RCA指数变化**

资料来源：根据OECD–ICIO数据库计算而得。

对于信息服务业，中国的RCA指数2005—2015年几乎没有波动，一直处于不到0.1的较低水平（见图32和图34）；VA–RCA指数则先降后升，从2005年的0.18到2015年的0.12，始终低于其他主要发达国家与发展中国家（见图33和图35）。相比之下，德国、法国、英国、美国等发达国家无论是RCA指数还是VA–RCA指数都有不同幅度的波动，但到2015年均接近世界平均水平。

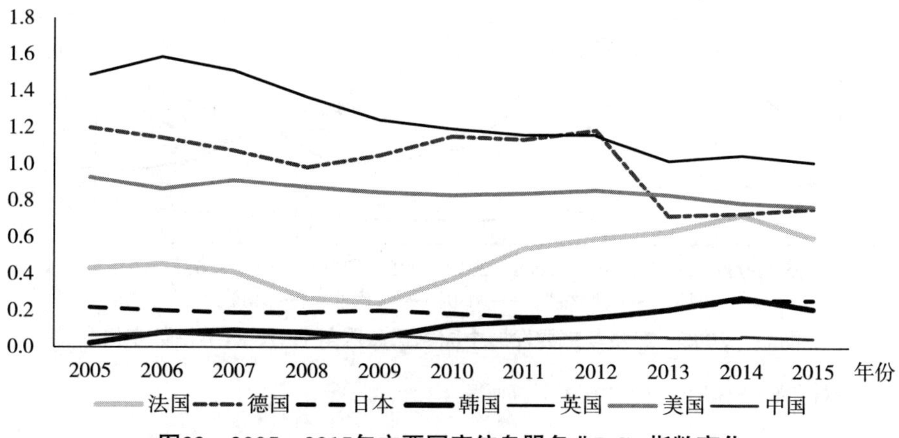


**图32　2005—2015年主要国家信息服务业RCA指数变化**

资料来源：根据OECD–ICIO数据计算而得。

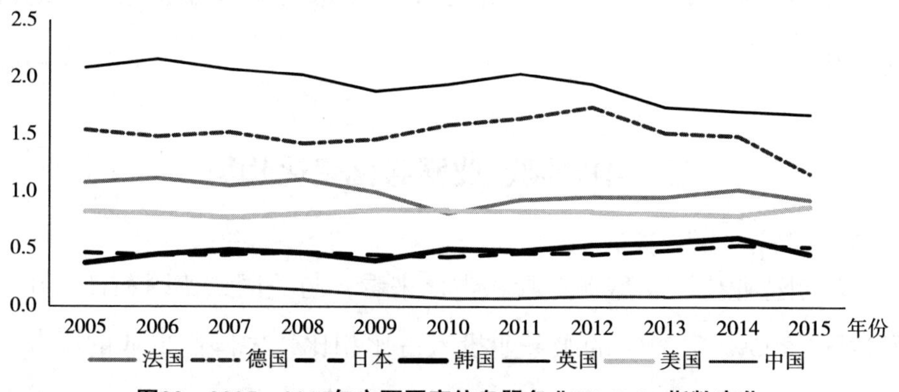


**图33　2005—2015年主要国家信息服务业VA-RCA指数变化**

资料来源：根据OECD–ICIO数据计算而得。

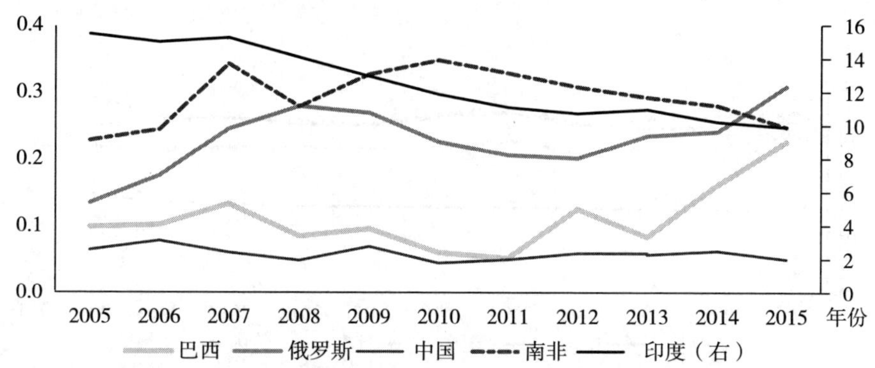


**图34　2005—2015年主要发展中国家信息服务业RCA指数变化**

资料来源：根据OECD–ICIO数据计算而得。

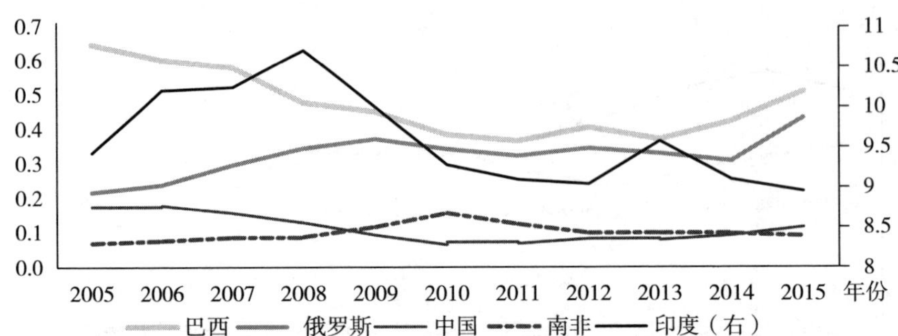


**图35 2005—2015年主要发展中国家信息服务业VA-RCA指数变化**

资料来源：根据OECD–ICIO数据计算而得。

由于中国服务业中住宿餐饮服务和金融服务的 RCA 指数与 VA-RCA 指数非常低（小于 0.1），这里不再对这两类服务业竞争力进行详细分析。

## 三、中国制造业服务化变化趋势

从制造业生产中服务业投入占比来看，与美国、德国和日本几个发达国家 25% ~ 33% 的服务业投入占比相比，中国制造业的服务化程度明显偏低，从 2005 年到 2015 年一直在 15% 左右，并呈现微弱的上升趋势（见图 36）。

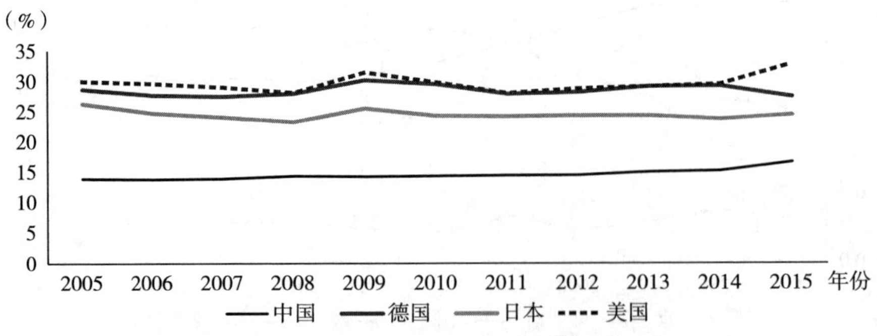


**图36 2005—2015年制造业生产中服务业投入占比**

资料来源：根据OECD–ICIO数据计算而得。

从制造业最终品中服务业增加值占比看，修正了加工贸易造成的统计偏差后，中国制造业的服务化程度则呈现出更快的发展趋势。2005—2015 年美国、德国和日本几个发达国家的制造业最终品中服务业增加值占比都在 35% ~ 41% 的范围，但是没有明显的上升趋势；中国则在 10 年间上升了 5.11 个百分点，从 26.5% 上升到 31.6%，制造业的服务化程度持续发展（见图 37）。

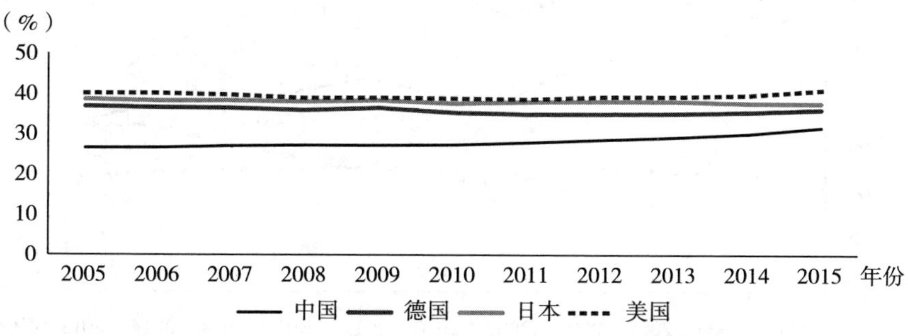


**图37　2005—2015年制造业最终品中服务业增加值占比**

资料来源：根据OECD-ICIO数据计算而得。

从制造业生产中外国服务业投入占比看，2005—2015 年中国、日本、美国都处于 1.3% ~ 2.2% 的区间，德国在 4.5% ~ 5.6% 的区间内；其中中国的制造业生产中外国服务业投入占比呈持续的下降态势，其他几个国家则呈现不同幅度的上升趋势。到 2015 年，中国的该项指标数值为 1.3%，明显低于其他各国（见图 38）。

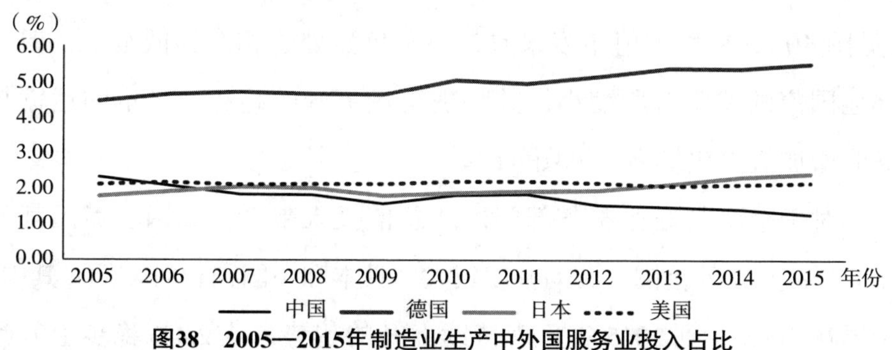


**图38　2005—2015年制造业生产中外国服务业投入占比**

资料来源：根据OECD-ICIO数据计算而得。

从制造业最终品中的外国服务业增加值占比来看，中国在各国中处于中间水平。2005—2015 年德国和日本分别从 5.3%、2.2% 上升到 6.5%、3.1%，中国从 5.5% 下降到 3.2%，美国则处于各国最低水平（2.0% ~ 2.3%）（见图 39）。

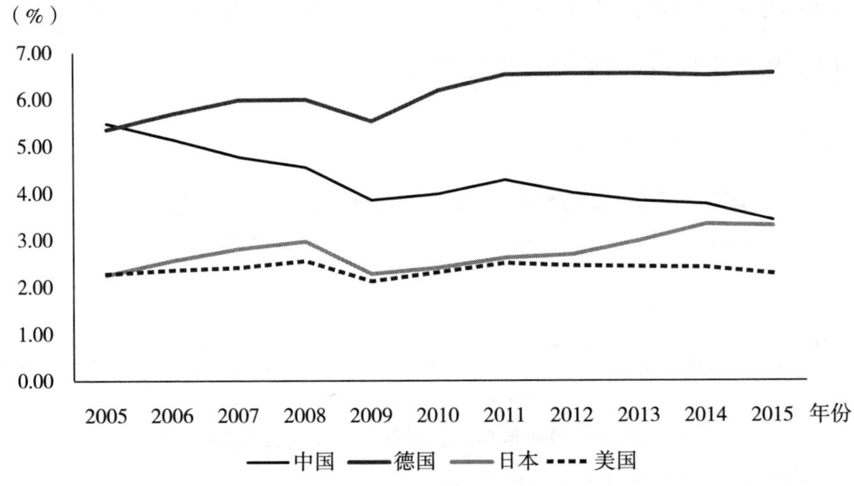


**图39　2005—2015年制造业最终品中外国服务业增加值占比**

资料来源：根据OECD-ICIO数据计算而得。

将服务业具体到各个细分部门，中国制造业的服务化程度也存在差异。对于运输与商业部门，从总值投入来看，各个国家均没有明显、持续的上升或下降趋势，其中，日本、美国的运输与商业投入占比较高，中国处于 8% ~ 10% 的区间，在各国中处于最低水平（见图 40）；从增加值角度来看，中国仍然处于相对偏低水平，但与其他国家的差距有所缩小，并呈现缓慢上升的趋势，日本的运输与商业增加值占比最高（见图 41）。

对于金融与商业服务部门，从总值投入来看，德国、美国都处于 8% ~ 10% 的范围，波动幅度较大，日本和中国则相对较低，其中，中国从 2005 年到 2015 年呈现持续上升的趋势，从 2.4% 稳步上升到

5.5%（见图 42）；从增加值角度来看，各国总体都呈现更高的占比，并且各国之间差距缩小，中国同样呈现明显的持续上升趋势，其他各国则没有太大幅度的波动（见图 43）。

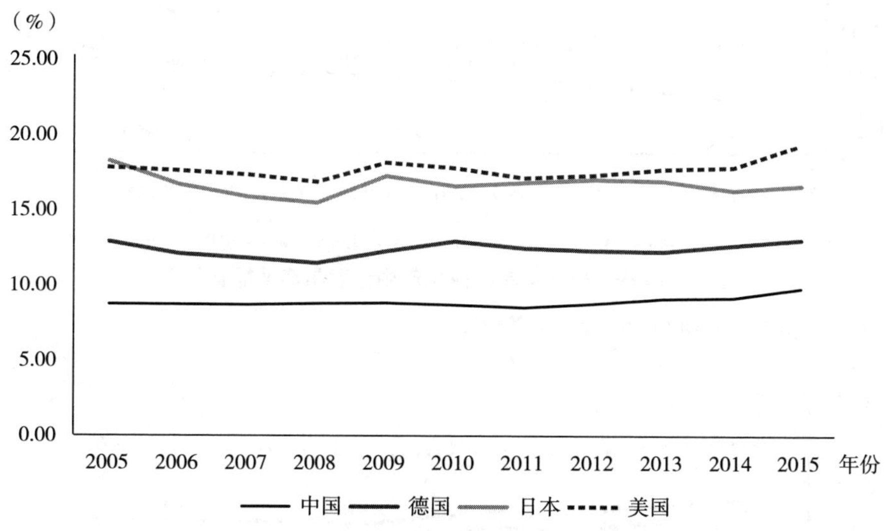


**图40　2005—2015年制造业生产中运输与商业投入占比**

资料来源：根据OECD-ICIO数据计算而得。

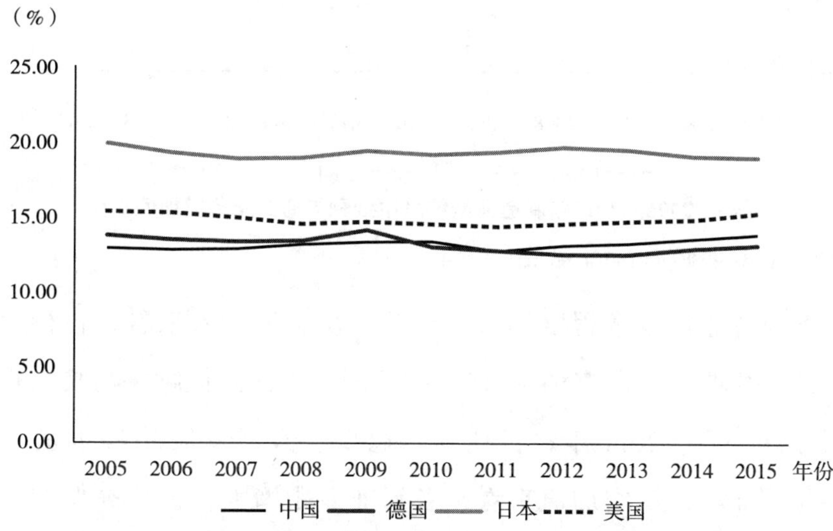


**图41　2005—2015年制造业最终品中运输与商业增加值占比**

资料来源：根据OECD-ICIO数据计算而得。

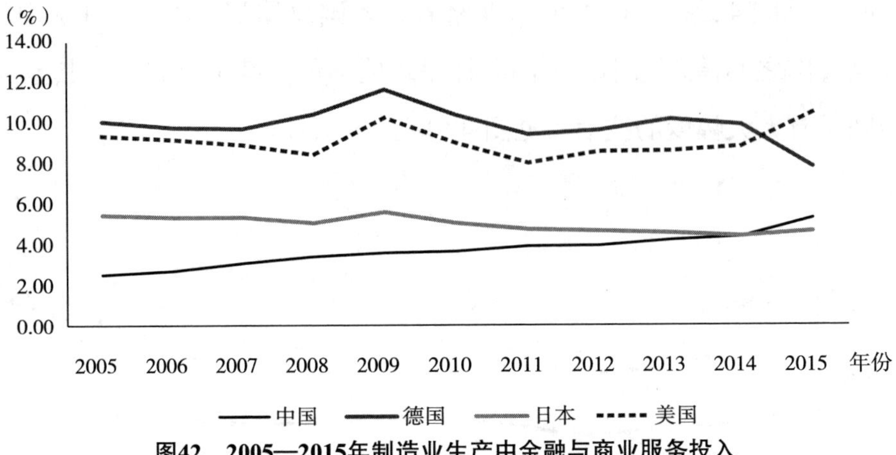


**图42　2005—2015年制造业生产中金融与商业服务投入**

资料来源：根据OECD-ICIO数据计算而得。

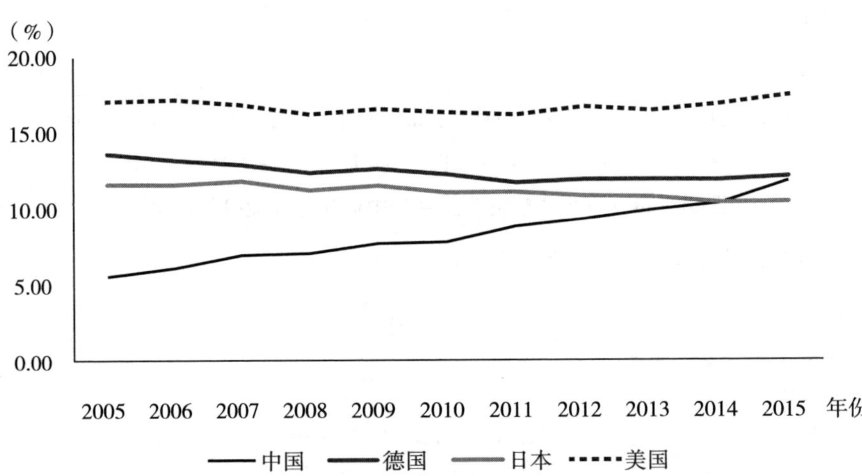


**图43　2005—2015年制造业最终品中金融与商业服务增加值占比**

资料来源：根据OECD-ICIO数据计算而得。

将制造业按技术程度细分到部门，从总值投入来看，各行业差异不大，基本集中在10% ~ 15%的区间，占比高低顺序与技术程度高低顺序一致，2011年各行业开始稳步上升，发展趋势也基本一致（见图44）；从增加值来看，各行业差距增大，占比高低顺序仍然与技术程度高低顺序一致，数值最高的制造业（31.6%）较数值最低的低技术制造业（19.3%）高了12.3个百分点，从2005年到

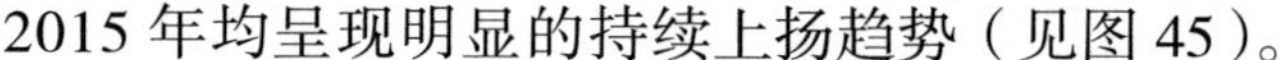
2015 年均呈现明显的持续上扬趋势（见图 45）。

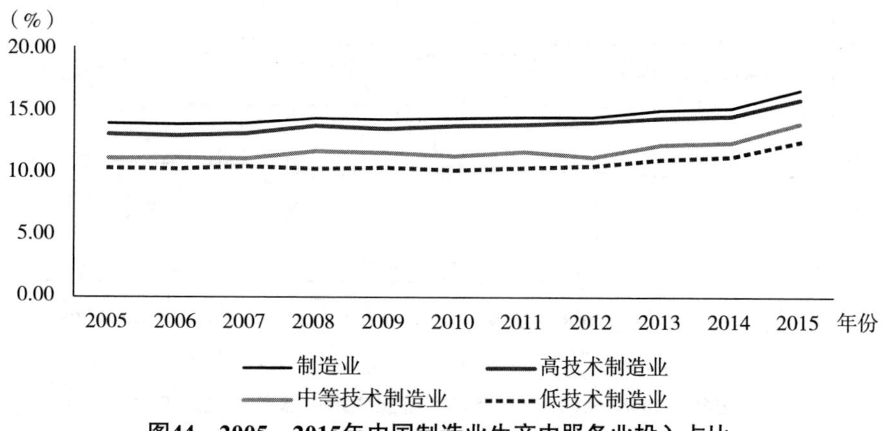


**图44　2005—2015年中国制造业生产中服务业投入占比**

资料来源：根据OECD–ICIO数据计算而得。

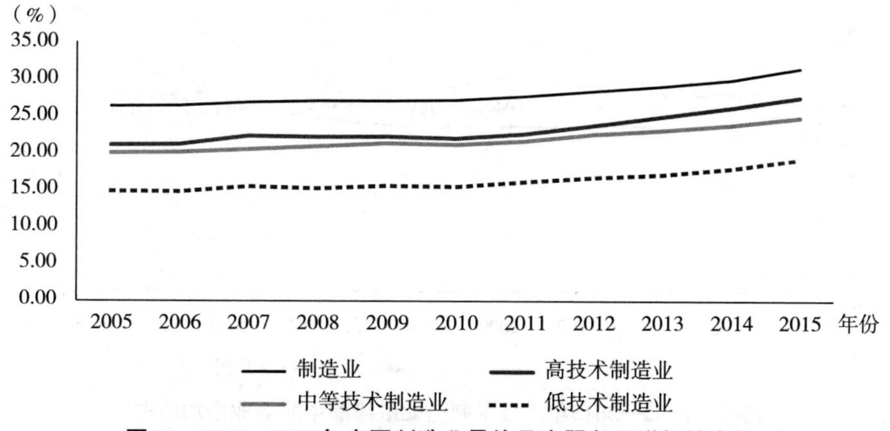


**图45　2005—2015年中国制造业最终品中服务业增加值占比**

资料来源：根据OECD–ICIO数据计算而得。

对于高技术制造业，从总值投入来看，各国之间存在一定差异，并且都没有大幅度的波动，美国最高（2015 年为 32.9%），中国在 13% ~ 16% 的最低区间，但呈现微弱的上升趋势（见图 46）；从增加值角度看，各国之间的差距明显缩小，美国、德国、日本的发展缓慢甚至有所下降，中国则从 2005 年的最低水平（21.2%）持续上升到 2015 年高于其他各国的 27.3%（见图 47）。

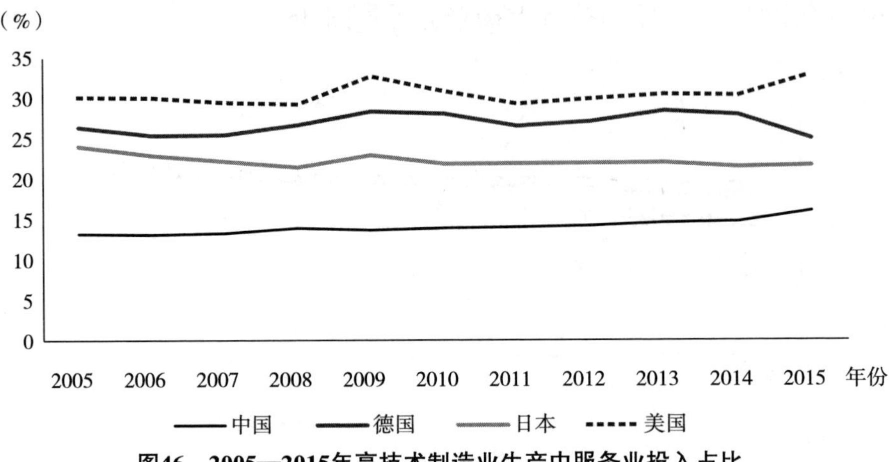


**图46 2005—2015年高技术制造业生产中服务业投入占比**

资料来源：根据OECD-ICIO数据计算而得。

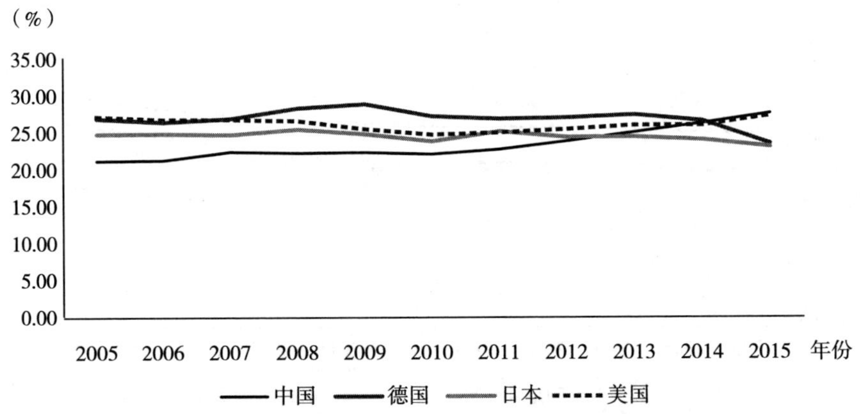


**图47 2005—2015年高技术制造业最终品中服务业增加值占比**

资料来源：根据OECD-ICIO数据计算而得。

对于中等技术制造业，从总值投入来看，美国、德国、日本之间相差不大，各国都没有大幅度的波动，美国占比最高（2015 年为 22.6%），中国在 11.2% ~ 14.1% 的最低区间，但呈现较明显的上升趋势（见图 48）；从增加值角度看，各国之间的差距明显缩小，美国、德国、日本的发展缓慢甚至有所下降，中国则从 2005 年的最低水平（20.1%）持续上升到 2015 年与其他各国相近的 26%（见图 49）。

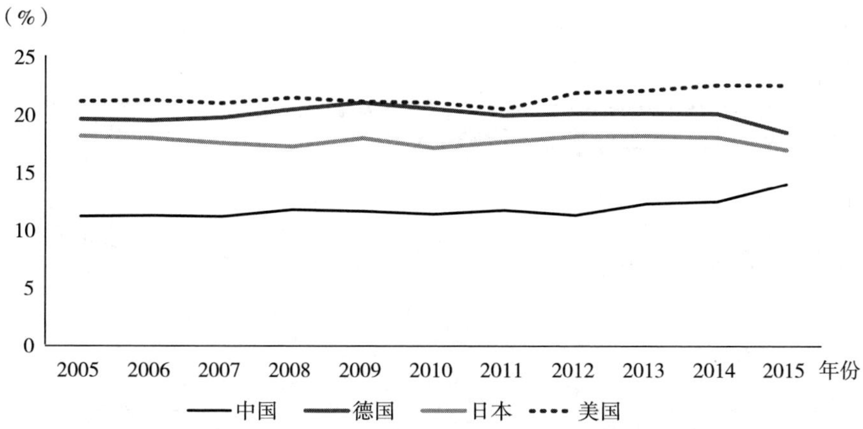


**图48　2005—2015年中等技术制造业生产中服务业投入占比**

资料来源：根据OECD-ICIO数据计算而得。

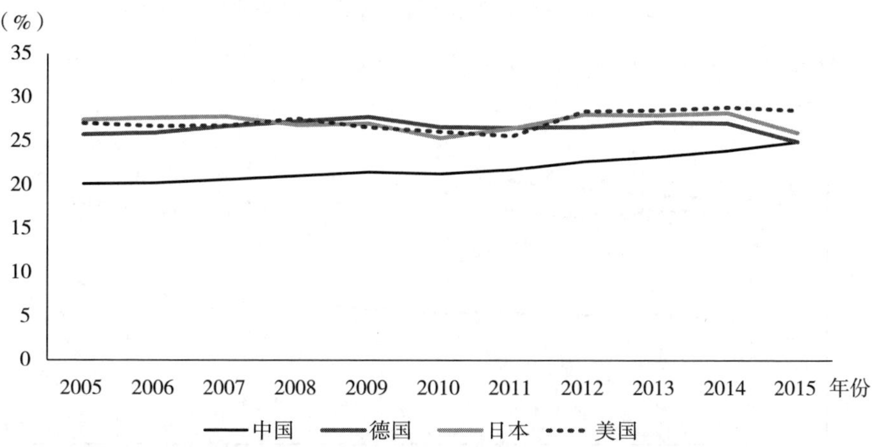


**图49　2005—2015年中等技术制造业最终品中服务业增加值占比**

资料来源：根据OECD-ICIO数据计算而得。

对于低技术制造业，从总值投入来看，美国、德国、日本之间仍然相差不大，各国都没有大幅度的波动，德国占比最高（2015 年为 23.4%），中国在 10.4% ~ 12.6% 的最低区间，只有微弱的上升趋势（见图 50）；从增加值角度看，各国之间的差距明显缩小，美国、德国、日本之间的差距缩小，中国虽然从 2005 年的最低水平（14.9%）持续上升到 2015 年的 19.3%，但是与其他国家之间仍然存在明显差距（见图 51）。

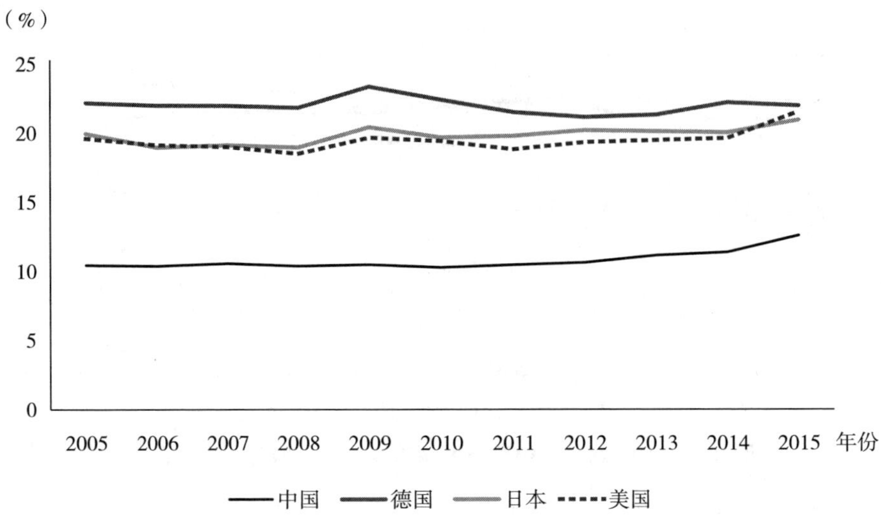


**图50 2005—2015年低技术制造业生产中服务业投入占比**

资料来源：根据OECD-ICIO数据计算而得。

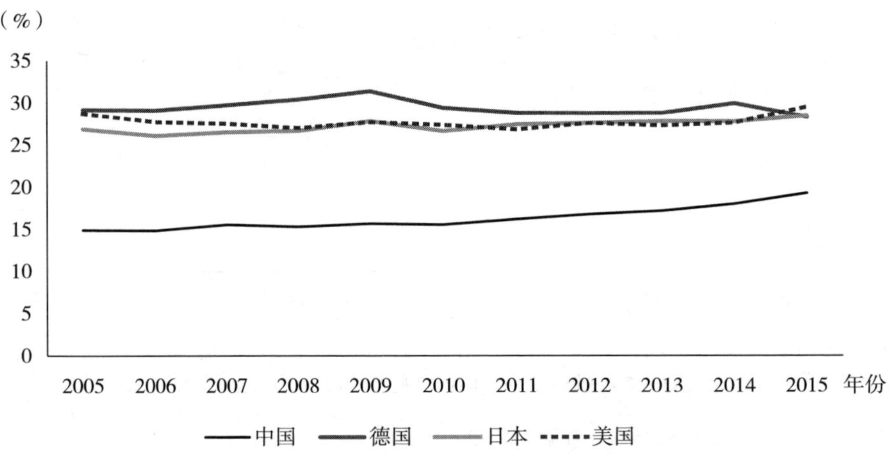


**图51 2005—2015年低技术制造业最终品中服务业增加值占比**

资料来源：根据OECD-ICIO数据计算而得。

## 四、相关结论和建议

本报告分别从服务业出口总值和出口增加值两个方向考察了中国服务业的全球市场占有率和显性比较优势指数（RCA 指数），以及各细分服务部门出口和出口增加值在全球价值链的竞争力及变化趋势，并据此测算分析了中国制造业服务化水平，得到如下结论。

第一，中国服务出口的国际市场占有率和全球主要经济体排名相对中国货物出口低不少，但从出口增加值角度，中国服务出口增加值的国际市场占有率和全球排名都有大幅提升。这主要是因为中国大量服务业增加值是通过隐含于下游制造业产品中出口的。因此，传统的贸易总值法的计算结果其实是对中国服务业出口进行了低估。同时，在与主要发展中经济体比较来看，中国服务出口和出口增加值国际市场占有率均居首位。但总体上，不管是以出口总值统计还是以出口增加值统计，中国服务业出口和出口增加值的国际市场占有率均低于中国制造业出口。

第二，从中国服务的细分部门出口来看，不管是出口总值还是出口增加值，中国服务业出口主要是以批发零售业服务和运输与仓储服务等生产性服务业为主，其他服务行业出口和出口增加值的国际市场占有率都非常低。提升研发与设计服务、商务服务、信息服务和金融服务等高端生产性服务竞争水平是当前我国服务业改革的关键。

第三，中国服务贸易开放度总体不高，且金融危机后呈总体下降趋势。从细分服务部门来看，批发零售业服务和运输与仓储服务贸易开放度水平最高，金融服务、商务服务和信息服务贸易开放度水平依次降低，进一步有序开放这些服务业的国内市场，引入国际竞争，是提高我国高端生产性服务竞争力的关键。我国改革开放以来的宝贵经验也说明并验证了这一措施的有效性和可控性。

第四，通过贸易总值和贸易增加值两个角度审视，我国服务出口的竞争力都非常低，不仅远低于美国、英国、法国等主要服务贸易大国，也低于日本、德国这些制造业强国。即使与主要发展中经济体比较，我国服务出口的竞争力也是处于相对较低水平。细分服务行业出口竞争力中，只有运输仓储服务在出口增加值统计的RCA达到了1左右，其他细分服务行业出口总值和出口增加值统计的RCA均为显著劣势。从时间跨度来看，服务业出口的竞争力水平低的现象并没有得到改善。

第五，中国制造业服务化水平较美国、德国和日本等发达国家有较大差距。但与主要发展中国家相比，中国制造业服务化处于较高水平。随着时间变化，中国制造业服务化水平有一定程度的上升。从生产性服务投入的来源来看，中国制造业服务化有很大一部分来自国外生产性服务投入，这一比例远高于美国和日本，与德国基本一致。但从时间变化来看，来自国外生产性服务投入在中国制造业服务化的占比不断减小，说明国内生产性服务在制造业生产投入中竞争力不断上升，逐渐替代了部分来自国外的生产性服务的投入。从不同技术水平的细分行业来看，制造业内部细分行业不同技术水平的服务化水平有一定差异，主要是低技术制造业的服务化水平相对较低，随时间变化也没有中高技术制造业上升快，以增加值衡量的高技术制造业的服务化水平上升非常快，从2014年开始已经超过德国和日本，和美国在同一水平线上。不同技术等级制造业的服务化水平差距在不断扩大。

执笔人：祝坤福

专题报告四

# 全球服务贸易发展的特征和趋势

服务贸易增速快于货物贸易，也高于GDP增速，是重要的经济增长点。其发展特征稳中有变，虽然发达国家仍居主导地位，但发展中国家占比在不断提升。随着信息技术的广泛应用，服务贸易“信息化”“数字化”特征凸显，对服务贸易总体规模扩张和结构调整也产生了深刻影响。我国已是服务贸易大国，还不是服务贸易强国，存在较大贸易逆差。我国货物贸易顺差已变得不可持续，抓住新一轮技术产业革命带来的机遇，着力提升服务贸易竞争力，有助于促进我国国际收支平衡，更有利于我国培育新的经济增长点。因此，统筹内外，综合施策，着力补短板，壮大服务贸易，使服务贸易与货物贸易协调发展，是我国建设贸易强国的重要组成部分，也是我国优化经济结构、实现高质量发展的重要举措。

## 一、世界服务贸易发展的主要特征

### （一）全球服务出口规模持续增长

虽然受到金融危机、经济放缓等大环境影响，但全球服务出口规模仍然呈现出扩张的大趋势。根据WTO统计，2017年全球服务出口达到5.4万亿美元，同比增长7.8%，增速为2012年以来的最高值。

2007—2017 年的十年间全球服务出口累计增长 49.3%（见图 1）。

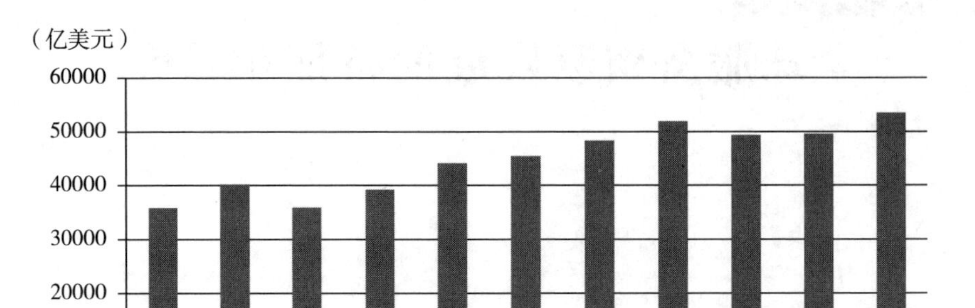


**图1　2007—2017年全球服务出口规模**

资料来源：《中国服务贸易统计年鉴》。

### （二）服务贸易增速总体快于经济增长

如图 2 所示，1981 年以来，服务贸易出口总体增速远高于 GDP 增速。采用国际收支和国际投资头寸第五版（BPM5）衡量，1981—2005 年，世界服务贸易出口平均增长 8.0%，世界经济平均增速为 3.0%。采用国际收支和国际投资头寸第六版（BPM6）衡量，2006—2017 年，世界服务贸易出口平均增长 6.3%，世界经济平均增速为 2.7%。由此可见，无论哪个阶段、用什么口径，世界服务贸易出口增速都是经济增速的 2 倍以上。

此外，服务贸易增速波动较大，方差和标准差分别是世界经济增速方差的 34 倍和 5.8 倍。虽然服务贸易出口与世界经济增速波动相差较大，但两者仍有着较大的相关关系。1981—2017 年，两者相关系数达到了 0.57，从 2001 年、2009 年等特殊时间可以比较直观地观察到这一点。

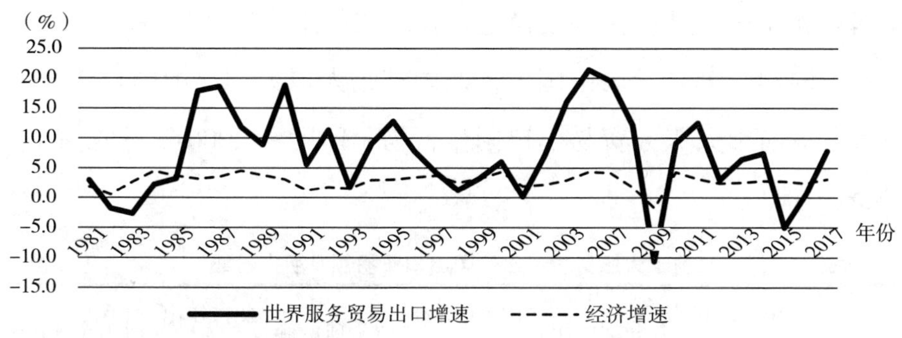


**图2　世界服务贸易出口增速与经济增速**

资料来源：联合国贸易和发展会议。

2017 年服务贸易出口额已达 5.4 万亿美元，是 2000 年的 3.5 倍，是 1980 年的 13.5 倍。由于其增速快于经济增速，与 GDP 之比也由 1980 年的 3.2% 上升到 2017 年的 6.7%，1980—2002 年这 20 多年里提升了 1.5 个百分点，2002 年后的 15 年内提升了 2.0 个百分点，在世界经济中的地位呈加速上升态势（见图 3）。

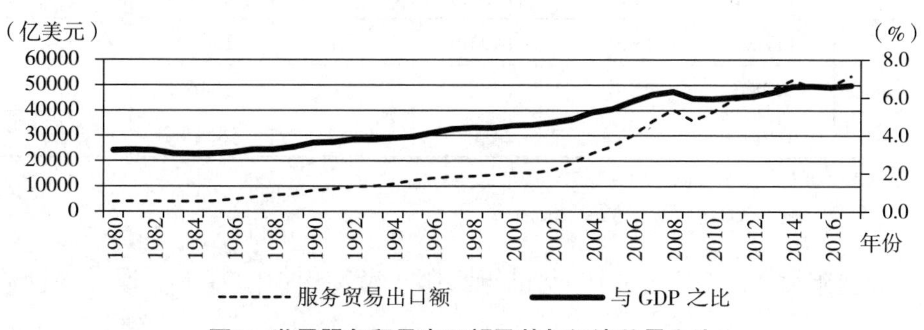


**图3　世界服务贸易出口额及其与经济总量之比**

资料来源：联合国贸易和发展会议。

## （三）近年来服务贸易国别分布比较集中稳定

2010 年以来，前十大服务贸易出口国占全球服务贸易出口份额仅有微弱变化，在 52% 上下波动。其中，美国服务贸易出口占绝对领先优势，占全球份额超过 14.0%，比第二大、第三大服务贸易出口国总和还多，且仍在持续稳定增长。在前十大服务贸易出口国中，只有中国和印度是发展中国家，两国都是人口大国。中国自 2005 年进入全球前十大服务贸易出口国排行榜，印度在 2006 年进入前十大（见表 1）。

**表1　　前十大服务贸易出口国出口贸易额及所占份额**

| | 2010年出口贸易额（亿美元） | 占全球份额（%） | 2013年出口贸易额（亿美元） | 占全球份额（%） | 2017年出口贸易额（亿美元） | 占全球份额（%） |
|---|---|---|---|---|---|---|
| 美国 | 5633.3 | 14.4 | 7014.6 | 14.5 | 7808.7 | 14.6 |
| 英国 | 2712.6 | 6.9 | 3404.1 | 7.0 | 3506.9 | 6.6 |
| 德国 | 2250.1 | 5.7 | 2730.2 | 5.6 | 3040.6 | 5.7 |
| 法国 | 2021.1 | 5.2 | 2541.2 | 5.3 | 2494.7 | 4.7 |
| 中国 | 1783.4 | 4.5 | 2070.1 | 4.3 | 2280.9 | 4.3 |
| 荷兰 | 1615.1 | 4.1 | 1790.0 | 3.7 | 2183.1 | 4.1 |
| 爱尔兰 | 921.7 | 2.3 | 1228.5 | 2.5 | 1864.9 | 3.5 |
| 日本 | 1344.1 | 3.4 | 1352.3 | 2.8 | 1847.7 | 3.5 |
| 印度 | 1170.7 | 3.0 | 1491.6 | 3.1 | 1839.8 | 3.4 |
| 新加坡 | 1008.3 | 2.6 | 1432.5 | 3.0 | 1646.8 | 3.1 |
| 合计 | 20460.4 | 52.2 | 25054.9 | 51.8 | 28514.2 | 53.3 |

注：前十大国家是以2017年数据选取的。

资料来源：联合国贸易和发展会议。

前十大服务贸易进口国与前十大服务贸易出口国基本一致，并且进口额合计占比在 50% 左右，略低于出口合计份额。美国也为第一大服务贸易进口国，其进口份额占全球的 10% 左右。我国服务贸易进口增长较快，自 2013 年超越德国成为世界第二大服务贸易进口国，2017 年在全球中所占份额达到 9.0%，已接近美国。与出口格局类似，前十大服务贸易进口国以发达国家为主，发展中国家仍只有中国和印度两国（见表 2）。

表2 前十大服务贸易进口国进口贸易额及所占份额

| | 2010年进口贸易额（亿美元） | 占全球份额（%） | 2013年进口贸易额（亿美元） | 占全球份额（%） | 2017年进口贸易额（亿美元） | 占全球份额（%） |
|---|---|---|---|---|---|---|
| 美国 | 4093.1 | 10.7 | 4610.9 | 9.8 | 5381.1 | 10.4 |
| 中国 | 1934.0 | 5.0 | 3306.1 | 7.0 | 4675.9 | 9.0 |
| 德国 | 2632.8 | 6.9 | 3279.6 | 6.9 | 3236.5 | 6.2 |
| 法国 | 1816.6 | 4.7 | 2280.7 | 4.8 | 2404.7 | 4.6 |
| 英国 | 1847.1 | 4.8 | 2084.4 | 4.4 | 2149.5 | 4.1 |
| 荷兰 | 1359.0 | 3.5 | 1515.1 | 3.2 | 2108.2 | 4.1 |
| 爱尔兰 | 1099.8 | 2.9 | 1236.9 | 2.6 | 1988.9 | 3.8 |
| 日本 | 1647.0 | 4.3 | 1708.7 | 3.6 | 1908.9 | 3.7 |
| 新加坡 | 1012.1 | 2.6 | 1509.8 | 3.2 | 1708.0 | 3.3 |
| 印度 | 1149.3 | 3.0 | 1268.9 | 2.7 | 1540.1 | 3.0 |
| 合计 | 18590.9 | 48.5 | 22801.0 | 48.2 | 27101.7 | 52.3 |

注：前十大国家是以2017年数据选取的。

资料来源：联合国贸易和发展会议。

发达经济体在服务贸易出口中占据比较稳定的主导地位，2005年至2010年，发达经济体出口份额从75%下降到69.6%，而最近7年，仅下降了1.3个百分点，服务贸易出口进入了比较稳定的阶段（见图4）。

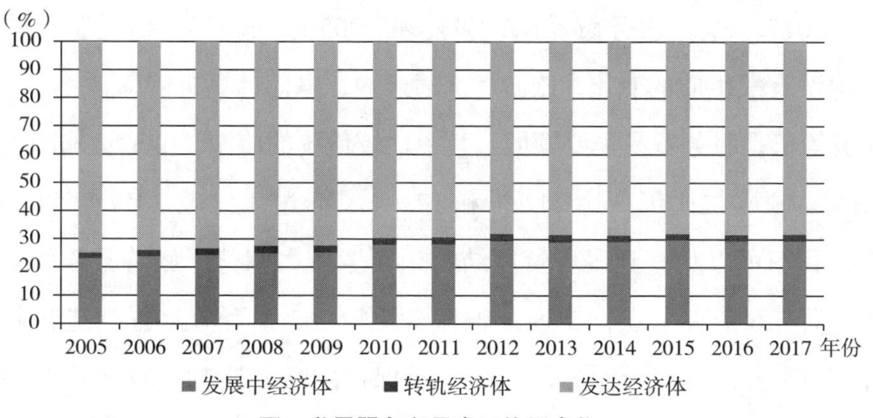


图4 世界服务贸易出口格局变化

资料来源：联合国贸易和发展会议。

发达经济体进口的主导地位虽有所弱化，2017 年进口占全球份额仍达到 60%。2010 年后，发展中经济体进口所占份额有显著提升，由 2010 年的 34.5% 提高到 2017 年的 37.7%，增幅为 3.2 个百分点。我们注意到在此期间，中国服务贸易进口占全球份额提高了 4 个百分点，可见中国在服务贸易进口格局变化中发挥了突出作用（见图 5）。

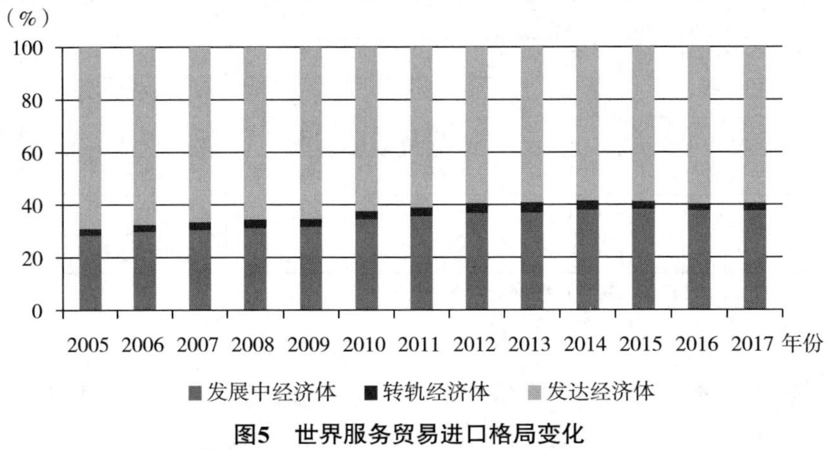


**图5　世界服务贸易进口格局变化**

资料来源：联合国贸易和发展会议。

## （四）服务贸易领域稳中有变，走向“高端化”

2017 年全球服务贸易出口虽然是 2005 年的两倍，但是服务贸易结构没有发生质的变化，旅游、交通运输、电信计算机信息服务、金融服务等仍是服务贸易主要领域，其中比较传统的旅游、交通运输两大服务贸易领域占比仍高达 24.5% 和 17.4%。不过，比较 2017 年和 2005 年，我们可以观察到服务贸易结构正发生较大调整，旅游服务贸易占比下降 1.6 个百分点，交通运输服务下降 3.7 个百分点，制造服务下降了 0.5 个百分点。一方面，受贸易保护主义的影响，货物相关的服务贸易占比略有下降；另一方面，电信计算机信息服务贸易占比上升了 2.3 个百分点，金融服务上升了 0.5 个百分点，知识产权收费上升了 0.9 个百分点。专业服务和管理咨询服务贸易占比较 2010 年提高了 1.1 个百分点，研发占比也有较大幅度的上升。这种结构的变化，反映出服务贸易正呈现“高端化”特点，即技术含量、知识含量正上升（见表 3）。

**表3　　服务贸易领域出口份额（%）**

| | 2005年 | 2017年 | 变化 |
|---|---|---|---|
| 旅游 | 26.1 | 24.5 | 下降 |
| 交通运输服务 | 21.8 | 17.4 | 下降 |
| 技术、贸易相关商业服务 | 11.2（2012年） | 11.1 | 基本不变 |
| 电信、计算机和信息服务 | 7.6 | 9.9 | 上升 |
| 金融服务 | 8.2 | 8.7 | 上升 |
| 专业服务和管理咨询 | 6.9（2010年） | 8.0 | 上升 |
| 知识产权收费 | 6.2 | 7.1 | 上升 |
| 货物相关服务贸易 | 3.5 | 3.4 | 基本不变 |
| 研发 | 2.4（2010年） | 3.0 | 上升 |
| 保险与养老服务 | 2.5 | 2.4 | 基本不变 |
| 建筑 | 1.7 | 1.9 | 上升 |
| 制造相关服务 | 2.3 | 1.8 | 下降 |
| 维修服务 | 1.2 | 1.6 | 上升 |
| 个人、文化和娱乐服务 | 1.0 | 0.9 | 基本不变 |
| 视听相关服务 | 0.6 | 0.4 | 下降 |
| 邮政服务 | 0.4（2010年） | 0.4 | 基本不变 |

注：不同服务领域统计有交叉重叠，简单计算的比例合计超过100%。

资料来源：联合国贸易和发展会议。

若按《中国服务贸易年鉴》对服务业的分类，新兴服务领域出口规模已超过传统服务领域①，2017 年占全球服务出口的比例已达 54.1%。

① 传统服务领域指旅行、运输、建筑和加工服务，新兴服务领域指传统服务贸易以外的领域。

### （五）发展中经济体服务出口份额有所上升，但仍居弱势地位

从出口主体看，货物贸易方面，发展中国家与发达国家之间已份额相近、基本平衡。与货物贸易不同，服务贸易出口方面发展中国家与发达国家的差距还较为悬殊，虽然2005年以来持续增长，但到2017年也只占到全球服务出口份额的1/4，比其货物贸易所占份额低了15个百分点（见图6），表明发展中经济体在服务贸易领域的劣势更为显著。不过，发展中经济体货物与服务贸易出口占全球份额变化趋势高度相近，2005—2012年呈现增长态势，2012—2015年保持了基本稳定。两者相关系数很高，为98.9%。

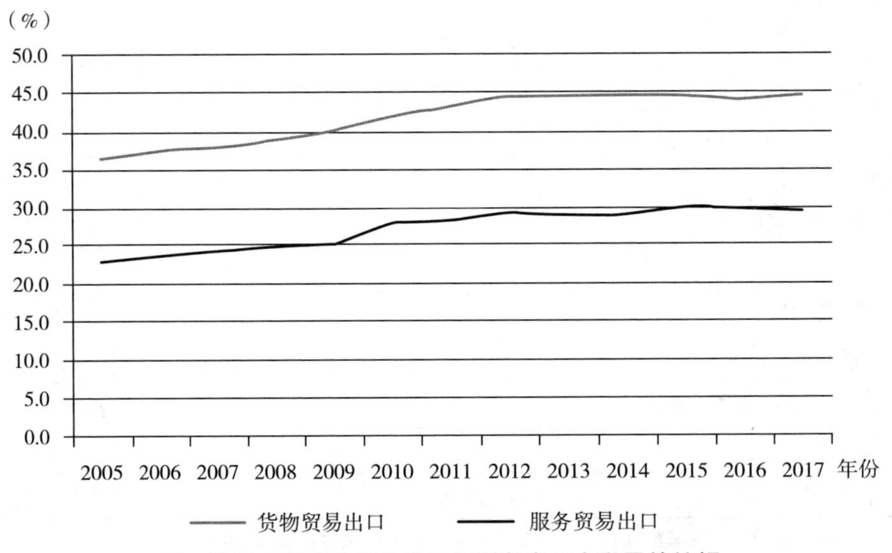


**图6 发展中经济体货物出口与服务出口占世界的份额**

资料来源：联合国贸易和发展会议。

近十年来，发达经济体在绝大多数领域服务贸易出口份额有所下降，但除建筑领域外，仍居主导地位。在货物相关服务、邮政服务出口方面所占份额有所提升，电信计算机信息服务、专业服务和管理咨询服务、货物相关服务贸易、研发、制造相关服务、个人文化娱乐休

闲等领域最近几年又呈现上升迹象，表明在服务贸易中发达经济体份额下降、发展中国家份额上升并非必然趋势（见表 4）。

### （六）服务贸易与货物贸易变化趋势存在高度一致性

2005—2017 年，世界服务贸易出口占总出口的比重在 20% ~ 25% 波动，即货物贸易出口额相当于服务贸易出口额的 3 ~ 4 倍。2011—2016 年，服务贸易占比呈现持续增长，并达到 2016 年 24.0% 的最高点，2017 年持续增长态势被打断，回落至 23.5%（见图 7）。

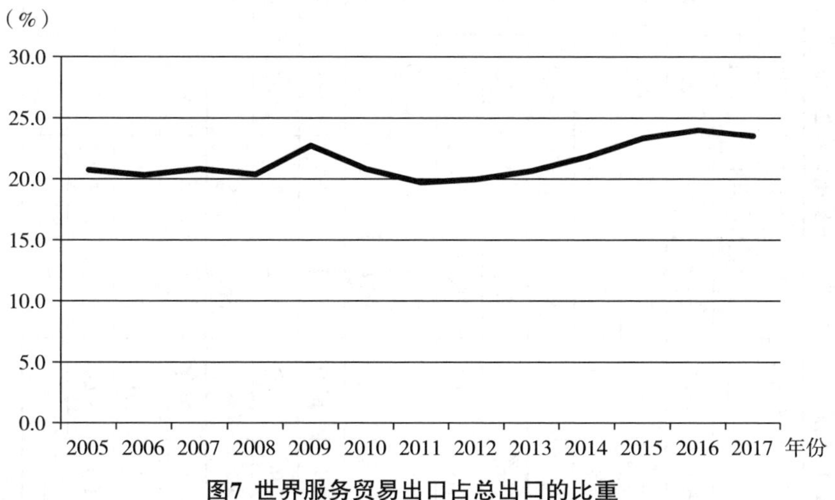


**图7 世界服务贸易出口占总出口的比重**

资料来源：联合国贸易和发展会议。

为了便于比较，我们对服务贸易出口额和货物贸易出口额进行指数化处理，将 2005 年的值设置为 1，其他年份指标均与上一年的数相除，将得到的数列绘图如下，可以看出服务贸易出口额与货物贸易出口额波动趋势有着惊人的一致性（见图 8）。服务贸易出口额和货物贸易出口额的相关系数高达 98.3%。当然，这些现象并不能说明两者之间存在高度的因果关系。格兰杰因果关系检验显示，总体上服务贸易出口并不是货物贸易出口的显著原因（Prob=0.70），货物贸易出口

表4 发达经济体主要领域服务贸易出口占世界的份额（%）

| | 2007年 | 2008年 | 2009年 | 2010年 | 2011年 | 2012年 | 2013年 | 2014年 | 2015年 | 2016年 | 2017年 |
|---|---|---|---|---|---|---|---|---|---|---|---|
| 旅游业 | 65.4 | 64.8 | 62.8 | 60.3 | 59.8 | 58.0 | 57.8 | 58.5 | 57.9 | 58.2 | 58.0 |
| 交通运输 | 67.4 | 66.3 | 66.4 | 63.7 | 63.6 | 62.3 | 62.6 | 61.7 | 60.7 | 61.2 | 61.5 |
| 技术、贸易相关服务 | — | — | — | — | — | 65.3 | 66.1 | 67.0 | 67.5 | 67.4 | 66.9 |
| 电信、计算机和信息服务 | 77.9 | 75.8 | 75.6 | 73.3 | 72.8 | 72.4 | 72.2 | 71.7 | 70.0 | 69.6 | 70.4 |
| 金融服务 | 89.0 | 88.2 | 88.0 | 86.0 | 86.1 | 84.9 | 84.9 | 84.5 | 84.3 | 84.1 | 83.9 |
| 专业服务和管理咨询 | — | — | — | 73.5 | 72.0 | 70.7 | 70.7 | 70.7 | 69.9 | 69.9 | 72.4 |
| 知识产权收费 | 97.6 | 97.1 | 96.6 | 96.7 | 96.1 | 96.0 | 95.5 | 94.8 | 92.8 | 93.2 | 92.1 |
| 货物相关服务贸易 | 66.5 | 65.1 | 65.2 | 62.7 | 63.1 | 63.0 | 66.3 | 69.5 | 68.0 | 66.9 | 67.5 |
| 研发 | — | — | — | 93.6 | 93.2 | 92.3 | 92.2 | 92.2 | 91.6 | 91.2 | 92.1 |
| 保险与养老服务 | 85.3 | 84.9 | 85.0 | 81.7 | 81.1 | 79.4 | 78.8 | 76.5 | 71.8 | 74.0 | 72.5 |
| 建筑 | 57.0 | 54.9 | 54.9 | 50.2 | 47.6 | 46.6 | 46.4 | 47.6 | 48.8 | 49.6 | 45.3 |
| 制造相关服务 | 60.1 | 59.3 | 58.4 | 55.2 | 55.1 | 54.6 | 57.7 | 60.5 | 59.2 | 58.0 | 59.8 |
| 维修服务 | 81.1 | 78.1 | 78.1 | 77.6 | 77.8 | 78.0 | 79.6 | 81.9 | 78.5 | 77.1 | 75.9 |
| 个人、文化和娱乐服务 | 73.0 | 72.4 | 70.5 | 70.1 | 71.2 | 68.7 | 69.0 | 70.1 | 70.3 | 70.8 | 71.9 |
| 视听相关服务 | 84.4 | 84.0 | 82.9 | 83.6 | 83.8 | 81.9 | 82.6 | 80.6 | 79.1 | 77.3 | 79.3 |
| 邮政服务 | — | — | — | — | — | — | — | 66.8 | 67.1 | 68.1 | 70.2 |

资料来源：联合国贸易和发展会议。

也不是服务贸易出口的显著原因（Prob=0.84）。波动趋势存在高度一致性，表明两者受环境因素的影响是相近的。

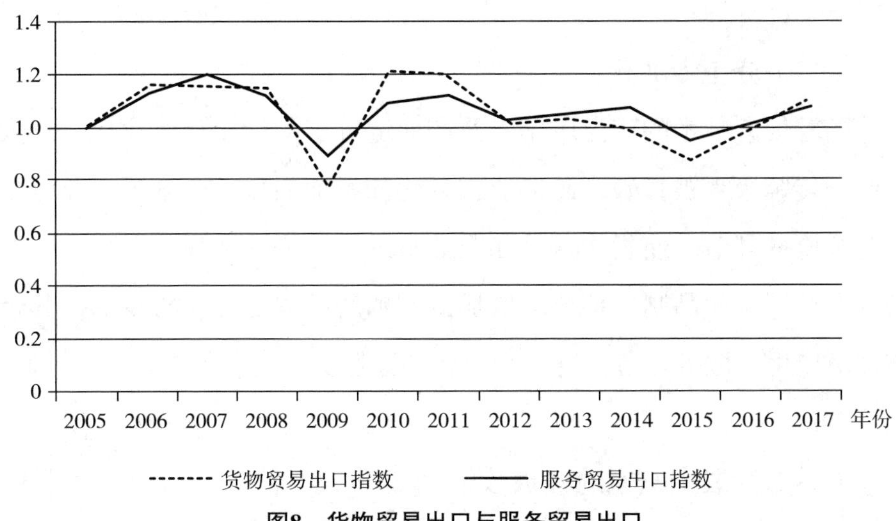


**图8　货物贸易出口与服务贸易出口**

资料来源：联合国贸易和发展会议。

## 二、影响服务贸易发展变化的重要因素

### （一）技术创新

以信息技术为核心的新一轮科技革命，正在从动力、渠道、方式、内容等多个方面重塑全球服务贸易。服务贸易数字化、智能化、平台化的趋势明显，移动互联网、大数据、云计算、人工智能、区块链等网络技术的广泛应用，不断催生新的服务业态，网络经济、数字经济、平台经济的繁荣既丰富了服务贸易的内容、形式，也提升了服务贸易的效率。以服务贸易数字化为例，软件与信息技术的广泛应用，使得金融保险、文化创意、医疗康养、旅游等传统服务贸易与“互联网 +”的融合不断加速；移动支付等支付方式广泛应用，基于云

平台的服务效率提升，交易成本降低，减少信息不对称风险，使远程甚至跨境贸易趋于活跃。

### （二）分工专业化

随着信息技术的广泛应用以及产业链分工的细化和专业化，三大产业的传统边界被打破，制造业服务化的特征明显，模糊了产业链中制造和服务环节，使货物贸易和服务贸易的关联性增强。据统计，欧美等发达国家产品制造环节的增加值不到产品最终价格的40%，其余增加值产生于服务环节，这一趋势将加速服务外包化发展。

### （三）发展中国家的开放政策

随着发展中国家经济发展水平的提升，服务业在经济结构中的占比在增加，供给能力和需求逐步增长，进一步融入全球经济的开放政策也为服务贸易的扩大提供了便利。目前，中国、印度已是全球服务外包大国，东南亚、中东欧在承接国际服务外包上也呈现了良好增长态势，发展中国家在全球服务贸易增长中正在发挥越来越大的作用。

### （四）国家监管政策

与货物贸易自由化、便利化不同，服务贸易具有无形性、广布性，不能通过口岸监管予以很好的控制。出于对安全威胁的担心，很多国家对服务贸易尤其是数字贸易实施了比较严格的监管。改革完善国内监管体制，提升对服务贸易的监管能力，探索有效监管模式，正在成为各国面临的重要课题。与此同时，“走出去”企业也需提升合规能力，以适应东道国监管环境。

### （五）新一轮贸易协定

在全球化受阻的背景下，区域经贸协定加速，服务贸易在区域经贸协定中的地位越发突出，成为国际协定的重要内容。除此之外，正在推进的国际服务贸易协定（TISA）谈判，几乎覆盖所有的服务部门，包括金融服务、信息通信服务（包括电信和电子商务）、专业服务、海运服务、空运服务、快递服务、能源服务、商人临时进入、政府采购、国内管制的新规则等。随着服务贸易的兴起，WTO也对扩大市场准入、完善规制以及跨境电子商务等方面表现出较大关注。大型区域合作协定和国际服务贸易协定（TISA）的签署以及多边贸易体制改革进展，也将进一步促进服务贸易发展。

### （六）国际治理规则

信息技术不断催生服务新业态、新模式，全球化在不断延伸服务贸易的广度和深度。然而，多边规则和机制建设则止步不前，相对服务贸易发展的需要严重缺位。在缺乏国际统一规范和规则的情况下，各国各自为政，隐性贸易壁垒众多。国际社会亟待努力构筑新的服务贸易监管国际框架，加强多边规则的覆盖面和约束力，促使各国提高监管透明性，降低贸易壁垒。

## 三、顺势推进我国服务贸易开放发展

服务贸易成为国际贸易的重要增长点，随着信息技术的广泛应用，其空间不断拓展，内涵不断丰富，在世界经济体系中发挥的作用也越来越重要。我国已成为服务贸易大国，但还不是服务贸易强国，在该领域存在巨额贸易逆差。发展服务贸易，与我国优化经济结构、实现高质量发展关系密切，与我国建设制造强国和贸易强国密不可分。我国信息通信产业相对发达，互联网普及率高，市场容量巨大，技术和商业创新活跃，具备发展服务贸易强国的条件和基础。应抓住机遇，深化改革，进一步激发创新创业活力；扩大开放，利用好国内国外两个市场、两种资源；大力推动区域经贸协定建设，积极参与全球服务贸易规则制定，为服务贸易营造良好外部环境。

执笔人：罗雨泽　盛彩娇

## 参考文献

[1] 迟福林. 抓住全球服务贸易快速发展机遇[J]. 服务外包，2017（7）：36–37.

[2] 江小涓. 服务全球化的发展趋势和理论分析[J]. 经济研究，2008（2）：4–18.

[3] 李爱民. 服务外包增长动力与要素效率[J]. 国际贸易，2017（5）.

[4] 李光辉，王丹. 国际服务贸易集中度研究及对我国的启示[J]. 华南农业大学学报（社会科学版），2005（4）.

[5] 罗立彬，郭芮. 新时代背景下服务贸易：趋势与战略[J]. 海外投资与出口信贷，2018（1）.

[6] 王晓红. 我国服务外包产业的转型升级与创新发展[J]. 中国社会科学院研究生院学报，2019（1）.

[7] 姚战琪. 服务业对外开放对我国产业结构升级的影响[J]. 改革，2019（1）.

专题报告五

# 国际服务贸易规则发展趋势研究

伴随大数据、物联网、云计算、移动互联等信息技术快速兴起，服务新产业、新业态、新模式不断涌现，现代高科技服务业成为全球价值链的核心，服务产业和服务贸易成为全球经济发展的新趋势和新热点，但现有的国际服务贸易规则已远远无法适应这些新趋势和新热点的现实需求。为此，发达经济体主要从两个方面着手解决：一方面，加紧在诸边（如《国际服务贸易协定》即TISA）或区域/双边自贸协定（如《跨太平洋伙伴关系协定》即TPP）谈判，谋求确立新的全球经贸规则标准，巩固其在国际规则制定上的话语权和控制权；另一方面，提高规则标准，服务贸易规则涵盖范围不仅包括传统的知识产权、政府采购等内容，还不断增加新议题，如监管一致性、竞争中立、反腐败、环境及劳工标准等，并且新议题或新规则不再是原则性表达，而是增强了强制执行力。

这一系列规则制定新走向，为我国服务贸易的制度体系和政策发展提供了高水平的借鉴，同时也增加了我国应对难度。应在梳理自身规则制度存在问题的基础上，加强诸边、区域或双边自贸协定中的服务贸易规则制定新趋势研究，对标国际高标准，着力完善有助于提升我国服务贸易竞争力的管理体制和政策举措。

## 一、WTO 框架下的服务贸易规则

### （一）GATS框架

1994 年正式缔结的《服务贸易总协定》（以下简称 GATS）是全球第一套具有法律约束力的国际服务贸易行为准则，其实施 20 多年来，在促进服务市场开放、推动全球服务贸易发展方面发挥了重要作用。GATS 中包括序言、6 个部分的主要内容、8 个附件、各成员方的承诺表、部长会议决议和随后几年陆续签署的具体服务部门市场准入的协议。主要内容包括：范围和定义、一般义务和纪律、具体承诺、逐步自由化、机构条款、最后条款等，其核心是最惠国待遇、国民待遇、市场准入、透明度及支付的款项和转拨资金的自由流动。GATS 首次为国际服务贸易提供了一套初步的总体规则框架。

从 2000 年起，WTO 服务贸易理事会召开特别会议，推动新的服务贸易谈判。《服务贸易谈判准则和程序》充分考虑了发展中国家服务贸易的发展现实，并逐步确认自由化、提高发展中国家的参与度、提高发展中国家的谈判灵活性，同时在谈判中坚决不改变服务贸易总协定的目的和原则。服务贸易谈判已经进行了 20 多年，谈判的焦点主要集中在市场准入、国内规制、GATS 规制、服务贸易提供模式等关键议题上。尽管多边服务贸易谈判进展缓慢，成果有限，甚至有时出现停滞，但总体来说，WTO 成员对推进服务贸易市场开放以减少服务贸易壁垒的努力仍值得肯定。

GATS 作为第一套规定服务贸易的多边规则，在结构上最重要的特点在于区分成员的普遍义务与特定义务。最惠国待遇、透明度等属于成员的普遍义务，而国民待遇和市场准入则属于成员的特定义务。GATS 采取正面清单列表方式，即 WTO 成员针对外国服务和提供者在市场准入和国民待遇方面的义务取决于其所做出的具体承诺。这些承诺列于每个成员的《服务承诺表》中，构成 WTO 协定不可分割的部分。对于未列入承诺表的服务部门、分部门或提供方式，WTO 成员不承担市场准入和国民待遇义务。

在服务贸易自由化方面，GATS 在结构上仿照了《关税与贸易总协定》（GATT），但基于服务的无形性等特点，其规定的服务提供方式和相关纪律与货物贸易规则有所区别。GATS 界定的服务贸易是指通过四种方式提供服务，即跨境提供（模式一）、境外消费（模式二）、商业存在（模式三）和自然人移动（模式四），并采取渐进自由化的方式，区分成员的普遍义务与特定义务。

### （二）WTO改革

20 世纪 90 年代以后，由于信息通信技术的成长和应用，服务的可贸易性不断提高，服务贸易在经济发展中的作用日益突出。当前，在以大数据、云计算、物联网、人工智能为代表的新一轮数字技术推动下，各产业间融合发展趋势明显，也激发了诸多新业态、新模式。互联网所承载的数字、信息、技术等要素在世界范围内实现了跨境快速移动和交换。与之相对，20 世纪 90 年代初形成的 GATS 规则已严重滞后于实践发展。因此出现了发达国家之间推动的诸边贸易协定，如 TPP、TISA 等新型规则。同时，WTO 框架下成员过多，众口难调，各方对 WTO 改革的意愿不断增强。

## 二、诸边贸易协定中的服务贸易规则

金融危机后，以美、欧为主的发达国家和地区加紧在诸边或区域推进《跨太平洋伙伴关系协定》(TPP)、《跨大西洋贸易与投资伙伴协议》(TTIP)、《国际服务贸易协定》(TISA)等，以谋求确立新的全球贸易投资规则标准，巩固其在国际经贸规则制定上的话语权和控制权。

与GATS相比，新一代服务贸易规则力推高标准，积极推进更高水平和更全面的服务贸易自由化，纳入了更多的21世纪新议题，将服务贸易自由化措施从边境前延伸到边境后。以已经达成协议的TPP为例，其在整体架构、承诺方式、重点服务领域自由化推进以及借助“监管一致性”议题促进服务市场开放等方面都呈现出高标准，“GATS+”特征明显。

### （一）基本规则标准更高

#### 1. 采用负面清单模式进行开放承诺

GATS采取的是正面清单模式进行服务业开放承诺，新一代服务贸易规则积极推动负面清单方式进行开放。在GATS下，WTO成员方根据承诺表的服务门类进行开放，而高标准协定中如TPP缔约方的服务提供商享有完全的市场准入和国民待遇，除非是以负面清单形式列出的服务门类或措施。在负面清单模式下，对于随着技术或经济发展新出现的服务门类、服务业态或服务模式，都将自动开放。尽管正面清单模式和负面清单模式都能积极促进服务贸易自由化，但与正面清单相比，负面清单承诺模式更具透明度、稳定性等优势，蕴含高标准的服务贸易自由化。

### 2. 服务贸易内容更加丰富和具体

GATS 正文中只是对服务贸易基本规则进行了解释，文本中并没有对各服务贸易领域设立章节，仅对空运服务、金融服务、电信服务、海运服务等以附件的形式出现。而 TPP 正文中，与服务贸易相关的规则就有五章，分别是跨境服务贸易、金融服务、商务人员临时入境、电信和电子商务。除了对金融、电信、电子商务三个重点服务领域开放做出详细规定外，还以附件形式对专业服务和快递服务做出明确规定，表明 TPP 对于专业技术人员流动所必需的资格认定、教育背景认定以及邮政垄断等问题的高度重视，力图降低准入门槛，为专业技术人员和快递的跨境服务创造条件。TTIP 设有单独的服务章节，涉及电信、邮政与快递、航运等关键的服务部门，将来还很可能把金融、公共服务和数据保护等重要内容纳入其中。TISA 则是专门的服务贸易协定，包含国内规制、自然人移动和电子商务、金融、电信等十个附件，也涉及争议性的跨境数据流动和隐私保护。

### 3. 核心义务条款指向高标准的开放

由于 TPP 已达成协定，TISA 和 TTIP 还在推进当中，因此，本部分以 TPP 文本的相关要求为例。GATS 与 TPP 服务贸易核心义务对比见表 1。

**表1　GATS与TPP服务贸易核心义务对比**

| 内容 | GATS | TPP |
| --- | --- | --- |
| 承诺模式 | 正面清单，仅对清单上列明的领域有开放约束 | 负面清单，所有缔约方的所有服务部门均受到约束，除非在清单中列明保留或例外 |
| 国民待遇 | 不是一般义务，成员方可以对国民待遇作出保留，通过承诺和谈判方式逐步做到市场自由化 | 普遍适用的一般义务，基本包括所有服务部门，包括不可预知的服务部门，实行准入前国民待遇 |

续表

| 内容 | GATS | TPP |
| --- | --- | --- |
| 最惠国待遇（MFN） | 包含所有WTO成员之间的无条件的MFN义务，但WTO成员可以提出豁免，通常不超过10年 | 有条件的MFN规则。TPP属于自由贸易协定，是WTO协定所允许的最惠国待遇的例外。非TPP成员不能自动从TPP自由化中获益 |
| 市场准入 | 强调只是在作出市场准入承诺的部门（除非其在减让表中另有列明）不得实施限制 | 强调除列入负面清单的部门外，均不得对服务提供者强制实施限制。尤其明确缔约方不能对服务提供商采取量化的限制措施（如供应商数量或交易额），或要求特定法律主体或合资企业 |
| 国内规制 | 包含国内规制条款，但通常缺乏“必要性测试” | 强调各缔约方应确保以合理、客观、公正的方式来管理影响贸易的一般适用的所有措施，以确保其不构成对服务贸易的障碍。在必要的情况下，要对国内规制进行“必要性测试” |
| 不符措施 | 负面清单列出 | 更具透明性，明确所有不适用的范围和部门 |
| 不适用规则 | 负面清单列出 | 更具透明性，明确所有不适用的范围和部门 |
| 棘轮条款 | 没有相关内容 | 有专门的不符措施棘轮条款，这保证了缔约方作出的服务贸易自由化承诺不得回退 |
| 当地存在 | 没有相关要求 | 原则上禁止“当地存在”要求，外国服务提供商不用在东道国设立公司或代表处，可以直接跨境提供服务 |

国民待遇。在 GATS 协定中，国民待遇的承诺方式是正面清单，只适用于成员承诺开放并列出清单的部门或领域。TPP 通过负面清单的方式承诺的国民待遇，追求的是服务业的全面开放，即除了清单列明不能开放的领域外，其他领域外资一律享受国民待遇。另外，特别提出地方政府也应对服务提供商给予国民待遇。

最惠国待遇。GATS 中包含所有承诺之间无条件的最惠国待遇，TPP 属于自由贸易协定，最惠国待遇具有一定的歧视性和排他性，它仅在协定成员之间采取高度开放的服务贸易政策，扩大市场准入的范围和深度，增加协定集团内服务贸易往来。

市场准入。和国民待遇类似，GATS 中采用正面清单承诺，市场准入相关的限制措施只针对列出清单的部门或领域。TPP 强调除列入负面清单的部门外，均不得对服务提供者采取以下限制措施：服务提供者数量的限制；服务贸易总额或资产的限制；服务提供者数量或服务总产出的限制；服务领域雇佣或相关自然人总数的限制；提供服务的法人或合资事业形态的限制。TPP 明确了各缔约方不能对服务供给采取量化的限制措施（如数量或交易数），或要求特定法律主体或合资企业。

国内规制。GATS 虽然有国内规制条款，并对成员提出了一定的义务和要求，但缺乏“必要性测试”，而必要性测试是各国实现国内规制自主权的工具，是合理调控与滥用调控权的界限。TPP 规定各缔约方应以合理、客观、公正的方式来管理影响贸易的一般适用的所有措施，以确保其不构成对服务贸易的障碍，在必要的情况下，需对国内规制进行“必要性测试”。

当地存在。与 GATS 不同的是，TPP 当地存在规定：任何缔约方不得要求另一缔约方的服务提供者在其领土内设立或维持办事处或任何形式的企业或称为居民，作为跨境提供服务的条件。从原则上禁止各方提出“当地存在”要求，这就意味着服务提供商可以不设立办公室、分支机构或称为居民，而为东道国境内提供跨境服务。

棘轮条款。棘轮条款是指当一个国家通过自主方式实现服务贸易自由化，其后不得回退而使其具有永久效力，并纳入贸易协定中而受其约束。棘轮条款一般和不符措施紧密相连，因为 GATS 中使用的是正面清单承诺方式，没有涉及棘轮条款，但在 TPP 核心文本中有专门的、显性的不符措施棘轮条款。TPP 第 10.7 条明确规定：任何不符措施的修正，与修正前相比未降低该措施与国民待遇、市场准入、当地存在的相符程度。不符措施棘轮条款保证了服务贸易自由化不断向更高水平推进。任何缔约方不管是以诸边方式还是以单边方式较少或取消的歧视性措施，一旦做出承诺就被锁定，不得回退。

### （二）重点服务贸易领域规则标准显著提升

一方面是 GATS 中涉及的服务分类，在原有规则基础上进一步扩大服务业开放，包括提高市场准入、扩大非歧视待遇的覆盖范围以及放松监管等，如电信、金融。另一方面是对新兴服务贸易领域的相关问题制定新规则，主要是与数字贸易相关的电子商务等。

**1. 电信服务**

2011 年美国与欧盟在跨大西洋经济理事会（TEC）框架下确立了关于信息通信服务贸易的十项基本原则：政策透明度、开放网络接入和使用、跨境信息流动、取消本地存在要求、信息通信服务部门全面的外资准入、最大化频段开放、监管机构公平独立、授权许可的简化和便利化、互联以及国际合作。同时双方承诺将在双边经济关系及与第三方的贸易谈判中促进这些原则的推广和实施。其中有不少原则都在当前服务贸易规则的制定中得到体现。

新一代服务贸易规则中电信领域的核心内容不外以下几个：一是要求及时合理的网络“互联”。其目的是限制缔约方主要电信服务商在物理设施或运营安排上阻止竞争对手的接入。二是要求公平分配稀缺电信资源。此举旨在保证缔约方监管机构不会在频率、号段和通路等稀缺电信资源的分配上为本地服务商提供优惠准入。三是要求监管机构公平独立。所谓的“独立”仅仅是指独立于利益相关的电信服务商，而不是独立于缔约方政府。四是要求监管中的技术中立原则，即不得强制要求服务商使用特定的技术标准，服务商也不应因使用新的技术标准而受到歧视。此外，关于本地所有权和本地存在要求的内容，在当前的规则制定中仍然存在较大分歧。例如，TPP并未就此做出规定，而在已知TISA谈判文本中（电信服务附件的第二条“电信服务市场的开放”），部分成员建议彻底取消外资股权限制，并禁止对跨境提供的电信服务实施市场准入或国民待遇上的限制。

**2. 金融服务**

新一代金融服务贸易规则在很多方面都超出了GATS所规定的义务，大幅扩大了市场准入，实施高度的金融自由化和去监管化，使得缔约方政府很难收紧对金融行业的监管政策。一是在金融服务章节采取“负面清单”的承诺方式。TPP要求缔约方以“负面清单”的形式接受国民待遇、最惠国待遇、市场准入以及最低标准待遇的义务，已知TISA谈判文本同样采取“负面清单”的承诺方式。相比于GATS下的正面清单，“负面清单”具有更高的规则透明度和更强的开放稳定性，代表了更高的自由化水平。二是扩展了金融服务的定义范围。TPP专门将电子支付纳入管辖范畴，而TISA几乎将整个金融部门都列入金融附件中，当然最终的承诺范围要以缔约方各自的清单为准。三是引入禁止逆转自由化水平的机制。TISA试图在金融服务附件中引入“冻结条款”和“棘轮条款”。“冻结条款”要求各缔约方锁定当前的自由化水平（将来不能增加新的限制措施），“棘轮条款”则使得未来任何以自主方式实现的金融服务贸易自由化措施都要自动纳入TISA承诺。四是放宽对新型金融服务的准入。TPP文本规定，一缔约方如果允许本地金融机构提供某种新型金融服务，也必须允许其他缔约方的金融机构提供此种服务。已知TISA谈判文本中的一些成员甚至建议，只要某项新型金融产品或服务的提供不需要制定新的法律或修改现行法律，一缔约方就应允许来自其他缔约方的服务商提供该新型金融产品或服务。

### 3. 电子商务规则

以美国为代表的发达经济体极力要在跨境电子商务领域建立规制框架，在弥补 GATS 规制不足的同时制定对自身有利的贸易规则。新一代规则致力于确立以下几个新的原则：一是禁止对电子传输征收关税。TPP 与已知 TISA 文本均禁止对电子传输征收关税，TPP 还另外规定要给予数字产品非歧视待遇。二是禁止要求企业开放源代码。即不得以转移或共享软件源代码作为允许其他缔约方企业在境内提供与之相关的服务的前提条件。三是确保数据自由流动。在保证合法公共政策目标的前提下，确保服务商和消费者可以自由获取、使用、传输及存储数据。四是禁止基础设施本地化要求。即规定不能将使用本地计算或存储设施作为允许服务商进入市场的前提条件。五是推进数字贸易便利化。例如，鼓励无纸化贸易、电子认证和电子签名等。六是开展网上消费者保护。例如，要求实施并保持针对网上诈骗和商业欺诈行为的消费者保护法。

### 4. 数字贸易规则（跨境数据流动与数据存储本地化）

在新一代服务贸易规则中有关数字贸易的规则主要是美国在积极推动，其主要目标包括：促进数字货物或数字服务的跨境移动并寻求降低贸易壁垒；追求实现网络基础设施、信息通信技术设备互联互通和相关技术规范及标准的内在协调。在协定中通过跨境数据流动和数据存储本地化的规定来体现，但目前达成的文本中并没有表现为独立的章节或附件，而是分散为电信、金融、电子商务等领域下的具体条款。主要原因是，在服务贸易条件下，数据的获取、使用、传输及存储的重要性并非源于数据本身的价值，而是源于数据作为企业管理、运作以及研发创新的关键投入要素所创造的价值，因而要依附于具体的产业部门（如金融、电子商务）来产生，同时还要借助信息传输与信息技术服务（包括电信服务）来实现。

由美国主导的TPP率先达成了保证跨境数据自由流动的规则。TPP中“确保全球信息和数据自由流动”可谓其中最大胆、最有抱负的条款。该规则要求缔约方在“保护个人信息等合法公共政策目标”得到保障的前提下，确保全球信息和数据自由流动，以驱动互联网和数字经济。TPP协定为实现“全球信息和数据自由流动”，对传统“跨境自由流动”的概念进行了如下扩展：①淡化国境概念，强调信息和数据自由流动的“全球性”；②在合法公共政策目标（例如确保对个人信息保护）得到保障的前提下，强调信息和数据流动的“自由性”。

美国在其主导的双边及区域贸易协定中，一贯旗帜鲜明地反对“数据当地化”政策。美国认为这类政策的蔓延会造成全球范围的“网络割据”，进而对生产力形成人为破坏。在美国主导的TPP文本中有专门的“禁止数据存储设备和存储技术强制当地化”的规定：“缔约方不将设立数据中心作为允许其他缔约方的企业进入市场的前提条件，并且禁止缔约方以转移或获得软件源代码，作为在该缔约方境内进口、分销、销售或使用此软件或包含此软件的产品的条件。”

**5. 自然人移动**

自然人移动是服务贸易的第四种提供模式。由于牵涉人员居留等敏感问题，自然人移动一直受到各国较为严格的限制，在四种提供模式中的自由化水平最低。当前的服务贸易规则制定则将此作为其中一个可以突破的议题。TPP对此的规定主要体现在商务人员临时入境章节，主要内容包括三点：一是缔约方主管机构为商务人员入境提供更多便利，确保合理费用；二是透明度要求，及时提供临时入境的要求等信息；三是在签证等临时入境问题上开展合作。已知 TISA 谈判文本对此的规定也基本类似。总体来看，这些规定对自然人移动的要求并不高，仅仅涉及商务人员临时入境，并不适用于与永久雇佣相关的措施，更不涉及移民问题，因而不会对缔约方就业市场造成直接的冲击。

### （三）相关的综合性规则不断提高标准或被纳入

新一代国际贸易规则中，有些条款或规则尽管不是专门针对服务领域的，但会对服务贸易产生重要影响。包括传统的知识产权、政府采购等重要规则，还包括监管一致性、竞争中立、反腐败、环境及劳工标准等多个新议题，并且新议题或新规则不再是原则性表达，增强了强制执行力。

#### 1. 知识产权规则

提高知识产权保护标准，加大刑事执法力度。TPP 将专利宽限期提高到 12 个月，将农业化学品数据保护期提高为 10 年，同时增加了对于地理标识、生物制品、互联网领域的保护要求。对于执法程序，TPP 也提出更加严格的要求，要求缔约方加大对知识产权违法行为的刑事执法力度。

#### 2. 政府采购

更低的政府采购门槛价和更严格的程序要求。TPP 的政府采购门槛较世界贸易组织《政府采购协定》（GPA2012）更低，将涵盖更多的政府采购范围，对一国的影响和约束范围更大。同时，各缔约方就国民待遇和非歧视两大核心原则做出承诺，较 GPA2012 更加严格，在程序上也更加强调要保证采购过程的公正性、提高透明度。

**3. 监管一致性**

TPP 明确要求标准统一和兼容，提高透明度，取消过多的检测和认证，就食品安全、药品监管、信息技术产业标准等特定领域进行合作，实现成员之间市场“无缝”和“高效”对接。

**4. 竞争政策和国有企业**

TPP 在竞争政策方面，要求国有企业成为真正的市场主体，承担更多的信息披露义务，包括公布管理层人员官方身份、接受财政资助、贷款信贷及担保等详细信息，规范国有企业参与政府采购、获得补贴和贷款等行为，不能享受过度保护。尽管 GATS 有垄断和专营服务提供者条款，但 TPP 对于竞争政策的规定更为广泛和全面，对缔约方经济活动的切入程度也更深，议程超过一半的边境措施和贸易政策，涉及一国国内竞争立法和政策。此外，GATS 并没有涉及国企问题，TPP 专门针对国有企业参与国际贸易投资设立了规则。

**5. 透明度和反腐败**

透明度是 GATS 的重要原则之一，但 TPP 将透明度和反腐败捆绑在一起，不仅大大提高了对透明度的要求，同时要求有效执行反腐败法律法规，加强良好治理，应对腐败对贸易投资的不利影响。各缔约方要求承诺在规章中提供更大透明度，尽早公布普遍适用的法律、法规和行政裁定，以及影响贸易和投资的其他程序，承诺抑制腐败并制定提倡政府官员高尚道德标准的行为准则。

**6. 环境和劳工标准**

环境和劳工标准都是新一代国际贸易投资规则中发达国家主推的新议题。TPP 制定了严格、详细的环境法实施原则与程序，要求提高环境政策决策、实施和执行的透明度。同时 TPP 对劳工条款提出了严格的标准，要求按照国际劳工组织公约的规定，确保缔约方保障劳工结社自由、保障集体谈判薪酬权利、废除强制劳动、禁止童工、取消就业歧视等，禁止以较低的劳工标准谋求贸易投资方面不公平的竞争优势。将基本属于国内的政策法规纳入国际协定约束，受到强制性约束。

## 三、数字贸易规则发展趋势

目前，世界经济数字化趋势明显。数字技术的迅猛发展和应用，推动了世界货物贸易和服务贸易向着数字化形式发展，促使各国加快对数字贸易规则的探讨。数字贸易规则已经成为当前服务贸易规则的新动向，也是国际规则体系中探讨的重点和热点。

### （一）多边贸易框架下数字贸易规则难以达成共识

数字贸易作为一种新型贸易方式，其主要依托互联网体现出的自由化和开放性等特点，与传统 WTO 框架下货物贸易与服务贸易规则之间都产生了不适和冲突。

在数字贸易的属性方面，目前为止，WTO 各成员对于数字贸易究竟适用货物贸易规则（如 GATT）还是服务贸易规则（如 GATS）还未达成一致。数字贸易具有虚拟化和可复制性等特点，贸易方式隐蔽复杂，监管难度大，使得现有 WTO 货物贸易关税规则难以对其产生效力，而如果将其列入服务领域，又将面临各国严苛的市场准入壁垒。在边境后措施方面，数字的跨境流动要求对数字安全进行有效保护，而以欧盟为首的一些国家对于数据存储提出较高的本地化要求。如何制定全面、统一、规范、透明的数字贸易规则已成为 WTO 面临的一大难题。

目前，在 WTO 多边框架下，关于数字贸易及跨境电子商务议题主要存在三方立场：一是以美国为首，包括欧盟、日本等在内的发达国家，主张将数字的跨境自由流动纳入多边贸易规则；二是以中国、俄罗斯为代表的新兴经济体及发展中国家，主张建立基于货物流动为主的跨境电子商务规则；三是非洲、加勒比和太平洋岛国等相关国家，由于自身电信与互联网等基础设施较差，反对将数字贸易及跨境电子商务议题纳入多边贸易框架下讨论。

## （二）美国推动全球数字自由流动

美国是全球互联网和数字技术最发达的国家，全球市值最高的前十家公司中，互联网企业占据五席，分别是苹果、谷歌、微软、亚马逊和 Facebook，均属于美国。根据美国商务部的数据，2014 年美国数字服务出口 3997 亿美元，进口 2080 亿美元，数字服务占当年美国服务贸易总额的 50% 以上。美国为了促进数字经济和推动数字贸易发展，实现“数据自由流动”而制定了一系列方针政策。

为了达到所设定的政策目标，美国采取了相应的诸多行动。美国国际贸易委员会（USITC）于 2013 年和 2014 年分别发布了《美国数字贸易和全球经济》系列报告 1 和报告 2，并于 2015 年 10 月举行了包括政府机构、智库、企业和诸多国际贸易机构的圆桌会议。2016 年 3 月，美国商务部在国际贸易管理局（ITA）的商业服务处下制订了数字贸易参赞计划（Digital Attache Program），拟在东盟、巴西、中国、日本、印度和欧盟的 6 个海外市场派驻数字贸易参赞。数字贸易参赞负责帮助美国企业出口开辟全球网络市场的准入，在企业面临数字经济政策挑战时提供咨询。 2016 年 7 月，美国贸易代表办公室

（USTR）内部建立了数字贸易工作组，以快速识别数字贸易壁垒和制定相应政策规则。工作组编制了《2017 年外国贸易壁垒评估报告》，对主要国外市场上的数字贸易壁垒开展调查和评估。2016 年 12 月，美国商务部建立了数字经济顾问委员会（DEBA），成员包括科技行业巨头、创新者以及专家，旨在为政府、企业和消费者提供发展数字经济的建议。

### （三）欧盟数字经济战略

欧盟数字经济战略主要是从数字产业角度，制定促进数字产业发展政策，激发数字技术对欧盟经济的整体促进作用。为此，欧盟很早就采取了必要促进措施。但是由于欧盟内部成员国较多，各自意见主张不同，因此，欧盟制定的数字经济政策主要集中于破除各国之间的差异性，实现整体的数字经济发展。

#### 1. 欧盟数字议程

2010 年 5 月，欧盟正式发布了“欧盟数字议程”，是“欧盟 2020 战略”中七大主要计划之一。

该议程首先分析了阻碍欧盟信息技术发展的七种障碍，并提出七项优先行动。这七种障碍是：数字市场间的壁垒、缺少互操作性、网络犯罪增加与风险、缺少投资、研发与创新不够、社会缺少数字技术知识普及、未能应对社会大挑战。七项优先行动包括：建立一个能够让数字时代各种优势及时共享的数字市场、改进信息技术领域的标准与互操作性、增强网络信任与安全措施、增加欧盟对快速和超快速互联网的接入、加强信息技术的前沿研究与创新、加强全体欧洲人的数字技能与可接入的在线服务、释放信息技术服务社会的潜能以应对社会各种大的挑战。

### 2. 数字单一市场战略

为了打破欧盟境内的数字市场壁垒，欧盟委员会于 2015 年 5 月发布了“数字单一市场战略”，以协助欧盟在新一轮经济危机中能够抓住机遇。因此，欧盟决策者们正在试图在整个地区实现更多的协调。其中比较重要的举措是数字单一市场（DSM）。

数字单一市场是统一欧盟市场、促进贸易、推动经济增长的一项长期的工作，共有三个支柱：①通过跨境在线活动更好地在线访问数字商品和服务；②在支持投资和公平竞争的监管环境下建设高速、安全、可靠的基础设施；③通过在基础设施、研究和创新以及包容性社会和技术公民方面的投资，确保数字经济成为增长的驱动力。欧盟委员会的数字单一市场战略涉及了合法获取内容的可移植性、跨境数据流、版权保护例外和限制、中介责任和强制执行等问题。

## （四）欧美在数字贸易规则领域内存在分歧

美国和欧盟是当前数字贸易与数字技术最为发达的经济体，二者之间的跨境数据流量全球领先。据估计[①]，美国在 2012 年向欧盟出口了 1146 亿美元的数字服务，占美国对欧盟出口总额的 72%。欧美之间的谈判对全球数字贸易的自由化措施将产生巨大影响。从目前来看，欧美对于数字贸易规则仍存在较大的分歧，尤其是在数字贸易、隐私和国家安全等问题上持有的不同态度，使得数字贸易全球规则的制定推进缓慢。

### 1. 隐私保护与数据本地化

以欧盟和俄罗斯为代表的诸多国家认为，数据自由流动有时构成

---

① 基于美国经济分析局（BEA）、世界银行和联合国贸易与发展会议的数据。

了对于隐私保护的威胁，尤其是在面对美国数字技术及其相关技术处于垄断的情形下，个人隐私成为数据自由流动环境下的重要问题。而对于网络环境下个人隐私保护的最好的办法就是数据存储本地化措施，将数据存储器强行放置在本国之内进行保存和管理，以便确保与本国隐私相关的数据可以得到有效保护。而美国认为数据本地化措施必然阻碍数据的自由流动，为企业造成额外的负担，这是美国所不愿意看到的。

**2. 文化例外**

美欧之间另一重要的分歧在“文化例外”问题上。以法国为代表的很多欧洲国家在文化相关问题方面，为了防止美国文化的入侵，保持自身文化的独立性，在数字贸易中涉及文化及相关内容时，均会有所排除，这些内容主要集中在个人文化、娱乐中的视听服务等内容方面。

在对欧盟委员会“谈判授权”的批准上，部长级理事会并没有将视听服务纳入“谈判授权”范围内。由此可见，欧洲对于保持自身文化具有潜在的一致性，美欧双方很难在此问题上达成一致。

**3. 美欧之间的谈判及最新进展**

由于美欧之间在数字贸易规则领域存在较大分歧，美国采取了与欧盟开展双边对话，共同商讨解决分歧的机制，主要体现在美欧在超大型自由贸易协定 TTIP 和 TISA 中开展了一系列与数字贸易规则相关的谈判。数字规则是美国在《国际服务贸易协定》（TISA）谈判中关心的主要利益所在。美国希望，数字贸易或电子商务的章节或附件能够解决跨境数据流、消费者在线保护、互操作性等方面的贸易壁垒。然而，欧盟不愿提出关于数据流的提议，也不愿意承诺将“新服务”（其中许多可能是数字服务）包括在《国际贸易服务协定》的不歧视义务中。这一分歧成为TISA谈判进展缓慢的重要原因之一。

美国和欧盟官员在2016年初宣布以《欧盟—美国隐私保护协定》取代《安全港协定》，并于2016年7月12日生效。最终协定中规定由美国政府承担额外义务，包括在美国国务院设立新的申诉专员，补充保障措施和监督限制，以及美国企业承担的额外义务，如全面的数据处理义务等。《欧盟—美国隐私保护协定》还做出了有关由美国机构主动进行监控和执法以及美国和欧盟的年度联合审查等方面的规定。此后，美国和瑞士也达成了《瑞士—美国隐私保护协定》，该协定将与美国和欧盟之间的协定相媲美。虽然企业目前可以依赖于《隐私保护协定》来确保它们的数据流在美国和欧盟之间传输，但隐私权倡导者们和其他一些人已经开始在法庭上对《隐私保护协定》提出了异议，这反过来可能会导致企业在加入这个计划时犹豫不决。

## 四、当前我国服务贸易规则发展情况

### （一）重点服务领域政策不断创新

近年来，我国政府不断创新支持服务贸易的政策措施，积极扩大服务业开放，对服务贸易发展起到了较好促进作用。服务贸易首次被纳入《国务院办公厅关于支持外贸稳定增长的若干意见》和《国务院办公厅关于加强进口的若干意见》，相关部门开展了《服务出口重点领域指导目录》编制研究工作，开展“金融支持服务贸易重点项目和企业”申报工作。政府在财政、税收方面出台支持服务外包发展的政策措施，大力保护知识产权，鼓励服务贸易企业开展技术创新，推动金融机构为服务贸易企业提供更好的服务。

在电子商务领域，2015年国务院先后发布了《关于大力发展电子商务加快培育经济新动力的意见》《关于促进跨境电子商务健康快速发展的指导意见》和《关于积极推进“互联网+”行动的指导意见》，提出要鼓励各类跨境电子商务服务商发展，完善跨境物流体系，推进跨境电子商务通关、检验检疫、结汇等关键环节单一窗口综合服务体系建设。“互联网+电子商务”的发展路径，将带动跨境运输、电子商务平台建设、数据处理、供应链管理、采购服务、金融保险等服务贸易的发展，促进跨境支付、跨境物流、跨境信用、跨境信息安全等系统开发服务业务。

### （二）服务贸易创新试点稳步推进

2015年5月，北京市出台《服务业扩大开放综合试点总体方案》；2016年2月，国务院决定在上海、海南、深圳等10个省市和5个国家级新区开展为期两年的服务贸易创新发展试点。服务贸易创新发展试点将以扩大服务业开放为重点，积极探索，深化行政审批制度改革、创新政府监管体系、建立健全社会信用体系、完善信息共享和综合执法制度、建立健全安全审查和风险防控制度等，逐步建立起符合服务业特点的监管体系与营商环境，为其他地区进一步扩大服务业开放，促进服务贸易发展提供经验借鉴。

2018年7月，国务院同意商务部提出的《深化服务贸易创新发展试点总体方案》，在原有15个试点的基础上增添了北京和雄安两处试点，并将试点时间延后两年，进一步推动试点政策。推动在服务贸易管理体制、开放路径、促进机制、政策体系、监管制度、发展模式等方面先行先试，加快优化营商环境，最大限度激发市场活力，打造服务贸易创新发展高地，带动全国服务贸易高质量发展。

一是进一步扩大服务贸易对外开放。方案提出，借鉴自贸试验区和北京市服务业扩大开放综合试点等开放经验，推动服务领域对外开放，尤其是在金融、旅游、文化教育、医疗健康、信息服务等服务领域，放宽外资准入限制；探索对外商投资旅游类项目实行分级下放核准事权等措施。通过对重点领域和新兴领域的服务业扩大开放，增强市场活力，一方面为国内提供高质量的服务，另一方面营造竞争性市场环境，提高我国企业国际竞争力，增强服务出口能力。

二是进一步壮大服务贸易市场主体。服务贸易市场主体是服务贸易的载体，是服务贸易的直接发生端。壮大服务贸易市场主体，可以有效扩大服务贸易规模，提高市场竞争力。一方面通过政府在全国建设公共服务平台和境外促进中心，加强对现有服务平台的整合，提高服务出口效率。另一方面鼓励金融机构在风险可控、商业可持续的前提下创新适应服务贸易特点的金融服务，加大金融服务的有效支撑力度。

三是进一步创新服务贸易发展模式。创新成为新时期各国竞争的核心，也是推动服务贸易发展的重要动力。创新服务贸易发展模式，通过新技术、新形式贸易方式的引入，根据我国实际情况，打造属于我国特色的服务贸易发展模式，是构建新时期我国服务贸易开放新格局的重要内容。方案指出，要建设一批特色服务贸易出口基地，重点建设数字产品与服务、维修、研发设计等特色服务出口基地。推动以数字技术为支撑、高端服务为先导的“服务+”整体出口。积极拓展新兴服务贸易，重点推进服务外包、技术贸易、文化贸易等发展。

四是进一步提升便利化水平。便利化是我国贸易发展中的重要举措。方案提出，通过深化改革通关监管制度和模式，为展览、维修、研发设计等服务贸易相关的货物、物品进出口提供通关便利。提升跨境交付、自然人移动等方面的便利化水平。健全境外专业人才流动机制，畅通外籍高层次人才来华创新创业渠道，推动职业资格互认，提升移动支付、消费服务等方面的便利化水平，积极发展入境游。

### （三）中国探索数字贸易规则

在数字贸易规则方面，我国与美国之间也存在较大差异。这主要集中在跨境数据流动和源代码规则方面。

目前我国关于跨境数据流动的规定主要是以《中华人民共和国网络安全法（草案）》为基础，其主要目标是维护国家安全，主张将国家、社会和个人信息安全纳入考虑范围。对于数据流动，中国主要基于“属地原则”对互联网信息和数据的处理、传输进行监管，要求在中国境内运营、使用网络必须接受监管。

### （四）我国服务贸易政策落实过程中存在的问题

经过服务贸易创新发展试点前两年的经验积累，发现服务贸易政策在落实过程中存在如下特点。

首先，协调难度大。一是跨部门协调难度大。服务贸易涉及领域广、模式多，需要商务主管部门和行业主管部门一起推进。二是中央与地方协调有待加强。国发 8 号文[①]的任务分工落实主体主要在中央各部委，但各部门政策落地与配套执行则需要地方政府具体操作。从各部门、各地区落实国发 8 号文的反馈情况看，在中央部委和地方各部门间均存在协调难度大、沟通不畅等问题。

其次，制度创新难。一是核心政策创新进展缓慢。各部门、各地

---

① 指《国务院关于加快发展服务贸易的若干意见》（国发〔2015〕8号）。

区虽然相关文件和措施出台较多，但是财政、金融、税收等核心政策创新不足。虽然加大了财政、金融支持力度，但是对政策手段的有效性、可操作性和长效机制建设探索创新不足。二是对服务贸易相关的基础性工作有待加强，如服务贸易学科体系建设、服务贸易统计制度和服务贸易标准体系建设等。这些基础性工作成为制约我国服务贸易发展的基础性工作，也是我国服务贸易发展的短板。

再次，政策见效慢。由于服务贸易创新试点政策属于首次进行的开创性政策探索，所以在几乎空白的基础上建立服务贸易管理、促进、保障等政策体系，客观上存在一定难度，需要大量的调研、沟通、协调过程，使得部分政策落地较慢。

最后，政策体系不健全。我国服务贸易领域立法滞后，与《对外贸易法》相配套的《货物进出口管理条例》和《技术进出口管理条例》早已出台，但服务贸易领域尚无单独立法。与发达国家相比，我国服务贸易促进力度不足。缺乏类似货物贸易出口退税这样总体的、惠及全领域的制度性安排，服务出口还存在不合理征税现象。在财政资金支持方面，虽然对服务外包、文化出口和技术出口有一部分财政资金支持，但相对于服务贸易众多行业，资金覆盖面有限，主要服务出口领域尚未惠及。同时，由于服务贸易企业轻资产的特点，企业普遍面临融资难题。

## 五、对我国的启示

### （一）借鉴国际经验，深化服务贸易改革

新一代的服务贸易规则为我国服务贸易的政策发展提供了高水平的参考，我国应加强对以 TPP 和 TISA 为主的服务贸易规则的研究。

针对其中的国民待遇、最惠国待遇、市场准入、自然人移动、国内规制、当地存在和棘轮条款等相关政策内容，为我国服务贸易政策指明了国际化的发展方向。从“准入前”到“事中事后监管”，从降低贸易壁垒到国内规制，服务贸易规则发展向着降低壁垒、扩大开放、强化国内监管的方向发展。

促进服务贸易发展，深化服务贸易政策制度改革，必须走开放发展道路。以开放促改革、以开放促竞争，是我国服务产业和服务贸易发展必须坚持的一项基本原则。服务业开放不仅是面向外资、面向国际市场开放，也是面向民营资本、面向国内市场的开放。这就要求服务业对外开放与国内改革必须紧密结合起来，努力实现国资、民营与外资在服务业市场上具有公平的市场准入机会，合法经营、平等竞争。服务业“引进来”是开放，服务业“走出去”也是开放。因此，不仅要主动有序开放我国服务业市场，扩大服务业利用外资规模和质量，将国际先进服务业形态及其提供商“引进来”，还要积极利用我国服务业的独特优势，广泛开展服务业跨国投资合作，推动我国服务“走出去”。

### （二）全面提升服务产业开放合作水平

扩大服务业利用外资规模、提升服务业利用外资水平，是我国扩大服务业开放的主要环节。今后服务业开放就是要把服务业利用外资引向深入，提升外资对促进国内服务业改革、竞争和提升国际竞争力的作用。把服务业利用外资作为改革国内的投融资体制的催化剂，消除制约我国服务业利用外资的玻璃门和弹簧门。

第一，根据党的十八大精神及《构建开放型经济新体制》《关于加快服务贸易发展的若干意见》等文件要求，全面评估我国服务业开放现状与效果，确定优先、鼓励、限制和禁止开放的服务业门类，据此及时调整更新《外商直接投资产业指导目录》。除涉及国家意识形态、金融安全、军事安全、自然生态安全及其他明显违背道德、法律的行业外，要大幅减少禁止类、限制类外商投资服务产业数量，大幅增加鼓励类服务业外商投资门类。

第二，按照新一届政府对加强转变政府职能、改革行政审批事项的要求，全面审视目前我国服务业名义开放与实际开放程度不相匹配的问题，减少制约我国服务业实际开放水平的各类限制和障碍，在确保重要服务行业开放安全的前提下，减少或明或暗的各类规制，切实为外资进入我国鼓励类服务业投资项目营造良好的制度环境，打破制约我国服务业对内对外开放的“玻璃门”和“弹簧门”。

第三，为外商投资、民营企业和国有企业营造进入门槛、开展生产经营的公平竞争环境。既要避免对外资企业进入服务行业的歧视性规定，也要避免外资企业的超国民待遇。要为不同所有制企业公平、合法地利用各类生产要素开展生产经营活动营造条件。坚决消除内资和外资企业进入国内服务业的“玻璃门”和“弹簧门”。凡是法律法规及国家规定没有明令禁入的服务领域，都要向社会资本开放。进一步放宽服务领域市场准入，建立平等规范、公开透明的市场准入标准。鼓励和引导各类资本投向服务业，在投资核准、融资服务、财税政策、土地使用、对外贸易和经济技术合作等方面，对各类投资主体同等对待。各地区凡是对本地企业开放的服务领域，应全部向外地企业开放，切实打破市场分割和地区封锁，建立全国统一、开放、竞争、有序的服务业市场。

第四，继续优化服务业利用外资结构。继续鼓励跨国公司设立地区总部、财务中心、共享服务中心、营运中心等功能性机构，吸引跨国公司亚太区总部和业务性全球总部，提升投资管理能级；引导外资依托云计算、物联网等新兴技术发展生产性服务业新业态；稳步扩大医疗、养老机构等生活性服务业开放，增强外资吸纳就业、促进国内消费作用；积极利用外资发展职业技能培训，提升劳动力素质。

### （三）探索符合我国国情与发展中国家利益的数字贸易规则

目前，发达国家与发展中国家在数字贸易自由化领域内持有不同立场，我国应充分利用在全球电子商务领域内的领先优势，加快确立电子商务与数字贸易对外谈判方略。同时，更要处理好国家利益、网络安全和数字贸易之间的关系，在大力发展数字贸易的同时，要坚定不移维护我国的网络安全与核心利益。

首先，以跨境电子商务发展为基础建立相关规则体系。我国是电子商务大国，因此可以以此为契机，在相关的数字贸易议题上探索规则的建立，比如网上消费者保护、跨境数字化产品税收征收等议题。

其次，协调区域关系，推动双边、区域、多边贸易协定谈判。将跨境电子商务规则上升至数字贸易规则范畴，并尝试在相关业务领域与贸易伙伴国签订双边协定，规则涵盖范围再从区域内向区域间发展，逐步建立完善的国际国内规则体系。

最后，在更大范围内构建符合我国利益的数字贸易规则。在多边框架下，探索提出符合我国电子商务和数字贸易发展的规则体系，形成参与国际规则制定的中国方案，不断扩大我国参与制定国际经贸规则的话语权和影响力。

执笔人：王　拓　李　俊　崔艳新　李西林　孙铭壕

专题报告六

# 服务贸易创新发展的财税金融政策研究

服务贸易涉及行业和部门较多。为促进服务贸易发展，国家相关部门和各地都出台了相关的政策支持，构建了针对企业、项目和行业、领域以及区域的“点、线、面”政策体系。总的来看，这些包括财政税收、金融政策在内的政策，有力地促进了服务贸易发展。但相关财政税收、金融政策系统性不够，对服务贸易发展的直接支持政策较多，而间接支持政策相对较少。今后，围绕服务贸易发展相关产业链，从提高服务贸易竞争力出发，系统构建相关财税金融政策，突出重点领域和行业、区域，分领域、行业施策，充分发挥吸引外资、对外投资和货物贸易对服务贸易发展的带动作用。

## 一、与服务贸易发展相关的财税金融支持政策

国家层面和地方层面都出台了针对重点企业、项目和领域、行业的相关服务贸易发展财政金融支持政策，形成了政策支撑体系。

### （一）出台并完善财政支出支持政策

在国家层面，出台了财政支出相关支持政策。比如：财政部、商务部将支持服务贸易创新发展试点列入外经贸发展专项资金支持重

点。鼓励经国务院批准的服务外包示范城市完善公共服务平台，推动服务外包企业开展研发、设计和品牌设计，取得国际通行的资质认证，积极开拓国际市场。鼓励建立和完善培训体系，开展国际服务外包人才培训，培养国际化复合型人才。同时，支持建立服务贸易统计监测管理信息系统，推动服务贸易重点监测企业数据直报和各部门数据共享，加强事中事后监管。

财政专项资金支持服务贸易发展。比如，文化产业发展专项资金，推动对外文化贸易发展。国家中医药局出台国际合作专项资金，支持中国在“一带一路”沿线国家和地区建立中医药中心。2015 年 4 月原国家旅游局出台了《关于支持中国（福建）自由贸易试验区旅游业开放意见》，支持平潭国际旅游岛建设，将在改革试验、资金安排、规划及实施、国际旅游市场拓展、人才培养和队伍建设等方面给予大力支持。

各地也将服务贸易发展作为财政支持重点之一。比如，对广州、深圳等重点支持。天津市旅游局公开发布 2018 年天津市旅游发展基金重点支持重点旅游节庆活动、重点旅游商品开发、重点旅游项目、邮轮游艇及乡村旅游等、旅行社招徕入境入市游客支持项目五大类。2017 年海南省出台入境旅游市场开拓扶持办法，对入境旅游市场开发活动进行支持，对开拓入境旅游业绩进行奖励。2017 年 11 月杭州市商务委员会（杭州市粮食局）发布《杭州市服务贸易创新发展扶持政策》，对服务贸易企业投保服务出口项下的出口信用保险保费支出给予不超过 35% 的补助；对服务贸易企业开展海外客户资信调查的费用给予不超过 50% 的补助；对企业、银行、保险公司利用服务贸易出口信用保险保单合作开展保单融资的利息支出，给予最高不超过 20% 的补助；每家企业最多补助 30 万元。

对服务贸易创新发展试点地区进口所需的研发设计、节能环保和环境服务等给予财政贴息。商务部、国家发展改革委、财政部发布的《鼓励进口服务目录》（2016 年第 47 号），鼓励试点地区进口国内所需的研发设计、节能环保和环境服务等。

### （二）建立并完善了相关税收政策

在税收政策方面，出台了技术先进型服务企业的企业所得税税收优惠政策。比如，2016 年 11 月，财政部、国家税务总局、商务部、科技部、国家发展改革委联合印发《关于在服务贸易创新发展试点地区推广先进型服务企业所得税优惠政策的通知》（财税〔2016〕122 号），在 15 个试点地区，符合服务贸易领域范围和条件并经认定为技术先进型服务企业的，减按 15% 税率征收企业所得税。高技术含量、高附加值的服务贸易领域范围主要包括计算机和信息服务、研究开发和技术服务、文化技术服务以及中医药服务 4 个领域。2017 年 11 月，财政部、国家税务总局、商务部、科技部、国家发展改革委联合印发《关于将技术先进型服务企业所得税政策推广至全国实施的通知》（财税〔2017〕79 号），自 2017 年 1 月 1 日起，将技术先进型服务企业（服务外包类）所得税优惠政策推广至全国实施，技术先进型服务业务认定范围包括信息技术外包服务、技术性业务流程外包服务和技术性知识流程外包服务。财政部、国家税务总局、商务部、科技部、国家发展改革委出台的《关于将服务贸易创新发展试点地区技术先进型服务企业所得税政策推广至全国实施的通知》（财税〔2018〕44 号），自 2018 年 1 月 1 日起，对经认定的技术先进型服务企业（服务贸易类），减按 15% 的税率征收企业所得税。

出台了跨境应税行为的增值税零税率和免税政策。国家税务总局发布了《营业税改征增值税跨境应税行为增值税免税管理办法（试行）》（2016年）的公告，对中华人民共和国境内的单位和个人发生跨境应税行为，免征增值税和零税率政策，对工程项目在境外的建筑服务，工程项目在境外的工程监理服务，工程、矿产资源在境外的工程勘查勘探服务，会议展览地点在境外的会议展览服务，存储地点在境外的仓储服务，标的物在境外使用的有形动产租赁服务等免征增值税。

出台了个人所得税支持政策。比如，财政部、国家税务总局《关于粤港澳大湾区个人所得税优惠政策的通知》（财税〔2019〕31号），对在大湾区工作的境外高端人才和紧缺人才缴纳的个人所得税，已缴税额超过其按应纳税所得额的15%计算的税额部分给予补贴，该补贴免征个人所得税。

### （三）出台并完善了相关金融政策

成立促进服务贸易发展相关引导基金。为充分发挥财政资金的引导效应和杠杆效应，加大对有出口潜力、符合产业导向的服务贸易企业支持，经国务院批准，财政部会同商务部、招商局资本管理有限公司共同发起设立服务贸易创新发展引导基金，总规模为300亿元，采取分期募集方式。与此同时，地方政府也成立促进服务贸易发展引导基金。比如，威海设立2亿元服务贸易创新发展引导基金。

出台信贷支持政策。商务部、中国进出口银行出台《关于“十二五”期间金融支持服务贸易发展的指导意见》。近几年，中国进出口银行重点支持的服务贸易企业和项目，遴选有融资需求的服务贸易重点企业和项目，在信贷等方面进行支持。向服务贸易企业提供的供应链融资、海外并购融资、应收账款质押贷款和融资租赁等给予贴息支持。

成立全国服务贸易（试点）银行，为企业开展服务贸易业务提供金融支持。比如，威海率先在全国成立服务贸易试点银行，助力服务贸易发展。

除此之外，还为服务贸易出口提供保险。比如，信保机构向服务贸易企业提供的信用保险。2017 年中国信保支持服务贸易出口超过 260 亿美元，2018 年中国信保承保服务贸易 299 亿美元，增长 9.7%。

由于服务贸易与知识产权紧密相关，探索了与知识产权相关金融政策，助力服务贸易相关发展。包括：2017 年，国务院印发《国家技术转移体系建设方案》提出，要完善多元化投融资服务，开展知识产权证券化融资试点。2018 年 4 月发布的《中共中央 国务院关于支持海南全面深化改革开放的指导意见》明确提出，探索知识产权证券化、完善知识产权信用担保机制。国家知识产权局下发《关于引入专利质押融资保证保险完善专利质押融资风险补偿机制的通知》（国知办函管字〔2017〕96 号），要求充分发挥专利质押融资风险补偿基金和知识产权保险的风险保障作用，加快推进专利质押融资工作。2017 年，我国专利质押融资总额为 720 亿元，同比增长 65%；2018 年专利、商标质押融资总额达到 1224 亿元，同比增长 12.3%，其中，专利质押融资金额达 885 亿元，同比增长 23%。

## 二、面临的问题

### （一）相关财政税收、金融政策系统性有待加强

围绕服务贸易发展，中央和地方政府虽然出台了很多相关政策，但政策系统性仍需加强。由于服务贸易发展涉及相关部门多，各部门

都出台了相关支持政策，这种管理模式虽然有助于发挥政府各部门在支持对象上的信息优势、专业优势、管理优势，但呈现部门管理分散、碎片化特征。一方面，难以全面了解财政支持服务贸易的情况。另一方面，缺乏从某领域服务贸易发展总体角度分析哪些环节需要重点支持，比如，服务贸易发展人才相关支持政策不够，服务贸易一些领域的人才是服务贸易领域发展急需人才，但够不上国家人才标准。

### （二）对服务贸易企业、项目的直接支持较多，而对服务贸易企业发展相关间接支持较少

总的来看，财政税收政策直接作用于服务贸易企业、项目较多（见表 1）。比如，对服务贸易企业发展的融资、企业所得税优惠等支持较多，而对服务贸易企业发展所需的人才、研发等支持相对较少。

### （三）已出台的税收相关政策有待进一步完善

技术先进型企业认定门槛高。比如，享受企业所得税税收优惠政策。由于申请领域范围较窄、条件门槛高，因此认定技术先进型服务企业数量不多。

政策重复交叉，使得服务贸易相关税收政策的优惠性呈现得不够。目前，服务贸易企业根据所在区域以及高新技术特征，可以享受民族地区、西部地区、高新技术企业，横琴新区、平潭综合实验区和前海深港现代服务业合作区，以及软件产业和集成电路产业等相关企业所得税优惠政策。由于服务贸易企业享受技术先进型服务企业（服务外包类）所得税优惠政策门槛高，使得很多服务贸易企业可能选择享受其他优惠政策，影响企业申报技术先进型服务企业认定的积极性。

**表1　与服务贸易发展相关的税收优惠政策**

| 序号 | 有关税收优惠政策 | 依据 |
| --- | --- | --- |
| 1 | 自2011年1月1日至2020年12月31日，对设在西部地区以《西部地区鼓励类产业目录》中规定的产业项目为主营业务，且其当年度主营业务收入占企业收入总额70%以上的企业，经企业申请，主管税务机关审核确认后，可减按15%税率缴纳企业所得税 | 《国家税务总局关于深入实施西部大开发战略有关企业所得税问题的公告》（国家税务总局公告2012年第12号） |
| 2 | 民族自治地方的自治机关对本民族自治地方的企业应缴纳的企业所得税中属于地方分享的部分，可以决定减征或者免征 | 《中华人民共和国企业所得税法》第二十九条；《中华人民共和国企业所得税法实施条例》第九十四条；财政部、国家税务总局《关于贯彻落实国务院关于实施企业所得税过渡优惠政策有关问题的通知》（财税〔2008〕21号）第三条 |
| 3 | 对设在横琴新区、平潭综合实验区和前海深港现代服务业合作区的鼓励类产业企业减按15%的税率征收企业所得税 | 财政部、国家税务总局《关于广东横琴新区福建平潭综合实验区深圳前海深港现代服务业合作区企业所得税优惠政策及优惠目录的通知》（财税〔2014〕26号） |
| 4 | 《企业所得税法》第二十八条第二款所称国家需要重点扶持的高新技术企业，规定申请享受减至15%的税率征收企业所得税税收优惠政策 | 《中华人民共和国企业所得税法实施条例》；财政部、国家税务总局2008年4月联合颁布的《高新技术企业认定管理办法》《国家重点支持的高新技术领域》《中华人民共和国税收征收管理法》《中华人民共和国税收征收管理法实施细则》 |
| 5 | 集成电路线宽小于0.8微米（含）的集成电路生产企业，经认定后，在2017年12月31日前自获利年度起计算优惠期，第一年至第二年免征企业所得税，第三年至第五年按照25%的法定税率减半征收企业所得税，并享受至期满为止。<br>集成电路线宽小于0.25微米或投资额超过80亿元的集成电路生产企业，经认定后，减按15%的税率征收企业所得税，其中经营期在15年以上的，在2017年12月31日前自获利年度起计算优惠期，第一年至第五年免征企业所得税，第六年至第十年按照25%的法定税率减半征收企业所得税，并享受至期满为止 | 财政部、国家税务总局《关于进一步鼓励软件产业和集成电路产业发展企业所得税政策的通知》（财税〔2012〕27号）；财政部、国家税务总局、国家发展改革委、工业和信息化部《关于软件和集成电路产业企业所得税优惠政策有关问题的通知》（财税〔2016〕49号） |

另外，服务贸易企业反映税负较重。“营改增”后，服务贸易领域的企业需要购买的设备较少，增值税进项抵扣不多，企业反映税收负担较重。

### （四）服务贸易企业相关金融产品、金融政策相对较少

虽然国家、地方成立了服务贸易发展基金，也有一些信贷、保险、证券化等支持政策，但总的来看，支持服务贸易发展的相关金融产品不多，相关金融政策体系仍需进一步健全。

服务贸易企业的轻资产特征凸显了融资难。与基础设施、房地产投资相比，服务贸易企业投资不是很大，这些企业也很难成为金融机构青睐的重点。

## 三、政策建议

### （一）总体思路

系统构建。围绕服务贸易发展相关产业链，从提高服务贸易竞争力出发，系统构建相关财税金融政策。针对服务贸易企业、项目和行业、区域实施有针对性的政策支持，构建“点、线、面”的政策支撑体系。

突出重点领域和行业、区域。针对我国旅行、运输类服务贸易地位重要但逆差较大，以及北京、上海、广州、深圳等在服务贸易中地位举足轻重的现状，重点提升这些领域和城市的服务贸易竞争力。

分领域、分行业施策。各服务贸易领域、行业发展的现状呈现差异性，提升服务贸易竞争力，需要针对各自领域的不足和问题，补齐短板，加快服务贸易发展。从信息技术运用到服务业发展中入手，加

快信息技术与服务业融合，推动服务贸易竞争力提升。区分传统服务业与新兴服务业，生产性服务业和现代服务业、生活性服务业施策，不断提高其竞争力。

充分发挥吸引外资、对外投资的带动作用。中国企业“走出去”投资，必然需要了解当地政策，熟悉当地法律、税收等，会产生法律、税收、金融等服务需求，将会带动服务贸易发展。

充分发挥货物贸易的带动作用。一些耐用商品出口，会产生维修、保养等售后服务，也会产生会展等前期销售服务，这都会拉动服务贸易发展。中国作为货物贸易大国，应充分发挥货物贸易对服务贸易的带动作用。

积极打造服务贸易组合包。比如，境外居民入境旅游，不仅看重旅游景点本身，还看重购物、当地生态环境和空气质量等，是一系列“组合包”。因此，发展入境旅游，不仅需要增加旅游景点的吸引力，还需要改善中国空气质量和生态环境，提升产品质量、降低产品价格。

### （二）具体政策建议

#### 1. 整合支持服务贸易相关财政资金，突出财政支持重点

财政重点支持服务贸易发展的新业态、新模式。对服务贸易的新模式、新业态，在市场发育不成熟时，财政弥补市场缺陷或市场失灵，加速新业态快速发展。

结合各区域特点，重点支持服务贸易发展的优势。在经济发展水平较高的地区，加大力度支持生产性服务贸易发展；在旅游资源较为丰富的地区，支持旅游类服务贸易发展；在经济相对落后的地区，可以重点支持运用信息技术，加速发展相关服务贸易。

**2. 进一步完善财政税收政策**

降低当前政策的适用门槛。比如，实施技术先进型服务企业税收优惠和出口贴息政策时，进一步降低享受此政策的门槛，让此政策惠及更多的企业。与此同时，简化享受此项税收政策流程，降低企业享受此政策的成本。

进一步扩大享受优惠政策的企业范围。比如，进一步扩大跨境应税服务实行零税率业务的具体范围，对其内涵和外延的内容进一步细化，提出具体的、操作性强的认定标准。

**3. 大力发展多种方式的金融支持政策**

服务贸易发展涉及领域、行业较多，针对不同行业、环节，实施相应的金融支持政策。比如：在旅游资源开发上，可引入政府和社会资本合作模式；在旅游基础设施建设上，可予以政策性贷款；等等。

**4. 支持北京、上海、广州、深圳等建设全球服务贸易中心**

北京、上海、广州、深圳等地人才、金融、科技、信息等相关要素集聚，具有发展高端服务贸易的基础和条件。建议支持这些基础较好的城市，建设全球服务贸易中心，充分发挥其对全国服务贸易发展的带动作用。

**5. 财政支持服务贸易发展，营造良好生态环境**

服务贸易发展涉及部门、环节较多，需要系统营造良好的生态环境。比如：加强促进服务贸易发展的能力建设，包括统计监测体系建设，人才队伍建设；降低医药和医疗器械进口关税，有助于降低其进口成本，降低患者看病成本，留住出国看病的患者和吸引国外患者来中国就医。

财政支持政策突出间接支持，支持服务贸易产业链上下游环节发展。比如：大力发展入境旅游，需要提高我国国内商品质量、改善生态环境，让国外游客消费放心，更好地享受绿水青山；加强在国外进行推介中国旅游景点；在中西部地区发展入境旅游时，支持开通国际直航，方便游客直接入境；做好机场、码头等基础设施建设；在沿海地区发展国际邮轮业务时，国际游艇进入国内，建议不需要再交较高的担保金，由国内相关旅游公司出具担保函即可；共建“一带一路”时，加快在工程建设、服务领域研发设计、标准体系的建设，加强知识产权保护；等等。

执笔人：赵福军

专题报告七

# 促进我国服务贸易发展与竞争力提升的管理体制研究

当前，全球竞争的焦点已从货物贸易领域转向服务贸易领域。我国虽然是全球服务贸易大国，但竞争力不足成为我国迈向服务贸易强国的重要羁绊。服务贸易竞争力可以从总体规模、结构等方面来体现，而政策制度则是服务贸易竞争力的重要影响因素，如政府管理体制、政策引导和营造公平的竞争环境等。

近年来，我国为加快服务贸易发展、提升服务贸易竞争力，在推动市场对内对外开放的同时，在管理体制、统计体系、法律环境、人才战略、市场机制和财税政策等方面取得积极进展，外商投资管理体制改革成效显著。但我国服务市场有待进一步开放，市场竞争机制有待完善、国际合作潜力未完全释放。更关键的是，管理体制还存在诸多制约我国服务贸易竞争力持续提升的问题和障碍。有必要梳理当前管理体制存在的问题，借鉴国际经验，为下一步改革提出切实可行的政策建议。

## 一、重点国别和地区的服务贸易发展经验

### （一）美国

在服务贸易领域，美国一直居于绝对领先地位，服务贸易进出口

额及顺差额均为世界第一位。尽管运输和旅游服务在美国服务贸易中占据主导地位，但美国服务贸易优势主要集中在资本和技术密集型行业，主要有技术服务、金融服务、电信、计算机和信息服务。

高度重视服务贸易，确立“服务先行”出口策略。1994 年美国发布第二个“国家出口战略”，系统阐述了服务贸易出口的促进战略。1995 年，美国商务部正式发布了“服务先行策略”方案，将促进服务出口上升到国家战略地位。美国“服务先行”策略主要包括以下几个方面的内容：加强对外谈判，扩大市场准入；巩固传统市场，打开新兴市场，两个市场兼顾；确定重点服务行业，进行重点支持；加强各部门之间协调，提高效率。正是美国“服务先行”的理念造就了美国服务贸易在全球的领先地位，保证了美国服务贸易出口高速增长，带动了国内服务产业快速发展。

重视国内服务业发展，确立重点发展的服务产业，夯实服务贸易基础。早在 1994 年美国的“国家出口战略”报告中就明确指出，为了促进经济增长和就业，美国应重点支持部分行业发展，特别是服务行业。目前美国服务贸易重点发展领域包括：旅游，维修服务，运输，保险服务，金融服务，包括商标和特许经营费在内的知识产权使用收费，电信、计算机和信息服务，包括研发、会计、工程等在内的其他商业服务。美国服务业占 GDP 的比重超过 70%，美国的金融服务、信息服务、专有权利使用费和特许费服务均处于世界领先水平，为服务贸易发展奠定了坚实的产业基础，也是美国服务贸易顺差的主要领域。

完善的服务贸易管理体系和协调制度。完善的服务贸易管理体制是美国服务贸易快速发展的一个重要支撑。从贸易政策制定到服务贸易管理，再到相关的行业管理，美国在联邦政府及地方层面具有完善的、分工明确的服务业和服务贸易管理机构，而且建立了有效的部门间沟通协调机制。与此同时，美国民间服务行业组织发达，很好地起到了行业自律和协调政府与企业关系的作用。

完善的服务业和服务贸易法律体系。在服务业管理方面，美国已经形成了完善的法律体系，既有综合性的贸易法案，也有产业层面的服务行业法律法规，包括《1974 年贸易法》《贸易与关税法》《综合贸易与竞争法》《扩大出口法》《国际银行法》《航运法》《金融服务公平交易法》《电信法》《信息自由法》《计算机软件保护法》等。这些法律法规全面涉及服务贸易、行业监管甚至技术层面，具有保护本国服务市场、限制外国竞争、进行服务行业监管的性质，为服务贸易发展创造了良好的法律环境。

重视并不断改进服务贸易统计体系。美国的服务贸易统计制度具有法制化、统计机构与队伍专业化、统计方法科学等特点。1985 年美国国会通过了《国际投资和服务贸易调查法》。目前，美国已建成最科学、最完整和最有借鉴价值的服务贸易统计体系与统计方法。美国也是世界上唯一能够提供与 GATS 服务贸易概念一致的、连续的、系统的双向服务贸易统计数据的国家。不断完善的服务贸易统计体系为美国服务贸易的发展提供了翔实、准确的统计资料，为美国服务贸易的发展提供了保障。

健全的咨询、决策与协调体系。总统出口理事会、联邦贸易促进协调委员会及其“服务出口工作组”、总统贸易政策与谈判顾问委员会以及相关服务行业顾问委员会，共同构成了美国服务贸易咨询、决策与协调体系。总统出口理事会主要关注出口对美国经济的影响，美国国内法律如税法与反垄断法对出口的影响，出口管制问题，出口促进问题等。联邦贸易促进协调委员会及其“服务出口工作组”主要功能有：研究制定并协调落实服务先行策略方案；推动相关服务产业贸易与市场数据的进一步收集与分析；沟通信息，交流情况，确定各具体部门所需专业技术重点；研究采取与服务业企业有效沟通联络的方法。总统贸易政策与谈判顾问委员会，主要重视服务贸易谈判，拓展服务贸易发展空间。美国依靠自身高水平的服务业，主动出击，通过双边、区域及多边服务贸易谈判，降低贸易伙伴服务贸易壁垒，开放服务贸易市场，为美国服务出口创造机会。

### （二）欧盟整体服务贸易政策

#### 1. 欧盟的贸易协定

欧盟的政策集中在宏观经济发展上，但是在贸易政策上依然稳步地推进着。目前与加拿大的贸易谈判已经完成，正在和美国及日本进行贸易谈判。

协议中，与格鲁吉亚和摩尔多瓦的“深入和全面的自由贸易协定”（Deep and Comprehensive Free Trade Agreements，DCFTA）已经从2014 年 9 月 1 日开始实施。根据欧盟所述，DCFTA 超越了纯粹的贸易，它削减了进口和出口的关税，也消除了服务贸易中的壁垒。该协议覆盖了所有与贸易相关的政策，包括公共采购、竞争和知识产权。这些合作伙伴在卫生和植物检疫（SPS）措施、技术要求标准、海关手续和贸易便利化等方面符合欧盟法律。

#### 2. 欧盟成员国内部差异

在欧盟成员国之间，在进出口所需要的时间和成本要求上存在着巨大的差异，与海关程序和要求相比，这主要是由于基础设施等因素造成的。欧盟打算建立电子海关，包括自动进出口系统和单一窗口，可以帮助进一步减少报关程序。另外，系统被授权的经济运营商进一步扩大互认协议，其中包括了中国。

**3. 欧盟关于服务贸易的法律法规**

欧盟是一个整体联系性很强的经济体，法律法规覆盖了大多数的成员国。虽然宏观经济和财政问题影响着部分成员，但是整体上欧盟具有开放和透明的贸易政策和投资政策。

欧盟的贸易、投资法律和机构框架较为稳定。根据欧洲联盟条款，共同商业政策（the Common Commercial Policy，CCP）是欧盟的专属政策，覆盖了货物贸易、服务贸易、知识产权的商业部分和贸易保护措施等内容。在这些领域中，成员国只有被欧盟授权后才可以独立行动。

欧盟的贸易及相关的法律通过两种方式制定和实施：一是主要立法法律（primary legislation），二是二级立法（secondary legislation）。在2014年，欧盟已经制定了一系列的准则进行法律框架和欧盟内部国家法律的调整。这些政策的目的是提高透明度、执法强度和简化程序。

欧盟对于政府采购设立了欧盟范围的统一标准。最新的关于供应商、服务和建筑工作政府采购的标准，见于2013年12月13日的委员会规范（Commission Regulation，EC）No.1336/2013和2014年1月1日开始实施的修订款项2004/17/EC、2004/18/EC和2009/81/EC。

**4. 欧盟各领域政策措施**

（1）知识产权

知识产权作为欧盟驱动经济发展的重要方面，对于欧盟经济十分重要。在2011年欧盟知识产权蓝图（2011 Blueprint for Intellectual Property Rights）研究和创新的框架计划2012—2020（Framework Programme for Research and Innovation for 2012-2020）中回顾并建立了立法，并且逐步在各个成员国家法律中得到体现。

（2）金融

在国际金融危机之后，立法改革影响着金融行业，尤其是在谨慎措施（prudential measures）中。欧盟委员会在三个方面建立了许多新的规则指令：第一个方面是关于全球银行（global banking）的规则；第二个方面是关于经济安全和促进金融行业增长的政策；第三个方面是旨在加强欧元竞争力的银行联盟。目前这些规则已经取得了一些进展。

第一个方面是为了构建新的全球金融系统而建立的新规则。

第一，欧盟的法规 648/2012，主要是关于场外衍生品[①]（over-the-counter derivatives）、中央交易对手（central counterparties）和贸易库存（trade repositories）的法规。

第二，法令 2014/59/EU，是关于存款担保计划（deposit guarantee schemes）的，它保证了存款人可以在破产后得到之前银行提前收取的破产保证金 100000 欧元。这些新规定为欧盟成员国的人民提供了最好的储蓄产品，以此来消除他们对保护层次差别的担心。

第三，欧盟的法规 No.462/2013 和关于信用评级机构的指令 2013/14/EU。这些政策的出台有五个方面的目的：一是减少对信用评级的过度依赖；二是提高欧盟成员国主权债务评级质量；三是使信用评级机构可以对其行为承担责任，尤其是在信用评级机构有意忽视或者违反评级机构规定的情况下；四是减少由于发行人的报酬模式而带来的冲突；五是在欧洲评级平台上公布评级，以提高在欧盟注册和授权的评级机构所评级的金融工具的评级可比性和可见度。

第四，“单一规则手册”对于银行资本、流动性和杠杆的审慎要

① 场外衍生品是指以股票、商品、利率、汇率、信用等为标的产品的场外衍生品。

求提供更严格的规则，同时提高报酬透明度。“单一手册”即设定全欧洲所有银行所需要遵守的统一规则标准。

第五，提高市场安全的框架协议和关于金融工具的法令 2014/65/EU 以及关于金融工具市场的法规 No.600/2014。

第二个方面是为了在欧洲建立一个更加安全、负责和促进增长的金融部门。主要由六个立法元素组成：第一，关于保险公司监督框架——Ominibus II，在 2014 年 4 月被采纳；第二，关于大型企业和集团的非金融和多样性信息披露的指令；第三，关于支付账户费用的透明度和可比较性的指令；第四，关于风险投资基金和欧洲社会创业基金管理的规定；第五，关于包装零售和保险投资产品的关键信息的管理规定；第六，关于可转让集体投资承诺规定，其目的是加强对投资管理者的保护。

第三个方面是为提高欧元的竞争力而加强银行联盟。具有两项机制，并且已经被议会和理事会所采纳并开始实施。一项是单一监督机制（Single Supervision Mechanism，SSM），另一项是单一解决机制（Single Resolution Mechanism，SRM）。单一监督机制包括两项法规，在 2014 年 11 月 4 日已经开始实行。实行单一管理手册是实现单一监督机制和单一解决机制的第一步。单一监督机制对欧元地区所有成员国通用，并且向其他医院进行深入监督融合的国家敞开。非欧元国家也可以加入单一监督机制，与主管当局和欧洲央行之间建立更加密切的合作。这项措施授予欧洲央行对所有在欧元区内的信用机构关键任务进行监管的权利。

（3）电信

关于电信行业的管理基本框架可以追溯到 2002 年，在 2009 年进行了修订。在此期间，成员国完成了关于该法案包的实施，以及一些二级法律和规则采纳实施。2010 年欧盟委员会将电信政策放在了范围更加宽广的欧洲数字日程（Digital Agenda for Europe，DAE）中，其目的是利用快速发展的数据技术的优势，并且设定了发展 4G 和宽带网络的雄伟目标，包括大力发展电子商务和电子政务（e-government）。关于电信业政策的扩展主要集中在 2012 年 9 月的新的法律包“连接大陆包”（Connected Continent Package）。在该框架下更多的立法正在不断地讨论中，相关规制框架已经逐步在各个国家法律中建立，并且逐步在欧盟层面上采纳。

（4）分销

分销服务是欧盟最大的服务行业之一。批发和零售贸易占到 GDP 的 11% 和就业的近 15%。这个行业目前发展呈现集中和垂直整合趋势。在很大程度上，分销服务是由成员国通过法律的结合进行管理的，包括相关的劳工、竞争和建设等。然而，欧盟层面的法律也是适用的，比如《服务指令》（*Services Directive*）。考虑到分销服务对于欧盟经济和当地市场政策的重要性，未来还会有更多的政策法律将被制定和执行。

（5）视听

视听服务（audiovisual services）和其他创新产业对欧盟 GDP 的贡献达到 2.6%。管理这个行业的基本法律是《媒体视听服务指令》（*Audiovisual Media Services Directive*），以及欧盟委员会关于国家对公共广播的管理，对电影和其他视频工作的支持政策。

### （三）德国

德国服务业非常发达，占 GDP 的比重超过 70%，带动了其服务贸易的发展。德国在建筑、海运、通信、快递、技术服务、金融服务、保险服务和环境服务方面，具有较强的国际竞争力。

完善服务贸易监管的法律体系和管理体系。德国服务业法制健全，采用一系列法规而非单一法规的形态。既有《对外经济法》《反限制竞争法》等联邦法律，也有行业法规，如《电信法》《建筑法》《银行法》《保险法》《餐饮业法》等。每部法律或法规都对行业的运作和行为做出了严格规定，企业既受法律约束，也受法律保护。服务业的立法工作由所涉行业主管部门负责收集信息，征询相关行业协会意见，提交法案。从管理机构看，联邦政府的14个与服务业相关的部门各自主管其对应行业，其余基本划归经济与能源部管理。同时，德国中介组织和商协会组织体制健全，服务业各个行业都有专业协会，在行业发展、法律法规制定以及促进内外交流、提供信息等方面发挥重要作用。

制定适度保护的服务贸易政策。德国发展服务贸易，开放与保护并重。德国的政府机构、中介组织和行业协会以及企业三方有机结合，共同促进服务业发展。政府机构和行业协会除履行管理职能，积极构筑信息平台，多层面、多渠道地提供广泛的信息支持外，还帮助企业积极开拓海外市场。与此同时，德国也设置服务贸易市场准入壁垒，在资历认证、颁发许可、投资主体以及股权比例方面对跨境提供服务进行限制，以免服务进口对国内服务业构成竞争威胁。尤其是专业服务中的会计、建筑设计、工程和法律服务，德国的准入条件相当严格。

注重人力资源培训。优秀的劳动力决定了德国服务行业较高的生产率。德国具有世界一流的教育水平，因而能为服务经济发展提供高质量的知识密集型人才。同时，在职业培训领域，德国拥有独特的双元制教育体系，该体系将学校培训和在职培训的优势有机结合，充分满足社会对服务行业多层次人才的需求。

积极参与国际服务贸易规则的谈判和制定。德国政府借助国际机构积极推动服务贸易自由化，主导欧盟与经济高速发展的主要经济体签订贸易协定。目前德国优先考虑的地区是东南亚和拉丁美洲，希望促进新兴经济体开放金融服务、计算机服务、电信、海运、物流、快递、环境服务、专业服务和旅游等，以拓展服务出口市场。德国政府将《跨大西洋贸易与投资伙伴协议》（TTIP）谈判视为推动德国出口和扩大就业的重要机遇。美国是德国在欧洲之外的第一大出口市场，德国希望通过 TTIP 谈判，促使美国公共服务领域开放，从而使德国企业，尤其是中小企业可以从全面的服务贸易自由化中获得新的市场空间。

### （四）日本

与西方发达国家相比，日本服务贸易发展起步较晚，但凭借其强大的经济实力和有效的政策引导，在较短的时间内步入了世界贸易强国之列。

政府大力支持重点服务贸易发展。日本的金融服务贸易就是在政府的大力支持下发展起来的，日本政府通过向国外金融机构开放市场，允许它们在日本经营，从而促进日本并不发达的金融机构进行结构性调整，在金融自由化的同时，对一些存在的问题，政府有的放矢地解决，从而从根本上提升了金融业的国际竞争力。

完善服务贸易法律法规。日本在推动服务贸易发展过程中，均有相关法律为依托来实施。以电子产业为例，为促进电子产业发展，早在 1957 年，日本政府就颁布了第一部促进信息产业发展的法律——《电子工业振兴临时措施法》。之后，又分别在 1970 年、1971 年和

1978年颁布了《信息处理振兴事业协会法》《特定电子工业级特定机械工业临时措施法》《特定机械信息产业振兴临时措施法》。

有步骤分层次地开放国内服务市场。日本对服务业采取渐进式的开放方式，逐步开放金融和保险等领域。在引进欧美等发达国家先进的管理经验和技术的同时，日本加强了金融、保险业的竞争，提升了金融、保险业的国际竞争力。同时，为防止金融、保险市场开放引起国外投资者的大量涌入，冲击本国产业，日本增加了海外投资者在东京金融市场的金融交易手续费，增加了国外机构的成本。

鼓励服务企业走出去拓展国际市场。长期以来，日本政府不仅大力促进服务贸易进出口发展，也大力鼓励服务业市场主体面向海外，大力开展对外直接投资，实现海外直接投资与海外生产基础的有机衔接，大大促进了生产性服务贸易的发展。

更加强调政策的体系性和协调性，注重政策效应的整体性和综合性。日本逐步改变了以往在服务业和服务贸易政策中过度强调专业性以及行业与部门间利益的调整。政府对于某一服务市场的开放及服务贸易法律法规的制定与修正，不以局部利益的得失而取舍，而是强调政策导向及利益平衡，从而使日本服务市场开放水平有一个明显提升。

## 二、我国服务贸易管理体制

近年来，我国大力发展服务贸易，积极扩大服务业对外开放，服务业产业基础不断增强。

我国已逐步进入以服务业为主导的经济发展新常态阶段，服务贸易在国民经济和社会发展中的战略性地位进一步凸显，在世界服务贸易中的大国地位进一步巩固。

## （一）服务贸易创新发展试点政策体制不断深化

2012 年以来，我国政府相继出台了《服务业发展规划（2011—2015）》《服务贸易“十二五”发展规划》和《中国国际服务外包产业发展规划纲要（2011—2015）》，促进中国服务贸易发展的系统、全面、开放和科学的规划体系逐步建立。2015 年 1 月，国务院颁布了《关于加快发展服务贸易的若干意见》。2017 年，商务部等 13 个部门印发《服务贸易发展“十三五”规划》。目前，我国针对服务贸易发展最重要、最直接的政策是服务贸易创新发展试点的建设。

### 1.《关于同意开展服务贸易创新发展试点的批复》

2016 年，国务院印发《关于同意开展服务贸易创新发展试点的批复》，同意在全国 15 个地区进行为期两年的创新发展试点建设。

试点方案明确提出了八大任务：探索完善服务贸易管理体制，探索加大服务业双向开放力度，探索培育服务贸易市场主体，探索创新服务贸易发展模式，探索提升服务贸易便利化水平，探索优化服务贸易支持政策，探索健全服务贸易统计体系，探索创新事中事后监管举措。

试点方案强调，要对试点地区加大政策保障力度。一是加大中央财政支持力度，对试点地区进口国内急需的研发设计、节能环保和环境服务等给予贴息支持。二是完善税收优惠政策。在试点地区扩大技术先进型服务企业认定范围，由服务外包扩大到其他高技术、高附加值的服务行业。经认定的技术先进型服务企业，减按 15% 税率缴纳企业所得税；职工教育经费不超过工资薪金总额 8% 部分据实税前扣除，超过部分准予在以后纳税年度结转扣除。三是落实创新金融服务举措。鼓励金融机构大力发展供应链融资、海外并购融资、应收账款质押贷款和融资租赁等业务。鼓励政策性金融机构在现有业务范围内加大对服务贸易企业开拓国际市场、开展国际并购的支持力度。四是设立服务贸易创新发展引导基金，为试点地区有出口潜力、符合产业导向的中小服务企业提供融资支持服务。五是对试点地区经认定的技术先进型服务企业，全面实施服务外包保税监管模式。

**2.《深化服务贸易创新发展试点总体方案》**

2018 年，国务院批复《深化服务贸易创新发展试点总体方案》，在原有 15 个试点的基础上，增加了雄安和北京。该试点方案在原方案的基础上，在管理体制、扩大对外开放、培育市场主体、创新发展模式、提升便利化水平、完善政策体系、健全统计体系和监管模式八个方面，提出了更为深入的要求，实现了我国贸易促进政策体系的进一步细化。这八个方面举措可以分为政府职能提升和发展市场两大类。

在政府工作中，主要集中在完善管理体制、完善政策体系、健全统计体系和创新监管模式四个方面。在完善管理体制中，重点强调了部际联席会议工作制、地方服务贸易跨部门协调机制、加快地方立法探索、建立地方政府服务贸易发展绩效评价与考核机制。完善政策体系中，修订完善《服务出口重点领域指导目录》，及时调整《鼓励进口服务目录》，研究完善出口服务型企业所得税政策，对服务出口施行免税，发挥好服务贸易创新发展引导基金作用（为有出口潜力、符合产业导向的中小服务企业提供融资支持服务），加大出口信用保险和出口信贷对服务贸易的支持力度（创新保险产品、为服务贸易企业提供损失补偿和增信融资等服务）、拓宽服务贸易企业融资渠道（支持符合条件的服务贸易企业在资本市场融资，推动中小微融资担保体系建设)，完善外汇管理措施（跨国公司外汇资金集中运营管理、完善服务贸易企业外汇结算政策)，加快人民币在服务贸易领域的跨境使用。健全统计体系中，包括建立健全服务贸易重点联系企业直报系统，开展外国附属机构服务贸易统计，建立政府部门信息共享和数据交换机制。创新监管模式中，包括建立重点联系企业运行监测机制，创新事中事后监管举措，多部门信息共享、联合执法，建立市场主体信用记录并纳入信用信息共享平台，创新技术贸易管理模式（对自由进出口技术备案管理制度便利化改革，探索无纸化登记管理)，将服务贸易管理事项纳入“单一窗口”。

在发展市场体系中，包括扩大对外开放、提升贸易便利化水平、培育市场主体和创新发展模式等方面。扩大对外开放，需要借鉴自贸区和北京试点经验、扩大新兴服务业双向开放、探索市场准入制度、探索开放风险预警机制。提升贸易便利化水平方面，需要改革通关监管制度和模式（提高服务贸易相关货物的通关一体化及效率)，提供通关便利、提升跨境交付和自然人移动便利化水平（完善签证便利化、境外人才流动机制、职业资格互认)，提升移动支付、消费服务等便利化水平。培育市场主体方面，主要是通过建立公共服务平台，开拓国际市场，建立全国性和区域性公共服务平台，创新适应服务贸易特点的金融服务（支持服务贸易重点项目建设、融资支持、创新服务贸易信用等级评定方法)，建立境外促进中心，发挥京交会作用，发挥行业协会促进作用，开拓国际市场。创新发展模式方面，主要是运用先进数字技术提高服务贸易发展新业态、新模式，推动“服务 +”整体出口，发展新兴服务贸易。

之后，在其附件中还列出了开放便利举措和试点任务及政策保障措施。其中，便利化举措涉及金融、电信、旅行、专业服务等领域，包括完善监管制度、取消外资股比限制、促进人员进出境等便利化举措。试点任务及政策保障措施方面，将八大任务进行分解，确定每项任务的具体保障措施和落实的负责单位。

### （二）自由贸易试验区建设进程不断推进

为推动我国改革开放进程，2013 年 9 月，中国（上海）自由贸易试验区正式挂牌，到 2018 年 10 月，中国（海南）自由贸易试验区批准设立。5 年来，我国已经陆续建设了 12 个自贸区，从沿海到内陆，从 27.78 平方公里到 120 平方公里再到海南全岛，自贸试验区不断扩围升级。自贸区战略成为我国扩大服务业开放、探索与国际接轨的服务贸易体制机制建设的重要载体和平台，是我国不断扩大开放的前沿阵地。

#### 1. 上海自由贸易试验区

上海自由贸易试验区成立 5 年来，重点在投资管理、贸易监管、金融创新和事中事后监管 4 个方面进行了大刀阔斧的改革，形成了 127 项向全国复制推广的创新制度。

扩大服务业投资开放。选择金融服务、航运服务、商贸服务、专业服务、文化服务以及社会服务领域扩大开放，暂停或取消投资者资质要求、股比限制、经营范围限制等准入限制措施（银行业机构、信息通信服务除外），营造有利于各类投资者平等准入的市场环境。2017 年 6 月，上海自贸区发布了《中国（上海）自由贸易试验区金融服务业对外开放负面清单指引（2017 年版）》。2018 年 10 月，上海自贸区发布了《中国（上海）自由贸易试验区跨境服务贸易特别管理措施（负面清单）（2018 年）》，根据《国民经济行业分类》（GB/T4754—2017）

划分为13个门类，共159项特别管理措施，包括具体行业措施、有关职业资格的限制措施和适用于所有行业的水平措施。

扩大服务贸易开放。2018年9月底，上海市人民政府印发了《中国（上海）自由贸易试验区跨境服务贸易负面清单管理模式实施办法》，针对跨境服务贸易的跨境交付模式、境外消费模式和自然人流动模式，统一列明了跨境服务贸易领域对境外服务和服务提供者采取的与国民待遇不一致、市场准入限制、当地存在要求等特别管理措施。这是一项以上海自贸试验区为依托、对标国际规则的制度创新，有利于推动中国接轨高水平协定，进一步融入全球价值链分工体系。

金融创新。一是金融制度创新。在风险可控的前提下，可在试验区内对人民币资本项目可兑换、金融市场利率市场化、人民币跨境使用等方面创造条件进行先行先试。在试验区内实现金融机构资产方价格实行市场化定价。探索面向国际的外汇管理改革试点，建立与自由贸易试验区相适应的外汇管理体制，全面实现贸易投资便利化。鼓励企业充分利用境内外两种资源、两个市场，实现跨境融资自由化。深化外债管理方式改革，促进跨境融资便利化。深化跨国公司总部外汇资金集中运营管理试点，促进跨国公司设立区域性或全球性资金管理中心。建立试验区金融改革创新与上海国际金融中心建设的联动机制。二是增强金融服务功能。推动金融服务业对符合条件的民营资本和外资金融机构全面开放，支持在试验区内设立外资银行和中外合资银行。允许金融市场在试验区内建立面向国际的交易平台。逐步允许境外企业参与商品期货交易。鼓励金融市场产品创新。支持股权托管交易机构在试验区内建立综合金融服务平台。支持开展人民币跨境再保险业务，培育发展再保险市场。

贸易监管。一是推行“一线放开、二线管住”的监管模式。对进口实行备案制，探索简化进出境备案清单，探索构建相对独立的以扩大服务领域开放为主的服务贸易区域。通过风险监控、第三方管理、保证金要求等方式实行有效监管，充分发挥上海市诚信体系建设的作用，加快形成企业商务诚信管理和经营活动专属管辖制度。二是强化监管协作。

**2. 海南自由贸易试验区**

2018 年 9 月，国务院印发了《中国（海南）自由贸易试验区总体方案》。该方案以制度创新为核心，对标国际先进规则，深化简政放权、放管结合、优化服务改革，加快形成法治化、国际化、便利化的营商环境和公平、开放、统一、高效的市场环境，将生态文明理念贯穿自贸试验区建设全过程，积极探索自贸试验区生态绿色发展新模式。以发展旅游业、现代服务业、高新技术产业为主导，在外资市场准入、提升贸易便利化、贸易综合监管模式、推动贸易转型升级、加快金融开放创新与“一带一路”国际合作等方面进行制度创新。

海南为加快构建开放型经济新体制，提出了六点举措。

一是大幅放宽外资市场准入。对外资全面实行准入前国民待遇加负面清单管理制度。深化现代农业、高新技术产业、现代服务业对外开放，在种业、医疗、教育、旅游、电信、互联网、文化、金融、航空、海洋经济、新能源汽车制造等重点领域加大开放力度。取消蔬菜新品种选育和种子生产外资股比限制。将增值电信业务外资准入审批权下放给海南省，取消国内多方通信服务业务、上网用户互联网接入服务业务、存储转发类业务外资股比限制，允许外商投资国内互联网虚拟专用网业务（外资股比不超过 50%）。允许设立外商投资文艺表演团体（中方控股）。放宽人身险公司外资股比限制至 51%。取消船舶（含分段）及干线、支线、通用飞机设计、制造与维修外资股比限制。取消石油天然气勘探开发须通过与中国政府批准的具有对外合作专营权的油气公司签署产品分成合同方式进行的要求。取消国际海上运输公司、国际船舶代理公司外资股比限制。允许在自贸试验区内设立的外商独资建筑业企业承揽区内建筑工程项目，不受项目双方投资比例限制。允许取得我国一级注册建筑师或一级注册结构工程师资格的境外专业人士作为合伙人，按相应资质标准要求设立建筑工程设计事务所。取消新能源汽车制造外资准入限制。

二是提升贸易便利化水平。对进出海南洋浦保税港区的货物，除禁止进出口和限制出口以及需要检验检疫的货物外，试行“一线放开、二线高效管住”的货物进出境管理制度。加快建设具有国际先进水平的国际贸易“单一窗口”，推动数据协同、简化和标准化，实现物流和监管等信息的全流程采集，实现监管单位的信息互换、监管互认、执法互助。以口岸管理部门的通关物流状态信息为基础，整合作业信息，形成完整的通关物流状态综合信息库，为企业提供全程数据服务。加强口岸管理部门执法合作，推行跨部门一次性联合检查。实施海事、交通、船检三部门船舶证书信息共享。积极推进货物平均放行和结关时间体系化建设，构建规范的测算标准和透明的公布机制。扩大第三方检验结果采信商品和机构范围。依照自由贸易协定安排，推动实施原产地自主声明制度和原产地预裁定制度。拓展暂时进口货物单证制度适用范围，延长单证册的有效期。平行进口汽车企业可以使用价格预裁定、汇总征税等通关便利化措施。创新出口货物专利纠纷担保放行方式。支持开展海关税款保证保险试点。简化野生动植物出口许可程序。

三是创新贸易综合监管模式。研究赋予海关特殊监管区域内企业增值税一般纳税人资格，在海关特殊监管区域全面实施货物状态分类监管。研究支持对海关特殊监管区域外“两头在外”航空维修业态实行保税监管。在风险可控前提下，创新维修监管模式，开展外籍邮轮船舶维修业务。完善进口商品风险预警快速反应机制，加强安全风险监测，实施安全问题调查制度。建设重要产品进出口安全追溯体系，实现重点敏感产品全过程信息可追溯，与国家重要产品追溯平台对接，实现信息共享。对优质农产品出口免于出具检验检疫证书和备案。优化生物医药全球协同研发的试验用特殊物品的检疫查验流程。完善国际邮件互换局（交换站）布局，加强国际快件监管中心建设，打造重要跨境电商寄递中心。支持在海关特殊监管区域和保税监管场所设立大宗商品期货保税交割库。

四是推动贸易转型升级。培育贸易新业态、新模式，支持发展跨境电商、全球维修等业态。探索建立跨境服务贸易负面清单管理制度。支持海南享受服务外包示范城市政策，建立特色服务出口基地。支持海南设立跨境电子商务综合试验区，完善和提升海关监管、金融、物流等支持体系。支持跨境电商企业建设覆盖重点国别、重点市场的海外仓。支持开展跨境电商零售进口网购保税。支持在海关特殊监管区域设立国际文化艺术品交易场所，依法合规开展面向全球的保税文化艺术品展示、拍卖、交易业务。试点实施进口非特殊用途化妆品备案管理。支持开展橡胶等大宗商品现货离岸交易和保税交割业务。支持跨国公司、贸易公司建立和发展全球或区域贸易网络，打造区域性离岸贸易中心。支持具备资质的供油企业开展国际航行船舶保税油供应业务，建设保税油供应基地。将国际快递业务经营许可审批权下放到海南省邮政管理局。

五是加快金融开放创新。充分发挥金融支持自贸试验区建设的重要作用，出台金融领域的一揽子政策措施，以服务实体经济、促进贸易投融资便利化为出发点和落脚点，以制度创新为核心，大力推动自贸试验区金融开放创新。进一步扩大人民币跨境使用、探索资本项目可兑换、深化外汇管理改革、探索投融资汇兑便利化，扩大金融业开放，为贸易投资便利化提供优质金融服务。

六是加强“一带一路”国际合作。按照“共商、共建、共享”的原则，构筑全方位立体化开放通道。鼓励“一带一路”沿线国家和地区参与自贸试验区建设。支持“一带一路”沿线国家和地区在海南设立领事机构。支持与“一带一路”沿线国家和地区开展科技人文交流、共建联合实验室、进行科技园区合作及技术转移等科技创新合作。推动海口、三亚与“一带一路”沿线国家和地区扩大包括第五航权在内的航权安排，提高机场航班保障能力，吸引相关国家和地区航空公司开辟经停海南的航线。与“一带一路”沿线国家和地区自由贸易园区在投资、贸易、金融、教育等方面开展交流合作与功能对接。

### （三）服务业扩大开放进程不断深入

2015 年 5 月，国务院批复同意北京市开展服务业扩大开放综合试点，北京市是全国首个也是唯一的服务业扩大开放综合试点城市。通过试点，北京市在放宽服务业市场准入、加快体制机制改革、推动配套支撑体系建设等方面取得了新进展、新突破，促进了服务业加快向高端化、现代化、集聚化、国际化发展，服务业和服务贸易的国际化水平不断提升。2017 年，国务院通过了深化改革推进北京市服务业扩大开放综合试点工作方案，其主要工作集中在以下几个方面。

一是放宽服务业重点领域市场准入限制。在科学技术服务领域、文化教育服务领域、金融服务领域、商务和旅游服务领域、健康医疗服务领域持续放宽市场准入限制，对外资准入实行更大范围、更强力度、更高水平的市场准入措施。

二是深化对外投资管理体制改革。一方面，推进境外投资便利化，本着提高境外投资领域公共服务效率，加快推动形成便利化营商环境的原则，加强部门联动，有效防范风险，完善境外重大投资项目协同服务机制。另一方面，推动服务业对外经济合作向更高水平延伸。尝试以投资带动工程承包、政府和社会资本合作（PPP）等多种方式相结合，实现对外承包工程转型升级、向国际产业链高端延伸，带动技术、产品、设备和服务“走出去”。

三是加快推进服务贸易便利化。通过建立适应新型服务贸易特点的监管模式、探索跨境电子商务政策创新、完善口岸服务功能等举措，全面推动服务贸易便利化发展。研究探索与服务贸易特点相适应的海关管理模式和统计制度，对服务业经营主体实施信用管理，简化通关通检流程。探索跨境电商分类监管模式，试点保税免税一体化监管运营，尝试建立跨境电商商品流通追溯体系，实现跨境电商商品全程可追溯。推进国际贸易“单一窗口”建设，全面实行无纸化通关通检模式，发展首都机场口岸新型货运方式，探索建设海关多程多式联运监管中心，试点货物在首都机场与其他各口岸间、各类运输方式和运输工具间的无障碍装运。

四是深入推进金融管理制度创新。加快推进人民币跨境使用。适应服务贸易发展需要，支持符合条件的非金融企业通过跨境发行人民币债券或上市融资募集的资金，根据需要在境内外使用。拓宽境外人民币投资回流渠道，创新面向国际的人民币金融产品，扩大境外人民币投资境内金融产品的范围。拓展跨境电商人民币结算业务，允许互联网企业开展经常项下跨境人民币集中收付业务。在依法合规、风险可控、商业可持续的前提下，探索完善人民币境外贷款管理方式，支持银行业金融机构对企业境外项目投放人民币贷款。鼓励保险机构开展跨境人民币业务创新，支持保险机构开展跨境人民币再保险，研究保险机构开展跨境双向人民币资金池业务。研究财务公司利用跨境人民币双向资金池开展全球资金集中管理和运营。推动跨境交易以人民币计价和结算，在充分利用全国金融基础设施平台的基础上，研究要素市场设立跨境电子交易平台，向境外投资者提供以人民币计价和结算的金融要素交易服务。研究符合条件的境内个人按规定开展经常项下和直接投资项下跨境人民币业务。深化外汇管理体制改革。探索转变外汇管理和使用方式，试点采用负面清单管理模式。支持开展跨国公司总部企业外汇资金集中运营管理。丰富金融机构类型和参与主体。支持境外中央银行和国际金融组织在京设立代表处或分支机构，鼓励金融机构在京发展。鼓励外资银行申请人民币业务牌照，完善行政许可流程，开辟绿色通道。允许在京设立的符合条件的中小银行依据现行政策法规在境外设立分支机构。支持服务贸易新业态创新发展。鼓励特定区域金融租赁公司和融资租赁公司开展飞机、生物医药研发等领域大型成套进口设备的租赁业务。加大金融服务实体经济力度。支持在中关村设立境外股权投资基金，支持保险资金等长期资金委托保险资产管理、证券期货等经营机构开展跨境投资。探索银行业金融机构、保险机构与股权投资机构的联动机制，建立与业务性质和风险偏好相适应的风险隔离、收益共享和风险分担机制。鼓励证券期货经营机构依规开展跨境经纪和跨境资产管理业务，参与境外证券期货和衍生品交易试点。允许符合条件的基金管理子公司开展跨境资金管理、境外投资顾问等业务，支持证券期货经营机构开展人民币对外汇即期业务和衍生品业务。支持监管评级良好的农村中小金融机构加快金融创新、优化服务方式，提高普惠金融服务水平。

五是健全外籍高层次人才激励保障机制。完善外籍人才激励机制。健全对符合北京市服务业开放重点领域发展需要的境外高层次人才和紧缺人才的认定和奖励政策，探索对在中关村工作，经人力资源和社会保障部门、外国人才主管部门认定的外籍人才由北京市人民政府给予一定补贴。加大对海外人才在项目申请、成果推广、融资服务等方面的支持力度，允许或支持外籍科学家、外国专家领衔或参与承担国家和北京市重大科技计划（项目），探索外籍人才担任新型科研机构事业单位法定代表人的制度。推动职业资格认定促进就业创业。探索职业资格国际互认，放宽服务业重点领域高层次和紧缺急需的外籍专业人才聘雇限制，允许符合条件的外籍人员在京执业提供专业服务。优化外籍人员在京创办科技型企业的审批流程，营造良好的创新创业环境。提升对外籍人才的社会保障水平。建立专门针对外籍人才的多语种、一站式政务服务与社会服务网站。增加涉外医疗服务供给，鼓励发展多种形式国际医疗保险，提升外籍人才医疗服务水平。鼓励用人单位按国家规定为外籍高层次人才建立补充养老保险，探索外籍人才社保缴纳转移接续机制，推动外籍人才在京津冀范围内社保对接，允许其按规定在任职结束回国时提取在京缴纳的社保资金。依托现有的外籍人员子女学校，统筹协调符合条件的外籍人才子女入学就读。加大外籍人才住房保障力度，允许符合条件的外籍人才在京购买商品房，并办理产权登记手续。打造一批国际人才社区，加强涉外服务软环境建设。便利外籍人才出行，允许符合条件的外籍人才参加新能源汽车指标配置。

六是推进市场准入管理体制改革。深入推进商事登记制度改革。探索服务贸易行政审批及服务事项集中办理，实现一口受理、多证联办。探索工商登记全流程网上办理，逐步引导实行以网上办理为主、现场办理为辅的登记审批模式。尝试引入公共服务机构承接政府服务功能的社会化服务模式，在部分区域试点推行商事主体登记代办窗口与企业网点一体化服务，集合服务资源，延伸服务触角。逐步将服务业工商登记申请人自主申报的名称登记制度改革、经营范围登记制度改革等政策扩大至服务业重点领域。持续推进投资管理体制改革。加快简政放权，逐步下放外商投资审批权限，探索对外商投资旅游类项目（国家级风景名胜区、国家自然保护区、全国重点文物保护单位、世界自然和文化遗产保护区旅游开发和资源保护项目除外）试行分级下放核准事权。

七是完善监管体系和监管模式。加强风险防范管理。探索建立服务业重点领域产业安全预警机制。充分利用各类信用信息，通过数据分析，收集企业主体各类风险信息，有效实施对企业主体的风险防范管理。建立诚信分类监管机制。建立健全地方信用信息共享平台，并与全国信用信息共享平台实现互联互通。通过国家企业信用信息公示系统，依法公示相关企业行政许可、行政处罚等信息。在保护个人隐私和商业秘密的前提下，推进诚信信息在采集、共享、使用、公开等环节的应用。按照信用监管和风险管理的理念实施分类监管，实施双积分的管理模式，推动构建企业自治、行业自律、社会监督、政府监管相结合的社会共治新机制。促进信用服务行业发展。鼓励发展信用咨询、信用评估、信用担保和信用保险等信用服务业。鼓励北京市评级机构对接国际评级市场，积极参与国际竞争和制定国际标准，增强评级机构国际影响力。支持有实力的信用服务机构参与国际合作，拓展国际市场，为企业实施海外并购、国际招投标等提供服务。规范发展信用评级市场，加强对评级机构的监管协调和事中事后管理，完善评级机构退出机制，强化市场力量约束评级机构行为，提高信用评级行业的整体公信力。推动信用服务产品应用。在经济调节、市场监管、社会治理、公共服务、产业促进等方面，引导征信机构根据市场需求，加强信用服务产品创新。研究制定在财政资金补助、政府采购、政府购买服务、政府投资工程建设招投标过程中使用信用信息和信用报告的政策措施，进一步扩大信用报告在行政管理和公共服务等领域的应用。健全信用管理与服务制度，培育多层次、多样化的信用产品与服务体系，形成信用服务产品质量评价体系，探索建立购买第三方信用产品和服务的制度。

八是完善法治保障体系。健全司法保障体系。完善服务业领域行政和司法保护，加强依法行政，严格公正司法。加强贸易和投资权益保护，完善知识产权保护机制，强化依据标准实施监管，严格强制性标准管理，鼓励各类市场主体公平竞争。完善多元化商事争议解决体系。强化市场主体自治和行业自律，充分发挥商协会及商事纠纷专业调解机构在商事纠纷解决中的作用。建立健全公开、公正、透明的纠纷解决机制，支持国际知名商事争议解决机构在符合京津冀协同发展战略总体要求的前提下，在北京设立代表机构，鼓励市场主体通过平等协商、第三方调解、商事仲裁、诉讼等多种方式解决纠纷，促进多元化商事争议解决机制建设。

## 三、我国服务贸易发展管理体制存在的问题

### （一）服务出口促进举措有待加强

当前，我国在推动服务贸易发展时所采取的策略是以扩大服务业开放为主，在开放过程中推动服务贸易便利化，探索建立高效、透

明、与国际接轨的体制机制。目前，我国发展服务贸易主要依托服务贸易创新发展试点进行，同时与自由贸易试验区以及北京服务业扩大开放试点相结合，共同构成推动服务业开放与服务贸易自由化，成为主要的策略。这种开放策略可以有效引入竞争机制，倒逼企业进行研发投入，由扩规模的粗放发展方式向提效率的集约型发展模式转变，由低附加值向高附加值服务转变，由高增长向高质量发展转变，是增强我国服务产业国际竞争力的有效举措。

发达国家由于服务产业发达，因此需要通过打开世界各国市场，推动本国服务产业国际化和服务贸易的发展。例如，美国很早就制定了“服务先行策略”，通过对外谈判、打开国外市场、确定重点支持行业等手段，建立了相对完善的服务贸易促进体系。目前，我国服务贸易长期处于逆差状态，2018 年服务贸易逆差首度出现收窄趋势，说明我国服务产业竞争力有所增强。当前阶段，我国应在扩大服务业开放的同时，更加注重服务贸易的出口政策，形成开放与出口协同发展的局面。

### （二）促进要素流动的举措稍显不足

促进一国或者一个区域的产业发展，需要确保产业发展要素的畅通，包括土地、资金、人才、信息、技术等自由便利流动。当前，我国各个地区基础禀赋差异明显，各地为发展产业提供的土地空间有限，各种人才聚集程度各异，信息流动所必需的基础设施不同，技术研发的支撑平台和机构数量、规模也有所区别，因此不同地区促进发展要素集聚和流动的政策也应有所区别。国际市场与国内市场的要素流通基础是否健全，直接影响到地区获取资源的能力，以及生产率的提高。因此，在扩大产业开放的同时，应更加注重关于要素国际流通的渠道畅通。目前，我国促进要素畅通的政策和机制主要体现在通关便利化、人才往来便利化、签证便利化、移动支付便利化、拓宽企业融资渠道、推进人民币在服务贸易领域跨境使用等举措，主要涵盖资金和人员流动自由便利。未来，技术、数据信息流动的自由便利举措有待进一步加强。

### （三）试点政策落地较为困难

目前，我国处于深化改革开放、构建全面开放新格局的新时代，为此，国家通过自由贸易试验区、服务业扩大开放试点和服务贸易创新发展试点等系列措施推动服务贸易发展，并制定了诸多政策。但是通过实地调研，我们发现很多对于发展服务贸易有利的政策却存在落地难的问题。由于服务贸易涉及领域众多，涵盖的产业差异性较大，因此在政策推动时经常出现各个政府监管部门相互制约的情况，许多政策的牵头部门在推动政策落地时，会受到其他部门的限制，有时候会出现和现有政策相悖的情况，此时如果地方政府缺乏勇气和魄力，则很难推动政策落地。另外，国家在制定相关促进政策时，出发点是为了企业可以发展得更好，但在政策执行时，企业发现享受政策的成本过高，以至于不愿意申报政策。以上原因形成了政策较难落地的局面。

### （四）发展体系尚需健全

根据 2018 年我国深化服务贸易创新发展试点的政策内容，我国正在努力构建服务贸易促进体系，但目前我国促进的机制与美国等发达国家相比，尚不够完善。这主要体现在政府和非政府组织的具体实施方面，发达国家往往通过建立行业协会、组织联盟等方式，与政府机构形成较为完善的交流合作机制，互相配合，形成从宏观到微观的全方位促进体系。目前，我国虽然形成了服务贸易发展部际联席会议和地方服务贸易跨部门统筹协调的横向决策机制，但是在行业中介机构的纵向促进体系方面尚显不足。

## 四、促进我国服务贸易发展的思路与对策

### （一）切实提升服务贸易战略地位

大力发展服务贸易，是扩大开放、拓展发展空间的重要着力点，有利于稳定和增加就业，调整经济结构、提高发展质量效率、培育新的增长点。加快发展服务贸易，是促进外贸转型升级的重要支撑，是推进供给侧结构性改革的重要抓手，是大众创业、万众创新的重要载体。必须进一步提高服务贸易在国民经济发展全局中战略地位的认识，牢牢树立服务贸易优先发展意识。积极营造有利于服务贸易加快发展的体制机制、政策环境和社会舆论环境，努力形成新常态下经济贸易发展新亮点和新示范。

### （二）以深化服务贸易改革开放为动力

促进服务贸易发展，提升服务业国际竞争力，必须走开放发展道路。以开放促改革、以开放促竞争，是我国服务产业和服务贸易发展必须坚持的一项基本原则。服务业开放不仅是面向外资、面向国际市场开放，也是面向民营资本、面向国内市场的开放。这就要求服务业对外开放与国内改革必须紧密结合起来，努力实现国资、民营与外资在服务业市场上具有公平的市场准入机会，合法经营、平等竞争。服务业“引进来”是开放，服务业“走出去”也是开放。因此，不仅要

主动有序开放我国服务业市场，扩大利用服务业外资规模和质量，将国际先进服务业形态及其提供商“引进来”，还要积极利用我国服务业的独特优势，广泛开展服务业跨国投资合作，推动我国服务业“走出去”。

### （三）市场开放与服务贸易出口促进同步发展

在不断扩大我国服务业市场开放的同时，注重服务出口政策的引导。我国的服务促进政策主要集中在服务产业壮大和新业态、新模式的培养方面，但是对于促进服务出口的政策相对薄弱。因此，需要加强对国际市场的开放，更加注重服务出口导向。一方面，通过国家外交和经济手段，构建我国服务企业出口渠道，通过在国外举办具有影响力的平台，集中向国外市场展示我国服务企业。另一方面，国家需要在国内建立服务企业出口促进中心，帮助企业了解该领域出口市场的营商环境和主要政策及出口风险，降低服务企业出口风险，增强企业出口能力。

### （四）完善服务产业发展的要素流动机制

对于当前大力发展的新兴服务贸易企业，需要加强相关的人才、技术和信息要素的国内国际流动。打通高级要素的国内国际流通阻碍，对不同禀赋基础的地区实行不同的要素引导举措。对于人才相对缺失的地区，应加强对人才的吸引和培育政策，营造国际国内高级人才宜业、宜居环境。对于技术因素，需要加强国内知识产权保护，完善国际知识产权和专利的引入政策。对于技术出口企业，保护本国企业知识产权不受外国侵犯。信息要素流通方面，需要构建相对完善的信息基础设施，确保大数据、云计算和5G等新技术的实现具有完善网络设施基础；同时注重与国际规则的接轨，打破阻碍信息跨境流动的壁垒。

### （五）建立政策落实反馈机制

针对我国服务贸易发展政策落地难的问题，应建立政策落实反馈机制。建立渠道定期对服务贸易重点联系企业进行系统访问，针对服务贸易企业在发展过程中和政策落实过程中所遇到的问题进行定期反馈和总结。应在部际联席会议的基础上，再加强各部委研究部门的沟通，并建立联合调研机制，实现信息共享，资源互通。

### （六）发挥好非政府机构在服务贸易发展中的作用

建立健全各地区各领域的行业中介组织，充分发挥这些机构灵活、独立自主的特性，既要及时反馈领域中所面临的共性问题，也要反映企业发展中的特性问题。此外，提升非政府组织的国际交流合作能力，打开国际市场，了解各国发展政策，帮助企业规避国际市场风险，努力成为与各级政府、研究机构相互补充，共同推动我国推动服务贸易发展、促进服务贸易出口的重要一环。

执笔人：王　拓　李　俊　崔艳新　李西林　孙铭壕

# 分领域报告

分领域报告一

# 促进生产性服务贸易发展和竞争力提升研究

生产性服务贸易是生产性服务的跨境交易活动，是服务贸易的重要组成部分。近几十年来，发达国家的生产性服务业迅速发展，是国民经济中增长最快的行业之一。全球生产性服务贸易占服务贸易比重接近 70%，我国该比重接近 50%。生产性服务贸易的竞争力反映了一国生产性服务业的发展水平，有效开展生产性服务贸易能够促进一国生产性服务业发展和经济增长。

## 一、生产性服务贸易发展的国际趋势

生产性服务贸易这个概念最早是由美国学者马库森（James R. Markusen）在 1989 年提出的，是指在国家之间开展的某类进出口活动的总称，其交易对象为辅助其他部门生产的中间投入服务要素。生产性服务贸易是弥补生产性服务业短板、加快高端制造业和农业现代化发展的重要途径。我国生产性服务贸易仍然是传统行业占据主导地位，新兴和高端行业占比较低。要加快现代生产性服务业发展，通过扩大开放和进口、加快人才培养和实施多种支持性措施等，充分发挥服务贸易对国内生产性服务业发展和经济结构优化的促进作用。

### （一）生产性服务业成为发达国家服务贸易的主要“商品”

20 世纪 70 年代以来，发达国家的生产性服务业快速增长，发展速度远远超过了其他行业。尤其是最近十余年来，生产性服务业增长速度大大超过了传统服务业的平均增长速度，其中为制造业服务的生产性服务业的增长更快，占整个服务业的比重已经超过了 50%，有力地带动了制造业的升级。与此同步，在发达国家的服务贸易中，生产性服务业已成为主要“商品”，是发达国家现代服务业产出的主要增长点和就业增加的主要领域。据统计，发达国家生产性服务业占国民经济的比重已经超过了 50%，其中，美国生产性服务业占国民经济的比重达到了 70%，欧盟达到了 55.6%，日本达到了 57%。金融保险和经营服务等生产性服务业占经合组织国家经济总量的比重已经超过了 1/3。美、英、日、法、德等发达国家的生产性服务业发展最为先进，占据了世界生产性服务的大部分生产和市场份额，也占据了全球生产性服务价值链上高附加价值环节。

### （二）服务业与制造业深度融合推动生产性服务业发展

从 20 世纪 90 年代起，发达国家的制造业开始由生产型制造向服务型制造转变。服务业被看作创造差异化优势的工具，而制造业与服务业的融合发展也被认为是不断发现和开拓企业新的利润区的蓝海发展模式。世界著名的计算机制造企业国际商用机器公司（IBM），从 20 世纪 90 年代开始转型为服务型企业。到 2001 年，IBM 全球服务收入达到 350 亿美元，在 IBM 总收入中占比超过 40%，成为公司最大的收入和利润来源。近年来，IBM 加快在云计算、大数据和区块链等新战略业务布局，向“互联网 +”转型。2017 年，IBM 在美国共获得创纪录的 9043 项专利，连续 25 年位居全球第一，这些专利将近一半来自人工智能、云计算、区块链、量子计算等关键性领域。2017 年，这些业务领域营业收入达到 390 亿美元，同比增长 15%，占到 IBM 营业总收入的 48%。

### （三）“互联网+”与数字经济推动新型生产性服务贸易兴起

随着“互联网 +”和数字经济的快速发展，金融服务、计算机和信息服务等服务贸易稳步增长，促进了生产性服务贸易内部结构的调整优化。WTO 公布的最新数据显示，2016 年全球电子商务市场规模达到了 27.7 万亿美元，比 2012 年的 19.3 万亿美元增长了 43.5%，占全球贸易的比重达到了 60%。“互联网 +”助力电子商务市场的高速发展，不仅给生产性服务贸易的发展带来广阔的市场，还培育出一大批创新类的新业态领域，进一步推动了生产性服务贸易的深入发展。

## 二、生产性服务贸易促进经济结构优化和经济增长的途径

生产性服务贸易有助于引进先进的生产性服务，从而有助于促进高端制造业发展和现代经济体系建立。《中国服务进口报告》指出，作为世界上最大的发展中国家，中国处于经济转型升级和高质量发展的重要时期，对研发设计、节能环保、信息技术、金融保险、第三方物流、商务咨询、品牌建设等生产性服务需求旺盛。生产性服务贸易促进建立现代经济体系和经济增长的途径主要有以下几种。

### （一）生产性服务贸易通过技术进步促进产业结构优化升级和经济增长，促进经济高质量发展

生产性服务进口可以直接获得国外先进技术成果，提供学习和模

仿国外技术的机会，获得技术外溢效应，提高企业生产和经济运行效率。生产性服务的出口则能够扩大生产和市场规模，为通过规模效应促进技术进步和提升竞争力提供了机会。

### （二）生产性服务贸易通过产业集聚、规模经济促进经济增长

通过产业集聚，能够共享聚集区域范围内的基础设施、生产供应网络、人力和信息等各类经营资源，更好地实现规模经济，降低生产成本，形成并发挥整体优势，促进产业竞争力的提升和区域经济增长。

### （三）生产性服务贸易通过人力资本积累促进经济增长

生产性服务业的跨国企业，会带来高技能和高水平的国外员工，还会在东道国招聘员工并开展系统性培训，增加东道国的人力资本积累。东道国为吸引更多生产性服务贸易的外国投资，也会加大专业人力资源培养和储备的投入，增加东道国专业化人力资源积累和人才储备。

## 三、我国生产性服务业发展迅速，但仍存在短板

生产性服务业是直接或间接为生产过程提供服务和保障的行业。生产性服务业对推动经济高质量发展具有重要作用，是加快制造业现代化以及第一、第二、第三产业融合发展的关键性产业环节。《国务院关于加快发展生产性服务业促进产业结构调整升级的指导意见》指出，“生产性服务业涉及农业、工业等产业的多个环节，具有专业性强、创新活跃、产业融合度高、带动作用显著等特点，是全球产业竞争的战略制高点”。

我国经济已由高速增长阶段转向高质量发展阶段，正处在转变发展方式、优化经济结构、转换增长动力的关键时期，建设现代化经济体系是实现经济发展方式转变的迫切要求和我国发展的战略目标。根据国际经验，传统制造业转型升级是建设现代经济体系的必经过程。研发、物流、销售、信息等生产性服务业是现代经济体系的重要组成部分，对于推动农业和制造业的质量与效率提升、形成新的经济增长动力，至关重要。

近年来，在工业化、数字化、城镇化、市场化、全球化和“放管服”行政管理体制改革等力量推动下，我国生产性服务业快速发展，新业态、新模式不断涌现。2017 年以来，全国生产性服务业营业收入同比增长 15.0%。与此同时，我国生产性服务业发展也存在明显短板。主要表现在：①总体实力相对较弱。尤其是高端领域、高端环节发展水平与发达国家相比仍有较大差距，生产性服务业对产业结构转型升级的支撑和推动作用尚未充分体现。②规模偏小。我国生产性服务业占 GDP 比重估计不到 20%。先进制造业强国德国的生产性服务业占 GDP 比重在 45% ~ 50%，其他发达国家的占比也差不多，甚至更高。③生产性服务业内部结构不合理。金融业占 GDP 比重偏高，信息服务、科技服务、商务服务等规模较小。金融、电信等行业垄断性较高，对内对外开放度不够。④适应高端生产性服务业发展急需的人才储备不足。

## 四、我国生产性服务贸易持续发展，但竞争力不强

### （一）规模持续增长，但是长期逆差

2011 年，我国生产性服务贸易总额为 2803 亿美元，2017 年达到

3320 亿美元，增长了 18.4%。但是，我国生产性服务贸易一直是逆差，整体国际竞争力还较弱（见图 1）。

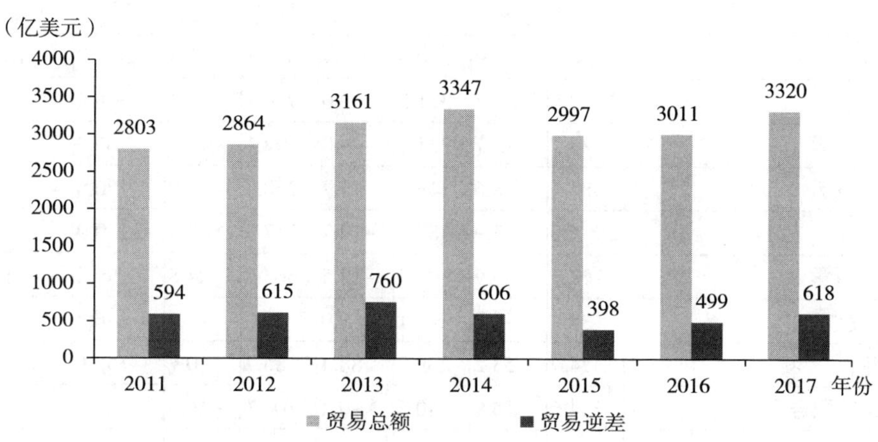


**图1　中国生产性服务贸易总额和逆差**

资料来源：作者根据《中国国际收支平衡表》计算。

## （二）高端生产性服务竞争力相对较弱

生产性服务贸易内部结构不合理。从全球服务贸易发展趋势来看，金融保险、信息技术服务、知识产权、文化娱乐和其他商业服务等技术知识密集型、高附加值的新兴服务贸易已经占主导地位。但是我国生产性服务贸易中，技术知识密集程度较低的运输服务业占比达到了 40%。金融保险、专利权使用费和特许费等技术知识密集型生产性服务业出口份额很小，而进口却占了相当大的比重。保险金融、计算机信息、知识产权使用费三项，合计占生产性服务贸易比重为 30.2%，其中知识产权使用费存在 238 亿美元逆差（见表 1）。进出口结构的差异反映了生产性服务业和生产性服务贸易发展水平还不高，尤其在高技术、关键服务领域对进口仍有较强的依赖性。以专利技术为例，2017 年专利技术出口合同 193 份，合同金额 3.1 亿美元，专利技术进口合同 544 份，合同金额 43.1 亿美元，合同逆差 40 亿美元。

表1　　2017年中国服务贸易分项统计　　单位：亿美元

| 服务类别 | 进出口 | | 出口 | | 进口 | | 贸易差额 | 进出口总额占比（%） |
|---|---|---|---|---|---|---|---|---|
| | 金额 | 同比（%） | 金额 | 同比（%） | 金额 | 同比（%） | | |
| 总额 | 6956.8 | 5.0 | 2280.9 | 8.9 | 4675.8 | 3.4 | −2395.0 | 100.0 |
| 运输 | 1300.5 | 13.7 | 371.0 | 9.6 | 929.5 | 15.3 | −558.4 | 18.7 |
| 海运 | 823.2 | 15.7 | 231.2 | 9.0 | 592.1 | 18.5 | −360.9 | 11.8 |
| 空运 | 384.4 | 8.6 | 113.9 | 15.7 | 270.5 | 5.9 | −156.6 | 5.5 |
| 旅行 | 2935.9 | −3.9 | 388.0 | −12.7 | 2547.9 | −2.4 | −2159.9 | 42.2 |
| 留学 | 727.7 | −23.9 | 64.2 | −12.5 | 663.5 | −24.8 | −599.2 | 10.5 |
| 就医 | 38.4 | −4.8 | 16.1 | −9.0 | 22.3 | −1.6 | −6.3 | 0.6 |
| 建筑 | 324.9 | 53.2 | 239.3 | 88.4 | 85.7 | 0.7 | 153.6 | 4.7 |
| 保险服务 | 144.6 | −14.9 | 40.5 | −0.4 | 104.1 | −19.3 | −63.6 | 2.1 |
| 金融服务 | 53.1 | 2.0 | 36.9 | 16.3 | 16.2 | −20.5 | 20.8 | 0.8 |
| 电信、计算机和信息服务 | 469.4 | 20.1 | 277.7 | 4.7 | 191.8 | 52.5 | 85.9 | 6.7 |
| 电信服务 | 35.7 | 22.1 | 17.8 | 17.6 | 18.0 | 26.9 | −0.2 | 0.5 |
| 计算机和信息服务 | 433.6 | 19.8 | 259.9 | 3.9 | 173.7 | 55.7 | 86.1 | 6.2 |
| 知识产权使用费 | 333.4 | 32.6 | 47.6 | 310.1 | 285.7 | 19.2 | −238.1 | 4.8 |
| 研发成果使用费 | 149.3 | 20.5 | 6.5 | 68.7 | 142.8 | 18.8 | −136.3 | 2.1 |
| 视听及相关产品许可费 | 23.3 | 50.4 | 1.2 | 25.5 | 22.0 | 52.1 | −20.8 | 0.3 |
| 个人、文化和娱乐服务 | 35.1 | 21.8 | 7.6 | 2.2 | 27.5 | 28.6 | −19.8 | 0.5 |
| 维护和维修服务 | 82.0 | 14.4 | 59.3 | 13.9 | 22.7 | 15.7 | 36.6 | 1.2 |
| 加工服务 | 182.5 | −2.4 | 180.7 | −2.5 | 1.8 | 12.3 | 178.9 | 2.6 |
| 其他商业服务 | 1043.9 | 3.2 | 615.4 | 6.2 | 428.5 | −0.9 | 186.8 | 15.0 |
| 技术 | 264.3 | 13.1 | 149.1 | 28.0 | 115.1 | −1.7 | 34.1 | 3.8 |
| 专业管理和咨询服务 | 473.0 | 3.7 | 311.2 | 2.6 | 161.8 | 5.9 | 149.4 | 6.8 |
| 研发成果转让费及委托研发 | 136.6 | 8.3 | 79.7 | 16.0 | 57.0 | −0.9 | 22.7 | 2.0 |
| 政府服务 | 51.6 | 26.3 | 17.0 | 40.7 | 34.6 | 20.3 | −17.6 | 0.7 |

资料来源：外汇管理局《中国国际收支平衡表》。

### （三）生产性服务贸易企业的综合竞争力仍然不高

数字经济和数字贸易的迅速发展，要求生产性服务贸易企业不断提高技术创新和服务模式创新能力，增强品牌、技术和信用等核心竞争力。但是，受制于研发经费投入不足和传统运营模式的影响，我国生产性服务贸易企业的技术创新和服务模式创新能力仍然较弱，整体盈利能力不强，综合竞争力仍然有待提高。

造成我国生产性服务贸易竞争力不强的主要原因有两个方面。一方面，人才短缺制约了生产性服务贸易的发展。我国服务贸易人才的培养尚不能满足生产性服务贸易向技术密集型、知识密集型升级发展的需要。尤其是在软件与信息技术服务、金融保险、专业服务等新兴服务领域，缺乏专业化、国际化、高端化人才，是制约我国生产性服务贸易企业向全球价值链高端发展的严重瓶颈。另一方面，我国制造业与服务业融合程度不高，阻碍了生产性服务业和服务贸易竞争力的提升。服务业和制造业融合发展，可以推动制造企业在主导产业上愈加专业和深化，提升企业在价值链上的地位；与制造业的融合，能够促进生产性服务业专业化水平和竞争力的提升。“互联网 +”的发展，催生了许多新的产业组织形式，发展出以新业态、新商业模式、新服务方式为主要特征的一批新型生产性服务业。服务业与制造业的融合发展，能够促进数字经济条件下新型生产性服务业和服务贸易竞争力的提升。

## 五、加快生产性服务贸易发展和竞争力提升的政策建议

我国已进入高质量发展阶段，建设现代经济体系需要发展高水平的生产性服务业。我国技术知识密集型的生产性服务业发展水平仍然较低，国际竞争力不强，许多部门都存在不同程度的贸易逆差。生产性服务贸易发展，应该为我国生产性服务业发展、促进制造业结构升

级和建设现代经济体系发挥积极作用。

### （一）充分发挥生产性服务贸易促进高质量发展的重要作用

从出口来看，应该巩固现有竞争力强的行业的优势，增强技术知识密集型现代服务业的出口竞争力，逐步优化生产性服务贸易的出口结构。从进口来看，应该扩大资本技术知识密集型生产性服务的进口，弥补国内生产性服务业发展的短板，促进国内生产性服务业发展和结构优化，带动制造业和产业结构升级。不必过于追求生产性服务贸易逆差的缩小或要求实现顺差。我国生产性服务贸易应该重点发展对于促进现代经济体系建设和高质量发展具有重要意义的行业发展，如研发设计、信息技术服务、电子商务、第三方物流、融资租赁、商务咨询、检验检测认证、节能环保服务、人力资源服务和品牌建设。

### （二）进一步扩大生产性服务业开放，提高开放质量和开放水平

大幅度放宽生产性服务业市场准入，完善外商投资准入负面清单制度，制定针对生产性服务业利用外商投资产业目录，引导外商投资投向研发设计、商务咨询、信息技术、电信等技术知识密集型生产性服务业，加快高附加值、高技术含量的生产性服务业对外开放，促进新兴服务贸易发展。

### （三）复制推广服务贸易试点示范平台在促进生产性服务贸易中的成功经验

我国已经建立了 18 个自由贸易试验区、17 个服务贸易创新发展试点、31 个服务外包示范城市、11 个软件出口（创新）基地城市，

北京实施了扩大服务业开放综合试点，大力推动服务业开放和服务贸易发展。这些服务贸易开放试点平台，已经积累了一批成功经验和模式，可以复制推广到其他地区，促进全国生产性服务业和服务贸易的发展。

### （四）促进制造业与服务业深度融合，带动生产性服务业和服务贸易整体升级

鼓励有条件的制造业企业向价值链两端延伸生产经营活动，开展服务外包和发挥自身优势开展服务相结合，尤其是服务规模大的企业，应该建立独立的服务部门，提高服务的专业化能力。积极推动“产学研用”协同创新发展，制定财税、金融、科技、行政审批等方面的配套政策，降低制造业与服务业融合的成本，提高其收益。在技术知识要素集聚、创新资源丰富的地区，优先大力推动制造业与服务业融合发展。发挥各地产业园区基础设施、人力、经营等资源共享的优势，推动形成制造业与服务业融合的产业集群。

### （五）抓住数字经济和“互联网+”的发展机遇，充分运用云计算、大数据、人工智能等技术，推动生产性服务业的数字化、智能化、信息化，促进服务贸易技术创新、模式创新和业态创新

积极发展跨境电商、外贸综合服务、市场采购贸易等新兴贸易业态，优先发展高附加值生产性服务贸易，大力提升生产性服务业生产效率和服务贸易国际竞争力。

### （六）加快生产性服务业人力资源建设，加大人才培育与引进力度

创新生产性服务业人才培养模式，加快形成政府、高校、科研院所、企业联合培养专业人才的新机制，完善产业生态和配套保障，健全人才吸引机制。集聚一批适应生产性服务业发展需要、具有国际化经营能力的企业家，建设相当规模的生产性服务业专业技术人才和高技能人才队伍。加强服务贸易战略研究，建立生产性服务贸易专家库和专业智库。支持生产性服务业创新团队培养，鼓励创新型人才发展，建立创新发展服务平台。

执笔人：许宏强

## 附件：生产性服务贸易创新发展案例研究

——南京江北新区服务贸易的创新及成效

随着全球经济结构的不断调整，服务业及其贸易的发展进程不断加快。近些年，受金融危机影响，全球货物贸易增长放缓，但服务贸易却呈现较为迅猛的增长态势。2017年全球服务贸易额达到5.3万亿美元，同比增长7.4%。生产性服务贸易作为服务业和加工业的黏合剂，已经成为服务贸易发展的重要内容，并被视为未来经济的重要增长极。

南京江北新区地处我国东部沿海经济带与长江经济带“T”字形交汇处，处于“一带一路”倡议和长江经济带两大国家战略的联动区，是江苏省唯一的国家级新区，肩负着国家“三区一平台”的战略定位和江苏省“未来创新的策源地、引领区、重要增长极”的重要使命，

在服务贸易发展方面，不论从国家层面、长三角层面，还是南京自身发展情况看，都具有较强的发展潜力和较为广阔的发展空间。

## （一）南京江北新区生产性服务贸易发展潜力分析

### 1. 中国经济高质量发展为江北新区生产性服务贸易提供广阔空间

我国经济的高质量发展为生产性服务贸易的发展提供了有利的发展机遇。生产性服务业是经济细分程度不断加深以及企业竞争不断加剧，导致越来越多的企业专注于自身的核心业务成长，而将一些非核心业务剥离出去的结果，其发展本身就反映了经济附加价值的不断提高以及经济效益的提升，是经济高质量发展的具体体现，在其基础上发展起来的生产性服务贸易同样也反映了经济高质量发展的情况。党的十九大报告指出，我国经济已经由高速增长阶段转向高质量发展阶段，这将为我国生产性服务贸易结构的发展提供更加良好的发展条件。一方面，高质量发展将进一步推动制造业的转型升级，促使制造业与服务业的融合程度不断加深，推动生产性服务业及其贸易的发展。另一方面，高质量发展促使科技创新能力不断提升，同时加快了高科技的普遍应用，移动互联网、大数据、人工智能、区块链等技术的广泛应用，以及网络经济、数字经济、平台经济等新经济快速崛起，为生产性服务贸易发展带来了强大的技术支撑。同时，随着“一带一路”倡议的推动，中国政府高度重视并积极推动服务业和服务贸易领域的开放、改革与创新，设立的服务贸易创新发展试点引领效果不断凸显，为提振服务贸易发展注入了强大动力，服务贸易结构持续优化，服务贸易高质量发展特征日渐显现。近年来，我国服务贸易在进出口方面实现了整体水平的持续提升，已开始跻身服务贸易大国行列。2018年中国全年服务进出口总额52402亿元，其中，出口17658亿元，同比增长14.6%，是2011年以来的出口最高增速；进口34744亿元，增长10%；服务逆差16177.4亿元。从长期趋势看，我国生产性服务业贸易结构开始呈现优化与持续上升态势，服务贸易高质量发展取得积极进展。2018年，知识密集型服务进出口16952.1亿元，增长20.7%。占进出口总额的比重达32.4%，其中计算机、信息服务业和金融服务业顺差达亿元。

**2. 长三角雄厚的制造业实力为江北新区生产性服务贸易提供扎实基础**

从长三角区域看，生产性服务贸易的发展具有坚实的产业基础和良好的发展机遇。长三角地区作为中国经济最具活力、开放程度最高、创新能力最强的区域之一，产业基础雄厚、创新资源丰富、基础设施完善、科技创新能力强。目前长三角地区已拥有上海、苏州、杭州、南京、无锡、宁波6个万亿元GDP城市，以上海、南京、杭州等中心城市为代表的长三角城市群的第三产业先后超过第二产业，制造业向服务业尤其是生产性服务业的转型步伐加快。同时，长三角地区是中国高端制造业的重要集聚区，制造业不仅规模大，而且科技含量相对较高。高端制造业是生产性服务业发展的基础，研发、设计、营销、咨询、检验检测等生产性服务业依托较大规模与较高技术水平的制造业可以得到更加充足的动力，实现更快的发展。长三角地区雄厚的制造业实力是南京江北新区生产性服务贸易快速发展的基础保障。此外，中国上海自贸区、自由贸易港区建设的国家战略，为生产性服务贸易提供了良好的平台载体。苏州和南京江北新区国家服务贸易创新发展为生产性服务贸易发展探索新思路、创造新模式，推动制造业向高端化加快转型，并为外贸增长和产业发展注入了新动力。

随着长三角一体化发展上升为国家战略，生产性服务贸易将迎来更加广阔的发展空间。

### 3. 南京丰富的创新资源以及多重战略的叠加为江北新区生产性服务贸易提供充足动力

南京科教人才资源丰富、城市经济活力强，在中国科技创新进程中扮演着重要的角色，尤其在南京宣布建设具有全球影响力的创新名城后，更是出台了一揽子政策，包括“1+45”创新政策、优化营商环境 100 条，一批高端资源要素加快向南京汇聚，为服务贸易提档升级提供了强大的支撑。同时，作为省会城市、东部地区重要中心城市、“一带一路”节点城市、长江经济带战略的重点门户城市、长三角城市群的特大城市，南京具有明显的区位交通优势，在服务经济发展层级提高、空间拓展和功能丰富等方面都具有良好的基础，为生产性服务贸易的发展提供了巨大的战略契机和发展空间。此外，南京作为中国首个软件名城、首批服务外包示范城市和全国首批深化服务贸易创新发展试点城市，在服务贸易体制机制创新、管理服务创新、发展模式创新等方面有力推动了南京市服务贸易向纵深发展，不断激发服务贸易发展潜力。南京江北新区立足高起点，规划确定了“两城一中心”的产业定位，即打造中国的芯片之城、基因之城和新金融中心，目前已开工建设江北新区智能制造产业园等 22 个项目，集聚了 140 余家集成电路企业，并引进了工银金融资产投资公司、供销金融、深创投等金融机构，为生产性服务贸易的发展创造了良好条件。2019 年 1 月，经国务院批准，由商务部等多部门联合下发的《关于推广服务贸易创新发展试点经验的通知》中明确指出，要在全国范围内，复制推广江北新区等试点地区的服务贸易创新发展经验。这标志着江北新区服务贸易的发展站在了新的起点。

## （二）江北新区生产性服务贸易创新发展的成效及重点举措

### 1. 江北新区生产性服务贸易发展的主要成效

江北新区自成为试点以来，坚持全方位改革推动，先行先试改革试点成果丰硕。生产性服务贸易的产业规模、市场主体集聚程度、海外市场的开拓，以及新兴业态的发展等都取得了明显的成效。

（1）生产性服务贸易规模显著提升

江北新区自 2016 年 2 月获批服务贸易创新发展试点以来，生产性服务贸易发展迅速。新区生产性服务贸易企业、机构进出口额实现了两年平均 45% 以上的增长，生产性服务贸易企业、机构进出口额占新区对外贸易比重年均提高 2% 以上。根据江苏省外管局 BOP 数据，2016 年江北新区机构服务贸易进出口总额为 1.33 亿美元，同比增长 17.3%，占新区对外贸易的比重提高 2 个百分点。2017 年，江北新区服务贸易企业、机构进出口额 3.05 亿美元，同比增长 129.8%。其中，出口额 0.96 亿美元，同比增长 105.2%，进口额 2.09 亿美元，同比增长 143.2%。2018 年，集聚生产性服务贸易企业达 311 家，完成服务进出口总额 3.1 亿美元，占全市比重 6.9%，较之 2017 年增加了 3 个百分点。

（2）市场主体加快集聚

自试点以来，江北新区聚焦国际高端创新资源和产业资源合作，聚焦集成电路、生命健康、智能设计等国际服务贸易领域的重点产业领域，引进了一批重大产业项目和技术创新平台的落户，促进了市场主体的集聚。新区先后引进了中法产业合作示范区、中德智能制造研究院、中瑞健康共生城等重大项目，以及台积电（南京）设计服务中心、展讯半导体、紫光云数等知名企业。全球最大的半导体设备制造商之一——ASML（阿斯麦）、电子设计自动化（EDA）与半导体知识产权（IP）的领先供应商美国楷登电子（Cadence）、全球最大的芯片设计自动化企业美国新思科技（Synopsys）区域总部也将落户新区。此外，江北新区围绕技术、信息、金融等服务贸易重点发展领域，促进了一批集成电路设计、人工智能、新金融等优质企业也相继签约落地。

**中法产业合作示范区**

中法产业合作示范区由法国时任总理拉法兰先生亲自推动，主要包括“一核多园两中心”。一核是在江北新区国际企业研发园内建设面积为4890亩的法国创意风情小镇；多园是指中法生命健康园、中法智能制造园、中法新材料产业园和中法通航产业园，总面积约20平方公里；两中心是在江北新区城市中心——浦口和副中心——雄州分别建设一座城市综合体，内含法式购物中心、法国美食街、中法文化展示中心、中法创新中心、国际交流社区等多个功能板块，力争建成中法合作地标。

**中瑞健康共生城**

中瑞健康共生城引进瑞典先进的“共生城”理念，创建一个以大健康产业为核心的高端共生城综合体，核心建设内容包含中大医院与乌普萨拉大学合作的国际医院、东南大学与乌普萨拉大学合作的医学研究生院、瑞典健康发展中心整合瑞典资源合作的应用医学研创园等。

（3）海外市场拓展

自试点以来，江北新区不断开拓生产性服务贸易的海外市场，利用“一带一路”建设等契机，积极组织企业参加“一带一路”沿线国家和地区推介会等活动，推动江北新区企业以商业存在的方式投资境外提供服务以及劳务服务。试点期间，江北新区新增对外投资项目37个，中方境外一期实际投资额4.66亿美元，完成对外承包工程营业额5.47亿美元，投资领域从传统的加工制造业向高端服务业、科研、技术服务和文创体育等领域延伸，促进了生产性服务贸易规模的迅速扩大。

（4）新兴业态层出不穷

近两年，江北新区聚焦新兴业态的发展，促进了检验检测、电子商务、新金融等生产性服务贸易领域的发展。2017年江苏最大的第三方医学检测机构投资设立的江苏苏博生物医学检测项目落户新区，智能测控产品检验中心启动建设，奇柯全球商品销售基地、海汇通供应链管理等新业态也相继落地。在新金融领域，供销金融、深创投、普拓投资基金、华泰证券产业基金等项目已成功落户，省知识产权流转及融资专业服务平台——“我的麦田”已经入驻，新引进红土智能创投基金等30多只基金落地。

**2. 江北新区发展生产性服务贸易的创新举措**

成绩的取得在于创新的制度与举措，在由商务部等多部门联合下发的《关于推广服务贸易创新发展试点经验的通知》中，江北新区的建立服务贸易跨部门协调机制、全国首家设立服务贸易创新发展引导基金、支持服务贸易企业开拓国际市场、针对中小服务贸易企业开展知识产权质押融资4条经验入选，反映了江北新区在促进生产性服务贸易发展过程中的创新与探索。

（1）以制度创新推进生产性服务贸易发展

成为试点以后，江北新区加强顶层设计，率先在全国进行了多项体制机制创新，为生产性服务贸易发展奠定了良好的制度基础。

第一，在全国率先进行组织制度的完善。组织制度的完善是江北服务贸易发展的基本保障。2017 年江北新区在全国 15 个服务贸易试点城市及地区中，第一个成立了服务贸易创新发展中心并成功挂牌，成为全国服务贸易体系体制机制改革的排头兵。同时，江北新区还率先成立了南京江北新区服务贸易创新发展试点工作领导小组和南京市支持江北新区服务贸易创新发展试点工作领导小组，建立服务贸易跨部门协调机制，定期召开专题会议研究推进相关工作，有力地推进了生产性服务贸易各项工作的开展。

第二，改革审批制度推进贸易便利化。2017 年 8 月，江北新区作为江苏省首个国家级新区，在行政审批改革领域积极探索，以做好国家、省、市下放项目核准事项的对接，最大限度缩小外资项目的核准范围，以打造国际一流的营商环境为目标，成立江北新区行政审批局，整合相关行政审批职能和人员编制，负责新区全域范围内相关市级和省级审批事项的相对集中审批，实现“一枚印章管审批”“一套清单定权力”“一个平台做服务”，构建起决策、审批、监管既相互制约又相互协调的运行机制。同时，江北新区还开展了“集中高效审批、强化监管服务、综合行政执法”三位一体改革，率先开展重点领域检验检疫综合改革，提高通关效率等。实现了从“审批局”到“服务局”、从“网上审批”到“不见面审批”、从“分散式审批”到“相对集中审批”、从“以批代管”到“审管联动”的巨大转变，有效提高了江北新区在服务贸易方面的治理能力，为生产性服务贸易的发展创造了更加有利的条件。

第三，完善服务贸易支撑体系建设。推进服务贸易的发展需要相关制度体系的同步完善。为此，江北新区加强顶层设计，编制完成了《服务贸易创新发展专项规划》，明确了新区服务贸易创新发展的战略思路、定位以及目标、主要任务、重点领域和政策举措等，为服务贸易创新发展提供了前瞻性、方向性的发展指导意见。同时，探索建立服务贸易动态数据库以及全口径统计体系，将重点企业名单按照“属地”化管理、可操作性的原则，由新区下属各平台及街道依据重点企业所在地实施统计“认领制度”，对于新区范围内重点服务贸易企业实行服务贸易统计数据月报制度，对重点服务贸易企业数据通过直报方式采集数据，并按照“突出重点、循序渐进”的思路逐步推进，在数据收集过程中充分利用现有统计体系、调查网络，减少重复统计，提高工作效率。同时建立服务贸易统计部门合作机制，深化部门之间的沟通合作，加强服务贸易相关数据的信息交流。

（2）以特色平台整合生产性服务贸易资源

依托生产性服务贸易特色发展平台，创新生产性服务贸易发展模式，新区全力推进一批服务贸易重大项目，服务贸易市场主体加快集聚。

第一，明确服务贸易发展重点。2017 年江北新区联合商务部研究院编制出台了“南京市江北新区服务贸易重点领域指导目录”，明确了江北新区服务贸易的发展方向，内容涉及计算机和信息服务、医疗服务、金融服务等 22 个行业，有效促进了服务贸易发展资源的集聚和整合。同时，江北新区还进一步规范了服务贸易市场准入和经营秩序，建立与国际接轨的服务业标准化体系。以江北新区服务贸易创新发展规划为引领，以指导目录为行业标准，并将服务贸易创新发展的考核指标纳入全区考核指标中，调动了各部门的发展积极性，促进了服务贸易的快速发展。

第二，加快服务贸易集聚区建设。江北新区以园区和平台为载体，积极促进服务贸易企业在新区的集聚，目前已经形成了几个具有较强影响力和辐射带动力的园区和平台。南京江北新区产业技术研创园作为新区服务贸易创新发展工作的重要平台，现已集聚了中德智能制造研究院、南京江北新区法律服务园、江苏省产业技术研究院等一批重点服务贸易企业。南京生物医药谷和南京软件园作为南京市服务贸易集聚示范区，发挥了重要的平台引领作用。其中，生物医药谷重点集聚生物制药、医疗器械等领域的企业，加快建造千亿级先进生物医药产业集群，推动中国健康与生命科技名城建设；南京软件园则聚焦集成电路、软件和信息技术服务、文化创意三大产业集群，已成为南京市软件产业的重要园区，先后被批准为国家火炬计划软件产业基地、国家软件出口创新基地、中国服务外包基地城市示范区、江苏省级现代服务业集聚区、国家动画产业基地、首批江苏省文化科技产业园等，并成立了全国首个涵盖人才、技术、资金、市场等全方位产业要素的亿元级集成电路公共服务平台——南京集成电路产业服务中心。

第三，创新建立专业化公共服务平台。为了促进生产性服务贸易重点产业的发展，江北新区通过建立专业化公共服务平台，为相关领域的企业提供更具针对性的服务。新区依托健康医疗大数据中心公共测序平台，建设了基因大数据项目。该平台位于扬子科创中心内，可供国内外的基因行业龙头企业共享基因测序，产生和存储的基因大数据未来将实现互联互通。同时江北新区还建立了以中国制造网为代表的跨境电子商务平台，以美库尔为代表的大数据分析平台，以畅途网为代表的公路交通电子商务平台，以化工交易所、金陵钢宝网为代表的化工、钢铁B2B电子商务服务平台等。2017年，为了进一步促进和吸引海内外高层次科技创新资源在江北新区的集聚，南京扬子国资投资集团与瑞典WINNOC集团共同建设了“中欧迷你硅谷创新中心”，在智慧城市、生命健康、大数据等领域展开深入合作，引进欧洲国家优势产业的高新企业及世界著名大学的尖端人才，成为江北新区又一个创新技术加速器平台，为新区带来了世界前沿的海外领先技术。

**迷你硅谷创新集团**

迷你硅谷创新集团（MiNiSV Holding）是一家致力于“健康全产业链”的国际技术转移型创新企业，在欧洲拥有众多科研资源，集聚了瑞典卡罗林斯卡医学院、瑞典乌普萨拉大学、瑞典皇家理工大学、瑞典国家研究院等世界知名大学与科研机构的创新技术与高端人才。在城市国际化工作推进上，迷你硅谷自2018年以来取得了一系列成果，先后引进58家海外创新企业入驻，1人入选江苏“外专百人”、1人入选“金陵友谊奖”、3个项目入选南京市“345海外高层次人才引进计划”，与江北新区在瑞典共建的“南京市海外协同创新中心”也已挂牌成立。2019年1月2日，集团董事长刘瑞宸教授受邀参加南京市创新名城建设推进大会并作交流发言。

（3）以金融创新助力生产性服务贸易兴旺

江北新区成立以来，一直致力于金融服务的改革创新，为生产性服务贸易企业的快速发展提供保障。

第一，在全国率先建立服务贸易专项发展基金。为推动新区服务贸易发展，新区于2016年在全国首先设立了规模为20亿元的“服务贸易创新发展引导基金”，承担参与落实江北新区产业政策与规划的责任，由银行按9：1的比例进行同股同权配资，重点投资于江北新区现代服务业领域，如技术服务、运输服务、健康服务、金融服务、信息服务、服务外包等。同时，新区还设立了“通航基金”，由南京江北新区发展基金、南京银行、盛世扬子携手发起设立，主要投资通用航空产业及其上下游产业链，包括智能制造、高端装备、新材料等。

第二，探索新型创新创业金融支持模式。江北新区积极推进科技金融合作创新示范区建设，建立创新创业金融支持中心，构建“金融机构+孵化器”模式，支持并推动北京银行南京分行探索“硅谷银行”，在新区设立全省第一家银行系众创空间——“小巨人创客中心”，以“投贷联动”创新为主线，搭建“创业孵化+股权投资+债权融资”一体化服务平台。启动实施新区金融、科技、产业合作创新示范区建设先导工程——“灵雀计划”，从股权投资、应急周转、贷款贴息、研发补助等方面打造全链条、多方位、一站式扶持方案。

第三，完善金融产业体系建设。江北新区积极推进设立融资租赁公司，发展金融服务新业态。扬子科技融资租赁作为江苏省首家科技融资租赁公司，重点支持新区内高层次人才公寓、国家级健康医疗大数据中心、出口贸易等重点项目和主导产业。全国供销合作总社与省级供销合作社合作的供销互联网科贷公司落户新区，是互联网金融领域首个具有全国业务资质、能为供销社全系统提供贷款服务的金融机构。同时，江北新区还正在加紧建设大数据征信投融资体系和跨境投融资促进中心，该中心计划由新区出资10亿元，吸收新区层面（包括浦口区、六合区）建设交通、园区运营等企业及南京市信息化投资控股有限公司入股，并将吸收中兴软创、华为、中科曙光、科大讯飞等业内领先企业出资，共同注册成立南京江北新区信息化投资有限公司，有效承接新区信息化项目投资建设，运营江北新区信息化资产，发挥江北新区信息化投资资金融资功能。

第四，创新形成知识产权质押融资的“南京模式”。为了解决广大中小服务贸易企业融资难的问题，2016年，南京江北新区率先打造了“我的麦田”知识产权互联网公共服务平台，成为南京市金融支持实体经济的创新典范。平台探索建立了“互联网+金融+知识产权”的融资新模式，通过网站和App为企业提供知识产权债权和股权融资、科技政策解读、专利检索、专利托管等专业服务，采用知识产权（专利、商标、版权）质押作为担保方式，为资金需求企业的知识产权融资提供全链条服务。中小企业可以通过“我的麦田”平台，在线上提出融资申请，由平台向有关银行提供评价报告。该平台的建设不仅有效解决了知识产权评估难的问题，也同时解决了质押难的问题，国家知识产权局南京代办处第二工作站进驻江北新区，增设了受理窗口，从而缩短了企业质押登记的流程。此外，该平台还解决了中小企业资金流转难的问题，一旦企业无法偿还贷款，银行将直接与平台对接，由后者按照约定价值向银行购买质押的知识产权。目前，江北新区已设立了3亿元的风险资金池，管委会已经和平台机构、担保公司签署了合作协议，根据各自的权利义务承担风险责任。

（4）以创新发展提升生产性服务贸易价值

生产性服务贸易具有知识密集程度高的特点，为创新要素的集聚以及企业的创新发展提供良好的环境和制度保障，是促进江北新区生产性服务贸易价值链地位攀升，实现产业高质量发展的关键。

第一，大力度引进与培养各类创新人才。近两年江北新区依托江北新区人力资源服务产业园，加强与海外政府、企业对接，加强宣传推广，探索、创新服务贸易人才培养机制。通过IC智慧谷项目——产业园与国家工信部合作，集顶尖专家培训、顶级赛事承办等内容于一体，创立和开设了“芯”动力专家讲堂、全国大学生集成电路创新创业大赛以及高研班等多种内容新颖、实用性强的人才培养、培训的活动和课程，培育了一批质量较高的创新人才。2018年3月，江北新区出台了《“创业江北”人才计划十策》，从世界顶尖人才团队到青年大学生，对落户新区创业的各级别人才，在资金扶持和各项补助方面实现“全覆盖”。同时针对不同项目，给予从10万元到1亿元不等的资助金额。为了吸纳留住人才，江北新区还在生活上给予人才一定补贴，科技顶尖专家可以申领不少于300万元的购房补贴。同时，江北新区还积极拓展海外高端人才的引进渠道，在澳大利亚墨尔本、美国硅谷和德国法兰克福分别建立海外引才工作站，有效组织北美创业大赛、英国“HiStar”创业大赛等获奖选手对接新区。围绕产业链、人才链跟进技术链、资金链，配套建成各类孵化器、加速器和公共技术服务区等，给予人才和企业在人才安居、教育医疗、子女入学、股权投资、研发补助等方面的全方位扶持，为高层次人才创新创业提供强有力的支撑。此外，江北新区还积极与市公安局相关部门对接，就简化服务贸易高层次人才工作、签证、居留等手续的办理程序进行沟通协调，在高层次服务贸易外国人才的就业证（外国专家证）办理、外国人才申请工作类居留许可等方面均在一定程度上实现了简化。

第二，促进产业技术研发机构的集聚。江北新区聚焦重点产业，加强高端研发机构的集聚，推动一批重大产业技术创新平台先后落户，以此促进生产性服务贸易产业附加价值的提升。中德智能制造研究院引进弗劳恩霍夫协会应用研究体系和专家团队，将中德两国智能制造相关技术进行整合及研发，为中国制造业向智能制造升级提供个性化定制研究和实施方案。同时，江北新区聚焦“4+2”现代产业体系，引进了中国电科、江苏省产业技术研究院、工信部信息技术产业研究院、香港晶门科技、深圳信维、上海交大新材料、台积电（南京）设计服务中心等产业技术研发机构，台湾最大的芯片设计与服务外包企业——创意电子也在新区设立了集成电路设计中心。江北新区还邀请世界知名的集成电路设计公司——安谋电子（ARM）与新区共建物联网协同创新中心和ARM大学，成为支撑江北新区集成电路产业发展的超强“处理器”。此外，还与国内外的重点大学加强合作，先后与东南大学合作共建“南京江北新区集成电路产业技术创新中心”，与英国剑桥大学筹建剑桥—南京科创中心，与伦敦国王学院共建南京南丁格尔护理学院等。这些高端研发中心和机构的引进，为江北新区生产性服务贸易的发展提供了智力支撑，推动了江北新区生产性服务贸易综合竞争力的提高。

**中德智能制造研究院**

中德智能制造研究院是由南京江北新区主导，南京扬子国资集团、省市产业投资基金和产业资本联合成立的应用研究机构。研究院下设展示中心、培训中心、应用与研究中心和孵化中心四大智能制造中心。2016年6月，在中德双方总理的见证下，由南京市政府与德国工业4.0的核心应用研究机构弗劳恩霍夫协会（Fraunhofer）签订战略合作协议，共同在南京江北新区建立中德智能制造研究院，为中国制造业向智能制造升级提供个性化定制研究和实施方案，合力打造国家级智能制造创新平台。

第三，加快知识产权公共服务平台建设。由于生产性服务贸易具有高知识密集型特征，完善知识产权保护制度是促进其健康发展的关键。2017年，江北新区根据国家知识产权局批复，建立了中国（南京）知识产权保护中心，面向新一代信息技术产业大力开展知识产权快速协同保护工作。同时积极探索打造国内首个基于移动智能终端的知识产权公共服务平台，通过网站和手机App为企业提供债权及股权融资、政策解读、专利搜索、人才交流、法律咨询等服务，将传统线下的所有服务流程，通过标准化处理搬到线上操作，使服务流程得以优化，服务效率大大提高。该平台积极探索信息化背景下服务贸易发展创新模式，依托大数据、移动互联网、区块链等新技术推动服务模式创新，实现知识产权服务多元化，促进知识产权价值转化。同时，借助大数据分析，知识产权服务电商可以向政府、金融机构、企业提供精准的统计汇总服务，政府及金融机构可以向平台购买服务，通过数据信息及时了解知识产权服务行业现状，为相关政策制定提供参考，最终实现以知识产权带动企业创新发展。江北新区还在全国率先开展了知识产权案件集中管辖工作，完善民事、行政和刑事“三合一”审判机制。针对相关产业举办企业家知识产权沙龙，推进知识产权与产业融合，帮助企业开展实施知识产权发展战略。

### （三）江北新区生产性服务贸易发展存在的主要问题

#### 1. 服务贸易专业人才相对匮乏

全球服务贸易正处于向技术密集型、知识密集型升级的阶段，专业化、创新化特征明显。但目前我国服务贸易方面的人才培养尚不能充分满足这一阶段的需要，特别是在软件与信息技术服务、文化创意、教育、金融服务和保险服务等专业服务领域，缺少专业化、国际化、高端化人才已经成为制约服务贸易企业向全球价值链高端发展的瓶颈。南京虽然人才资源丰富，但是生产性服务贸易的专业人才短缺，专业与外语兼优的国际化复合型人才还相对较少，存在人才结构不合理、院校教育与市场需求脱离、职业教育亟待加强、生产性服务企业员工的职业技能水平还需进一步加强等问题。同时，人才引进、创新创业的便利化及配套水平仍有待提升，外籍专家的子女上学，尤其是获得优质教育的需求还难以完全满足，家政人员的素质还难以满足国外高端人才的需求等，这些都制约了高层次专家和人才的引进。

**2. 龙头性企业相对缺少**

南京江北新区由于成立时间较短，服务贸易的产业基础还相对较弱。一方面，新区主导产业与周边园区和国内发达园区相比竞争优势不明显，目前的主导产业尚处于培育发展的阶段，产业规模还较小，从事生产性服务业及其贸易的企业数量相对较少，集聚效应还需进一步加强。另一方面，新区缺乏具有龙头性、带动性和较大影响力的企业。大多数服务贸易企业产值规模还较小，2018 年江北新区服务贸易企业虽有 311 家，但仅有五六十家企业进出口总额较大，在开展国际服务贸易上缺少强大的竞争力，尚需进一步加大龙头企业的培育和引进。

**3. 生产性服务贸易发展还需加大扶持力度**

近些年，受人力成本持续上涨、汇率波动风险、中美贸易摩擦以及环境保护等问题的制约，生产性服务贸易企业的整体盈利受到影响，发展面临较大压力，尚需政府给予一定的扶持和鼓励。同时，相对于货物贸易来说，服务贸易尤其是生产性服务贸易还处于快速发展的阶段，但是目前服务贸易的出口退税比例还相对较低，抑制了企业发展服务贸易的热情，需要进一步加大对服务贸易的政策倾斜力度，鼓励有条件的企业加快发展生产性服务贸易。

#### 4. 服务贸易统计监测制度急需加快建立

由于服务贸易统计资料来源广泛、涉及部门多、情况复杂、资料来源渠道不顺畅等问题，服务贸易统计数据的难以获取已经成为制约服务贸易快速发展的主要瓶颈之一。统计数据不全成为科学、客观评价服务贸易发展情况，出台有效战略举措的一大瓶颈。因此，亟须对标国际、逐步与国际统计标准接轨，探索完善服务贸易统计制度，及时更新数据，从产业和区位上对生产性服务做更为合理、详细的划分，进一步提高生产性服务业和生产性服务贸易相关研究的专业化水平。

### （四）对策和建议

#### 1. 夯实产业发展基础，提高国际竞争力

一是大力发展生产性服务业。要进一步促进金融、保险、交通运输、物流、商务服务、软件开发、电信、培训、旅游等发展基础较好、产业规模较大的生产性服务业的升级发展，运用先进技术提高服务效率和质量综合优势，同时通过先进技术的使用降低人力资本价格上升对生产性服务贸易所产生的冲击。同时要大力发展电子商务、文化创意、信息服务、数据服务、科技服务、远程教育、健康休闲、节能与环保服务等目前产业规模还相对较小，但是发展潜力大、市场空间大的生产性服务业，加大对这些产业的培育和扶持。促进新技术应用下的新型生产性服务业、服务业态、服务模式的发展，推进不同产业之间的跨界融合。

二是要进一步促进生产性服务业和制造业的深度融合。要鼓励企业优化制造环节，把非主业生产外包给其他企业，让企业更加专注于核心业务的发展。同时推动制造企业部门功能的服务化，鼓励制造业

企业延伸产业链条，向附加价值更高的研发、设计、检验、技术咨询、售后服务等环节延伸，并积极开展服务贸易。形成生产与服务互动发展、相互促进的发展格局。支持生产性服务业领军企业组建战略联盟或向平台化企业发展，更好地发挥企业培育、产业链完善、技术创新等方面的作用。

三是促进生产性服务业及贸易的科技化、网络化发展。要促进信息技术、互联网、云计算、大数据等先进技术在生产性服务业及贸易中的广泛应用，进一步完善信息基础设施以及互联网信息技术的普及，促进服务方式向虚拟化、网络化发展。要积极抢抓以人工智能、量子信息、区块链、网络安全服务为代表的新一代信息技术加速突破应用的机遇，突出研发设计、战略投融资、集成创新等高端环节，增强生产性服务业及服务贸易的创造性供给能力，提高产业国际竞争力。

**2. 完善服务贸易平台建设，提供优质服务**

一是要进一步完善和优化现有平台，为企业提供市场信息、项目对接、人才和专家信息、服务贸易相关政策文件、贸易国法律信息等系列信息，扩大平台的信息量，以此增强平台的使用率。加强对服务平台的宣传、介绍，扩大平台的企业知晓度。针对目前服务贸易平台相对较多、信息较为分散、功能相对单一等问题，进一步加强对现有平台的整合，建立综合性的平台载体，力争将服务贸易企业的主要需求整合在一两个平台之内，提高平台的综合性功能。

二是提高平台的数据采集和分析能力。要利用大数据、云计算等相关技术，为服务贸易企业提供更高层次的数据采集、挖掘、监测和分析服务。同时加强与数据分析企业的合作，开展具有前瞻性的基于大数据的相关研究，进一步提高平台的科技化含量和综合服务能力。

三是发挥好平台载体的要素集聚和企业培育作用。要重点加快江北新区产业技术研创园、江北海港枢纽、生物医药谷、国际健康城等园区发展，打造具有较强影响力的服务贸易特色集聚区，扶持和培育服务贸易龙头企业和成长型企业。围绕技术服务、运输服务、医疗服务、金融服务、文化旅游等重点领域，建立新区重大服务贸易项目库，全力推动一批大项目、好项目的发展。

### 3. 优化营商环境，促进优质要素集聚

一是打造开放便利的投资贸易环境。推出外资商事服务“跨境通”，推动外商投资企业商事登记“离岸办理”。完善企业投资管理体制，推动实现外商投资准入前国民待遇，推行外资商务备案与工商登记“一套表格、一口办理”，实现“无纸化”“零见面”“零收费”。

二是推进贸易便利化改革。探索推进“单一窗口”平台与中国台湾、中国香港、“一带一路”沿线国家和地区口岸的互联互通。实现口岸管理相关部门信息互换、监管互认、执法互助，深化“三互”大通关改革。在有条件的口岸率先实现通关放行全流程的无纸化、智能化、便利化。降低口岸制度性交易成本。推进实施口岸通关环节一站式服务，组织实施免除查验无问题外贸企业吊装移位仓储费用试点等。

三是进一步优化相关申报手续和链条。进一步优化生产性服务贸易相关申报，如退税、奖励等方面的手续，尽可能减少中间环节，加大互联网技术在工作环节的应用，发展远程申报等相关服务，简化认定程序和标准，缩短生产性服务贸易申报人员的申报时间，提高其申报积极性。

四是提高配套服务的国际化水平。进一步优化外籍人员的子女就学等相关政策，加快国际学校的建设，尤其要加快对需求较多的小学

阶段的学校建设，同时可以选择具有较高教学质量的学校，开办中小学国际班，为外籍人员子女本地学校随班就读提供更多便利。加快国际社区和国际化医疗体系的建设，完善国际化生活设施和配套体系的建设，推进家政服务国际化从业人员的培养，更好地满足外籍专家的工作和生活需要。

**4. 促进制度创新，加大对生产性服务贸易的扶持力度**

一是加大对服务贸易的扶持力度。应进一步提高生产性服务贸易的退税比例，尤其是对于电子商务、金融保险、检验检测、咨询服务、科技研发以及文化创意等具有较大发展潜力的产业，应加大扶持力度，提高退税比例，在税收上让其与货物贸易享有同等甚至更加优惠的退税待遇，提高企业发展服务贸易的积极性。同时，要加快建立较为完善的服务贸易统计制度，为生产性服务贸易的发展提供更加科学的决策依据。

二是加大金融扶持力度。鼓励金融机构加大对生产性服务贸易企业和重点项目的扶持力度，探索和创新服务贸易金融产品和服务，积极为“轻资产”服务贸易企业提供融资便利，开展更为便捷的企业海外融资、贷款和抵押服务。鼓励保险公司为服务贸易企业提供新型保险业务和产品。同时探索建立服务贸易风险基金等，为广大企业，尤其是中小型企业开展服务贸易提供风险担保等，降低企业海外发展的市场风险。支持符合条件的服务贸易企业上市，对新上市服务贸易企业给予资金补助等。

三是要进一步发挥好服务贸易发展联席会议制度的作用。依托服务贸易重点企业联络制度，发挥服务贸易企业协会作用，在政府部门与企业之间建立制度化的联席机制，形成横向联合、纵向合作、政企联系的网络状服务体系。加强部门之间的合作，在联席会议制度的基础上，在各相关部门之间建立服务贸易问题快速响应和回馈机制，及时就制约服务贸易发展的一些主要情况进行处理，为服务贸易的健康发展创造良好的外部条件。

**5. 加强对相关政策的宣传和解读，提高政策执行效率**

一是要进一步加强对服务贸易政策的宣传和解读工作，通过多种媒体和方式创新，及时、准确地向企业介绍服务贸易的相关政策内容，提高企业对政策的认识和了解。对相关政策进行模块化分割，建立场景式的政策推送平台，根据企业需求，有选择性地对政策进行定点推送；同时，邀请相关专家定期或不定期对企业就服务贸易的相关政策进行专门培训，或者以座谈会的形式，对政策的主要内容进行研讨或座谈，以此加深企业对政策的理解程度。

二是要及时对服务贸易企业的政策了解情况进行调查，掌握这些企业对服务贸易政策掌握的情况、存在的不足和薄弱点，就其中的一些重要内容开展深入细致的解读。还要定期对服务贸易政策的执行情况进行调查，了解政策执行和落实中存在的问题，以研究报告等形式就政策的执行情况向政府部门进行反馈，并以此作为对政策文件进行修改完善的依据，以便于政府部门对相关政策进行进一步的调整和修改，促进服务贸易的健康发展。

三是要加强对服务贸易发展情况的研究。服务贸易涉及面广，其在发展过程中遇到的问题和矛盾会相对较多。因此，要加强对服务贸易发展情况的深入研究，可以利用专业的研究机构，对服务贸易发展的现状、遇到的问题、制约瓶颈等进行较为深入细致的分析和研究，并在此基础上提出更具针对性的对策和建议，为政府相关政策的出台提供参考（见附表 1、附表 2）。

附表1

**2014—2016年全球服务贸易出口分类统计**

| 类别 | 2014年 | | | 2015年 | | | 2016年 | | |
|---|---|---|---|---|---|---|---|---|---|
| | 出口额（亿美元） | 占比（%） | 增速（%） | 出口额（亿美元） | 占比（%） | 增速（%） | 出口额（亿美元） | 占比（%） | 增速（%） |
| 一、与货物有关的服务 | 1691.3 | 3.33 | 2.30 | 1613.2 | 3.37 | -4.62 | 1660.1 | 3.45 | 2.91 |
| （一）制造服务 | 956.7 | 1.88 | -5.21 | 869.7 | 1.82 | -9.09 | 851.4 | 1.77 | -2.10 |
| （二）维修服务 | 734.7 | 1.45 | 14.08 | 743.5 | 1.55 | 1.20 | 808.7 | 1.68 | 8.77 |
| 二、运输 | 9896.2 | 19.49 | 5.43 | 8906.3 | 18.59 | -10.00 | 8525.5 | 17.73 | -4.28 |
| 三、旅游 | 12406.7 | 24.43 | 4.01 | 11846.8 | 24.73 | -4.51 | 12054.8 | 25.07 | 1.76 |
| 四、其他商业服务 | 26787.1 | 52.75 | 9.50 | 25530.3 | 53.30 | -4.69 | 25836.4 | 53.74 | 1.20 |
| （一）建筑 | 1091.4 | 2.15 | 12.39 | 961 | 2.01 | -11.95 | 877.3 | 1.82 | -8.71 |
| （二）保险与养老服务 | 1367.9 | 2.69 | 8.07 | 1191 | 2.49 | -12.93 | 1215.9 | 2.53 | 2.09 |
| （三）金融服务 | 4553.8 | 8.97 | 8.55 | 4374.5 | 9.13 | -3.94 | 4202.7 | 8.74 | -3.93 |
| （四）知识产权使用费 | 3119.9 | 6.14 | 7.02 | 3105.2 | 6.48 | -0.47 | 3140.6 | 6.53 | 1.14 |
| （五）电信、计算机和信息服务 | 4933.2 | 9.71 | 11.88 | 4717.2 | 9.85 | -4.38 | 4930.5 | 10.25 | 4.52 |
| （六）其他商务服务 | 11133.5 | 21.92 | 9.76 | 10651.3 | 22.24 | -4.33 | 10932.7 | 22.74 | 2.64 |
| （七）个人、文化和娱乐服务 | 509.6 | 1.00 | 0.08 | 441.2 | 0.92 | -13.42 | 453.4 | 0.94 | 2.77 |

资料来源：WTO国际贸易统计数据库。

附表2　2017年中国服务贸易分项统计

| 服务类别 | 进出口 | | 出口 | | 进口 | | 贸易差额（亿美元） | 进出口总额占比（%） |
|---|---|---|---|---|---|---|---|---|
| | 金额（亿美元） | 占比（%） | 金额（亿美元） | 占比（%） | 金额（亿美元） | 占比（%） | | |
| 总额 | 6956.8 | 5.0 | 2280.9 | 8.9 | 4675.8 | 3.4 | –2395.0 | 100.0 |
| 运输 | 1300.5 | 13.7 | 371.0 | 9.6 | 929.5 | 15.3 | –558.4 | 18.7 |
| 海运 | 823.2 | 15.7 | 231.2 | 9.0 | 592.1 | 18.5 | –360.9 | 11.8 |
| 空运 | 384.4 | 8.6 | 113.9 | 15.7 | 270.5 | 5.9 | –156.6 | 5.5 |
| 旅行 | 2935.9 | –3.9 | 388.0 | –12.7 | 2547.9 | –2.4 | –2159.9 | 42.2 |
| 留学 | 727.7 | –23.9 | 64.2 | –12.5 | 663.5 | –24.8 | –599.2 | 10.5 |
| 就医 | 38.4 | –4.8 | 16.1 | –9.0 | 22.3 | –1.6 | –6.3 | 0.6 |
| 建筑 | 324.9 | 53.2 | 239.3 | 88.4 | 85.7 | 0.7 | 153.6 | 4.7 |
| 保险服务 | 144.6 | –14.9 | 40.5 | –0.4 | 104.1 | –19.3 | –63.6 | 2.1 |
| 金融服务 | 53.1 | 2.0 | 36.9 | 16.3 | 16.2 | –20.5 | 20.8 | 0.8 |
| 电信、计算机和信息服务 | 469.4 | 20.1 | 277.7 | 4.7 | 191.8 | 52.5 | 85.9 | 6.7 |
| 电信服务 | 35.7 | 22.1 | 17.8 | 17.6 | 18.0 | 26.9 | –0.2 | 0.5 |

续表

| 服务类别 | 进出口 | | 出口 | | 进口 | | 贸易差额（亿美元） | 进出口总额占比（%） |
|---|---|---|---|---|---|---|---|---|
| | 金额（亿美元） | 占比（%） | 金额（亿美元） | 占比（%） | 金额（亿美元） | 占比（%） | | |
| 计算机和信息服务 | 433.6 | 19.8 | 259.9 | 3.9 | 173.7 | 55.7 | 86.1 | 6.2 |
| 知识产权使用费 | 333.4 | 32.6 | 47.6 | 310.1 | 285.7 | 19.2 | –238.1 | 4.8 |
| 研发成果使用费 | 149.3 | 20.5 | 6.5 | 68.7 | 142.8 | 18.8 | –136.3 | 2.1 |
| 视听及相关产品许可费 | 23.3 | 50.4 | 1.2 | 25.5 | 22.0 | 52.1 | –20.8 | 0.3 |
| 个人、文化和娱乐服务 | 35.1 | 21.8 | 7.6 | 2.2 | 27.5 | 28.6 | –19.8 | 0.5 |
| 维修服务 | 82.0 | 14.4 | 59.3 | 13.9 | 22.7 | 15.7 | 36.6 | 1.2 |
| 加工服务 | 182.5 | –2.4 | 180.7 | –2.5 | 1.8 | 12.3 | 178.9 | 2.6 |
| 其他商业服务 | 1043.9 | 3.2 | 615.4 | 6.2 | 428.5 | –0.9 | 186.8 | 15.0 |
| 技术 | 264.3 | 13.1 | 149.1 | 28.0 | 115.1 | –1.7 | 34.1 | 3.8 |
| 专业管理和咨询服务 | 473.0 | 3.7 | 311.2 | 2.6 | 161.8 | 5.9 | 149.4 | 6.8 |
| 研发成果转让费及委托研发 | 136.6 | 8.3 | 79.7 | 16.0 | 57.0 | –0.9 | 22.7 | 2.0 |
| 政府服务 | 51.6 | 26.3 | 17.0 | 40.7 | 34.6 | 20.3 | –17.6 | 0.7 |

资料来源：外汇管理局《中国国际收支平衡表》。

分领域报告二

# 平台型数字服务的国际竞争力提升研究——以云计算为例

云计算作为数字经济时代新的基础设施，是未来全球竞争的制高点。中国在云计算服务发展上取得了积极进展，龙头企业开始走出国门。应将提升云计算服务的国际竞争力作为战略举措，从提高云计算企业技术水平、推动云服务“走出去”、与实体的贸易投资相互促进以及完善数据流动管理等方面进一步提升我国云计算的国际竞争力。

## 一、云计算服务对提升我国国际竞争力的重要意义

一是云计算服务发展可以带动高附加值服务出口。云计算服务增长迅速、市场广阔。根据 Bain Company 统计，2013 年全球云服务市场约为 1317 亿美元，2020 年全球云计算市场的规模预计将升至 3900 亿美元，年复合增长率（CAGR）达到 17%。2018 年，亚马逊云计算服务营业收入达到了 256 亿美元，同比增长 47%，利润高达 97 亿美元，占亚马逊盈利总额的 63%。亚马逊云计算海外收入占亚马逊云计算收入的一半以上。云计算服务海外营收可以有效地拉动技术转让和总部管理等高附加值服务的出口。

二是促进中国的产品和服务的出口。云计算出海有利于中国的产品和服务走出去，很多出海企业在当地第一件要做的事情就是建办事

处、搭机房，跑业务至少需要半年甚至更多的时间，加上后期技术运维人员的委派，整个过程非常复杂。中国云计算出海为中国企业“走出去”提供了平台和技术。不少中国企业基于云计算，坐镇国内就能拓展海外业务，无须在海外目标市场派驻技术运维人员，就能迅速扩展海外业务。一家福建手游公司开发的阿拉伯语游戏《苏丹的复仇》，一直占据沙特阿拉伯 iOS 畅销榜第一的位置，但是这家公司在中东没有一个技术运维开发机构，基于阿里云在全球基础设施，他们可以在国内开发并通过统一的云计算账号和资源网络，成功获取了中东的游戏市场。

三是占领新一轮技术革命背景下的全球竞争制高点。作为新的基础设施，在占领新一轮技术革命背景下的全球竞争制高点的过程中，有利于塑造产业生态，为中国的产业生态在全球占有更多空间开疆拓土。

## 二、我国云计算的国际竞争力及下一步提升竞争力的途径

近年来，我国云计算服务的竞争力不断提升。2018 年阿里云业务营业收入达到了 214 亿元，4 年营业收入增长 20 倍，云计算营业收入上升为全球第三位，超过了 Google 和 IBM 等巨头的云计算业务。腾讯云营业收入也达到了 91 亿元，进入全球前十大云服务商之列。另外，我国还涌现出金山云、Ucloud 等在垂直细分领域内深度耕耘、很有特色的云计算企业。可喜的是，中国的龙头企业实现了从购买软件向技术自研的跨越，开发自主的操作系统和数据库，避免了在传统 IT 时代软件受制于人的被动局面。龙头企业在全球范围内，尤其是在“一带一路”沿线国家和地区范围内开始布局。根据 Gartner 的评估，

中国云计算企业的实力和竞争力稳步提升。阿里云2016年进入全球性云计算企业之列，2017年成为第四名有竞争力企业，与Google的云计算实力大体相当。腾讯云也在2017年首次进入全球性云计算企业之列。在看到我国云计算企业实力和国际竞争力不断提升的同时，也要看到差距。2018年我国龙头企业阿里云的营业收入只是亚马逊云营业收入的1/8和微软云的1/3，应支持我国的云计算企业尽快做大规模，提升竞争力。提升我国云计算数字服务的国际竞争力的主要途径有以下几种。

一是提升技术水平。掌握核心技术是提升我国云计算服务国际竞争力的基础。要构建自主的操作系统、数据库系统和安全管理系统。目前，阿里云构建飞天操作系统，首先在软件层面上实现自主可控。下一步，开发适用于云计算的AI专用芯片乃至通用芯片，避免核心芯片受制于人，要大力支持相关领域的基础研究，大力提升云计算和数据中心的能源效率，提升经济竞争力。利用我国巨大的市场和巨型城市体系，积极开发云计算在智慧城市、工业互联网、金融支付和人工智能上的应用，形成强大的产业生态，增强我国云计算企业作为基础设施服务商的竞争力。

二是进行海外布点。在云计算领域，存在着巨大的规模经济效应，因为更大规模意味着更高的设备利用率，更强的网络效应以及更多的研究开发支出。未来的云计算服务的竞争将是寡头的竞争，全球云计算主要厂商都进行全球布局。中国的云计算厂商在占住市场后，要积极实施“走出去”战略，拓展全球市场。从政府的角度来看，应该像支持高铁、核电出海一样支持我国云计算企业出海发展。

三是实现云服务贸易与实体的贸易投资相互促进。利用中国企业到国际上投资的重要机遇和外资在华投资的机遇，在其他国家进行布局。截至目前，随着中国到海外的投资快速增长，越来越多的企业在“走出去”的过程中使用中国的云计算服务商，云计算服务商在提供服务支撑这些企业“走出去”的过程中，也形成了大量的海外客户，对中国云计算服务商“走出去”也形成了很大的带动。另外，大量在华企业也需要云计算服务，中国的云计算服务商在提供国内服务的同时，也为云计算服务提供商开拓国际市场起到了很好的促进作用。

## 三、中国云计算企业“走出去”和提升国际竞争力面临的障碍

在云计算服务“走出去”的过程中，也存在一些瓶颈。

一是当地存在数据本地化和数据流动管理的政策，不利于云计算服务商在更大范围内提供云计算服务。另外，相关的金融和社会监管政策以及数据基础设施薄弱制约了在一些发展中国家的投资和运营。

二是美国出于战略竞争的考虑和对国家安全的过度考虑，造成中国云计算企业进入美国市场比较困难。美国在 2018 年 4 月曾扬言限制中国的云计算服务进入美国。美国对金融数据流动也高度谨慎，以数据安全为由否决了蚂蚁金服对美国跨境支付金融公司速汇金 MoneyGram 的并购。

三是国内跨境数据流动管理政策和电信监管政策也不利于企业的跨境发展。我国在数据本地化存储和数据跨境流动上也有诸多限制，对我国云计算服务企业全球布局和管理产生不利影响。另外，我国在外资投资数据中心方面也有较多限制。其一，在市场准入环节。根据国内相关监管要求，增值电信业务（包括数据中心）属于限制类，外资比例不超过 50%。并且经营数据中心业务需要持牌经营，申请业务牌照，不允许外资企业涉及数据中心运营业务。基于中国市场的法律

环境，跨国公司云计算在中国的落地颇为曲折，大多数外资数据中心及云服务巨头都选择了“中方提供牌照，外方提供技术”的模式，外国投资者通过提供技术获取技术转让费的方式来获得投资收益。其二，数据的本地存储和跨境数据流动。根据网络安全法，关键基础设施信息的运营者在中国境内运营时收集和产生的个人信息和重要数据应当在境内存储。例如，亚马逊的AWS在中国开展业务建数据中心的一个基本条件，是中国的数据中心不能与AWS在全球的其他9个数据中心有任何的互联。也就是说，客户可以享受AWS全球领先的技术和服务，但不可以享受共享的全球信息。有些国家对上述数据中心投资的股比限制、数据流动和数据本地化限制提出异议，甚至也招致其他国家对我国云计算服务商跨国提供服务采取限制性措施。

## 四、提升云计算服务国际竞争力的战略与政策

在全球向数字化、网络化、智能化转型的第四次工业革命中，云计算服务增长潜力巨大，是未来全球竞争的制高点。我国在云计算发展上已取得积极的进展，并且国内应用场景多，市场巨大，很有可能在这一新兴领域形成国际竞争力。应将发展和提升云计算服务作为培育我国服务贸易竞争力乃至产业竞争力的关键举措，从政策上加以支持。

一是优化国内的数据本地化和数据流动管理政策。在制定数据本地化和数据流动管理政策时，要在保障国家信息安全和意识形态安全、保护国内市场以促进产业发展、培育提升国际竞争力、企业“走出去”的需要四者之间实现平衡。可在海南自贸港以及杭州等数字经济发展前沿地区建立数字特区，对不涉及意识形态的电子商务、工业

互联网等领域放宽数据流动的限制。鼓励我国企业在海南建设国际业务云平台，按照“境内关外”方式，通过国际海底光缆与国际互联网直接连接（与国内互联网物理隔离，经由国际通信业务出入口局与国内互联网通信），为我国企业“走出去”提供低时延、高可靠、大宽带的互联网服务。

二是适度放开外资来华投资运营大数据。中国的龙头企业有一定的技术储备，并且在国内占有一定的市场份额，需要在中国市场形成一定的竞争，通过国内高水平的竞争来促进国内云计算技术和服务水平的提升，中国市场的适度开放也有利于减少中国云计算服务“走出去”时面临的政策障碍。下一步建议研究评估开放部分云计算服务的可行性，如 PaaS、SaaS 的可行性。也可在海南自由贸易港和其他的数字自由港允许外商建设自己的数据中心。

三是加强跨国的数据管理协调。与东南亚国家及“一带一路”沿线国家和地区相互开放数据流动，并且签订保护数据安全和个人隐私的协议等，可以在贸易投资协定中制定相关规则，为我国云计算服务企业“走出去”提供便利。

四是加大研究开发的支持力度，突破一些关键核心技术，特别是适用于云计算芯片的研究开发，包括节能型云计算芯片以及量子计算用于大数据计算的可能性。

执笔人：王金照

分领域报告三

# 跨境电子商务推动服务贸易发展研究

跨境电子商务是指分属不同关境的企业或个人，利用互联网平台完成贸易的撮合，继而完成资金结算、货物和服务的交割的一种国际贸易方式。近年来，随着信息技术的快速进步和相关政策的支撑，我国跨境电子商务（以下简称“跨境电商”）交易规模呈现高速增长态势，交易模式不断创新，交易效率不断提升，正在深刻影响国际贸易。据电子商务研究中心监测数据显示，2018 年上半年中国跨境电商交易规模为 4.5 万亿元，同比增长 25%[①]。跨境电子商务在我国对外贸易中所处地位也不断提高，占比由 2008 年的 4.45% 提升至 2017 年的 29.0%，增长近 6 倍。在全球贸易整体低迷，我国对外贸易增长相对乏力的严峻形势下，跨境电子商务成为我国对外贸易增长的“新引擎”。

服务贸易是我国对外贸易的重要组成部分，其发展对加速我国新旧产能置换、优化对外贸易结构具有重要意义。2018 年，我国服务进出口总额为 52402 亿元，仅占我国对外贸易总额的 14.66%，服务贸易逆差为 17086 亿元。数据表明，服务贸易在我国贸易结构中处于相对弱势的地位。从服务贸易内部结构看，我国服务贸易所涉及的产业主要集中在传统领域，旅行、运输和建筑三大服务行业进出口总额达

---

① 《2018年（上）中国跨境电商市场数据监测报告》，电子商务研究中心，2018年9月19日。

33225亿元，占服务贸易总额的63.4%[①]，而知识密集型服务的竞争力有待提升。可见，我国服务贸易的转型升级之路任重而道远。

伴随国内跨境电商的新兴和崛起，以信息服务、商业流动和运输服务为代表的新兴业务为传统服务贸易注入全新的活力和带来发展的契机。跨境电商对服务贸易的积极作用不仅体现在规模和效益的增量上，也推动了服务贸易结构的优化，有利于提高我国外向型服务企业的整体竞争力，顺应"一带一路"沿线国家和地区战略和数字化经济时代的浪潮。但是，跨境电商属于新兴前沿行业，在服务贸易领域的应用和推广方面仍然处于探索阶段，仍然存在信任风险、基础设施匮乏、人才紧缺等阶段性问题。系统梳理跨境电商在推动服务贸易方面的优势和难题，并据此提出针对性的政策建议，对于优化跨境电商环境、探索服务贸易转型路径具有深刻意义。

## 一、跨境电商有利于扩大我国服务贸易的规模和效益

### （一）跨境电商有利于扩大我国服务贸易的规模

跨境电商对我国服务贸易具有深远影响，首先体现在服务贸易的绝对规模上。互联网促使众多不可贸易的传统产品变得可贸易，例如在线医疗、教育和金融等，服务贸易的品类由此得到极大程度的丰富和拓展；不仅如此，跨境网络零售电商（B2C）可以最大限度动员企业和个人，通过跨境电商平台、社交网络平台等最大限度地拓展服务产品销售渠道，发现并满足全球范围内消费者的异质性需求，产生"长尾效应"。

① 《商务部服贸司负责人谈2018年全年服务贸易有关情况》，中华人民共和国中央人民政府，2019年2月12日。

### （二）跨境电商有利于提升我国服务贸易的效益

跨境电商能够节约服务贸易成本，增进贸易福利。一方面，同传统服务贸易相比，跨境电商平台有效减少了交易前、交易中及交易后的各项交易费用，减少了信息不对称、信用风险等对于国际服务贸易造成的扭曲；另一方面，互联网和电子商务的发展使得部分服务贸易产品边际成本趋近于零，如图书、游戏、音乐等，大幅提高了服务贸易的利润空间。同时，跨境电商培育的综合服务平台商不仅能为企业和个人提供支付、运输、售后服务等系统解决方案，更为直接地，能够大幅缩短传统服务贸易的交易环节和时间，提高服务贸易的交易自由度和经济效益。

## 二、跨境电商的发展优化了我国服务贸易的结构

### （一）跨境电商的兴起促进了以跨境支付为代表的金融服务贸易的发展

2013 年以来，跨境电商的兴起促使高效便捷的国内第三方支付进军跨境支付市场。2015 年，随着国家外汇管理局在全国范围内开展跨境外汇支付业务试点，跨境支付步入高速发展期。中国支付清算协会公布的数据显示，2017 年国内第三方支付机构跨境互联网交易金额约 3200 亿元，达到 12.56 亿笔，比 2016 年增长 114.7%[①]。第三方支付如 PayPal、支付宝通过在跨境交易中引入“购付汇”和“收结汇”两类业务，并结合人工智能、大数据、云计算等支付领域前沿技术，有效完成数据申报、支付结算以及电子对账等一体化综合服务，从而打破传统跨境电子商务支付瓶颈。此外，2018 年国务院再设 22 个跨境

① 《企业端跨境支付“钱景”诱人，第三方支付扎堆出海》，新华网，2018年8月24日。

电子商务综合试验区[①]，政策持续加持跨境电商领域，跨境支付业务成为金融服务贸易的有力增长点。

### （二）跨境物流的发展有效提升了运输服务贸易水平

我国多地依托跨境电商发展，顺势打造国际物流中心，在推动不同物流方式对接、通关便利化、境内境外一体化等方面积极探索，有效提升了物流服务业的竞争力。同时，跨境电商带动物流仓储与运输模式创新，海外仓、专线物流、国际快递直邮等物流模式的引入有效提升了物流服务贸易水平。截至 2017 年底，我国超过 200 家企业在境外设立了 500 个以上的海外仓，海外仓的布局有效降低了企业物流成本，提高了配送效率，为企业提供一站式物流解决方案。如圆通快递启动全球速递项目，发起“全球包裹联盟”网络，计划引入大型宽体全货机，投入洲际航线运营；阿里巴巴旗下的菜鸟网络平台，在马来西亚打造首个电子世界贸易平台试验区，建立了中国境外首个超级物流枢纽。主要电商平台和物流企业的创新实践，拓展了海外物流业务，促进了我国物流服务贸易的转型升级。

### （三）跨境电商的平台大幅拓展了技术服务贸易和知识服务贸易

借助跨境电商，技术服务贸易实现了快速发展。以“一带一路”沿线国家和地区的服务贸易为例，在基础软件领域中，以金山、360 公司为代表的工具类软件企业，通过适应本土软件环境和用户需求，

---

① 《国务院关于同意在北京等22个城市设立跨境电子商务综合试验区的批复》，中华人民共和国中央人民政府，2018年8月7日。

有效服务东南亚、南亚等周边市场；在网游方面，中国网游在东南亚的市场规模达1.3亿人次；在社交软件方面，中国网络社交平台的国际化正加速酝酿，社交服务类软件企业将目光聚焦到“一带一路”沿线国家和地区。除软件技术与产品外，我国积极与沿线国家和地区开展信息科技专利合作。在“一带一路”沿线国家和地区中，有29个国家和地区与我国开展专利合作，排名前五位的分别是新加坡、印度、以色列、俄罗斯和马来西亚，占比为82.1%；合作专利最多的四大技术领域分别是数字数据处理、半导体器件、无线通信网络、数字信息的传输，共455件，占总数的45.6%。

## 三、跨境电商有效提升外向型服务企业的整体竞争力

### （一）跨境电商综合平台便利了企业的服务贸易流程

跨境电商一站式、集约化的特征，有利于衔接并精简服务贸易流程，提高外向型服务企业的运营效率。跨境电商通过汇聚管理通道、自动采集数据、优化业务过程等方式，可以提高通关、报检、结汇、退缴税业务效率，降低服务贸易各阶段的业务成本。从企业外部生态看，服务企业通过跨境电商综合联结物流企业、支付企业等市场主体和海关、商检、外汇管理、税务等政府部门，形成一条综合且高效的服务通道。因此，跨境电商综合服务平台的建立和推广，能够为我国服务贸易企业对外业务的开展提供诸多便利，提高外向型服务企业的整体竞争力。

### （二）跨境电商有利于削弱服务型企业面临的文化壁垒

服务产品普遍具有无形性，致使传统服务贸易相较于货物贸易，

在出口过程中更容易产生文化争端。因此，服务贸易供应商不仅需要对贸易伙伴国的经济形势、市场需求等客观情况进行分析，更需要对服务进口国的国民文化、传统习俗、消费偏好等主观因素进行综合考量，提高贸易伙伴国对我国出口服务贸易产品的接受度[①]。跨境电商的发展能够有效缓解服务贸易企业出口的文化困境。一方面，跨境电商促使许多服务产品线上交易成为可能，服务产品的供给和消费可以通过互联网在同一时间、不同空间完成，节省了前期的沟通、流通等环节，可以一定程度避开潜在的文化壁垒。另一方面，同传统的贸易中介不同，跨境电商平台由于具有双向性和交互性，对于贸易伙伴国的制度、文化、法律等因素及其变化的反馈更具时效性和专业性，从而降低贸易摩擦发生的可能，提高服务贸易的国际竞争力。

## 四、跨境电商在推进服务贸易中存在的主要问题

### （一）跨境电商在服务贸易领域的应用规模有限，产业层次较低

一方面，国内外对跨境电商应用领域的关注，目前主要在货物贸易而非服务贸易。跨境电商因其支付便捷、过程简化高效等优势，极大便利了传统货物贸易的通关、报检、结汇、退缴税等流程和业务。因此，国内外业界和政府对于跨境电商的关注，更多聚焦于如何改善物流、海关、税收等机制，以提高货物贸易的流通速度和变现能力，而对于无形性、不可储存性的服务产品缺乏必要的关注。

另一方面，由于我国服务贸易的结构局限性，制约了跨境电商的推广和利用。显示性比较优势指数（RCA）是度量一国产业在国际市

① 王立非，金钰珏：《文化障碍对我国服务贸易出口流量的影响——基于16个服务贸易伙伴国出口数据的分析》，《商业研究》2017年第10期。

场上的比较优势指标，该指标越大说明特定国家的产业在国际市场上越具有比较优势。据测算，美国 RCA 指数最大的是保险、金融和专利部门，而中国则是运输、旅游、建筑行业。由于这类传统服务产业的提供方式主要依赖境外消费或商业存在，难以发挥跨境电商的综合优势，因此跨境电商在服务贸易领域的应用规模相对有限，在以信息技术、商业咨询、数字科技等为代表的高端服务业方面的推广有待增强。

### （二）跨境电商存在一定的信用风险，法律法规有待健全和统一

目前，大宗跨境交易支付平台、门户 B2B 平台、第三方支付平台、垂直跨境小额平台是四种使用较多的支付形式，但由于跨境交易涉及汇率计算、不同国家之间监管体制有较大区别等特性，交易系统及过程都较为复杂。总体而言，现阶段跨境电商在支付平台上存在数量多、网络资金流动迅速、银行监管有漏洞、相关部门缺乏统一的管理制度等相应问题，存在一定的信任风险和违约风险，不利于服务贸易的全球部署。此外，跨境电商属于跨国交易，各国的法律条款以及运行机制不同，适用于一国的标准在他国可能存在冲突，因此跨境电商一旦产生纠纷将难以解决。因此，针对跨境电商，需要在货物过关、退税、商业检查、结汇、交易纠纷、知识产权、消费者权益以及个人信息保护等方面制定相应的法律法规，为跨境电商的开展和服务贸易的升级提供良好的制度保障。

### （三）信息基础设施匮乏，服务贸易流通受阻

与传统贸易中的中间商、代理商和进出口商不同，服务贸易使得

信息网络成为最大的中间商，其交易方式更加便捷高效、交易成本大幅降低。因此，发展现代化的服务贸易，完善的信息基础设施乃是必需的。2015 年以来，我国陆续在杭州、天津、义乌等地设立一批跨境电子商务综合试验区，但其呈点状分布，布局十分有限。西南、东北、西北等地区试验区较少，信息基础设施十分匮乏，以跨境电商带动服务贸易难以实现。因此，跨境电商的布局存在区域不协调的问题。部分地区信息基础设施的匮乏，致使运输类服务贸易操作不规范、数据不透明、信息标准不一致等，降低了各业务流程的时效性，极大增加了企业运营的管理成本。

### （四）跨境电商业务综合，复合型人才紧缺

服务贸易在经济发展和消费生活中的重要性日益凸显，对跨境电商人才的需求与日俱增。同时，跨境电商业务复杂多元，且存在一定限度的技术门槛，对从业人员的技能和素养具有较高的要求。在这样的背景下，跨境电商领域的人才凸显出很大的缺口。据《2017 年跨境电商行业人才管理调研分析报告》显示，未来三年与中国跨境电商相对应领域的人才缺口将高达 450 万人，且 2017 年在以 39% 的速度增加，缺口持续拉大。跨境电商行业普遍面临"招人难"的现状，不仅体现在绝对人才数量的不足，人才质量也是跨境电商发展的一大痛点。跨境平台在推出全球化业务拓展和资源对接中，对软件研发工程师、商户运营和管理人才、供应商运营管理人才等存在多级需求，这类人才不仅需要专业领域内的知识技能储备，还需要具备传统的外贸经验、较强的外语应用能力。因此，复合型人才的紧缺束缚了跨境电商的高质量发展，不利于服务贸易的结构升级。

### （五）国际贸易保护主义抬头，抑制了跨境电商在服务贸易中的推进

全球贸易增长已经减弱，未来贸易关系的不确定性增加。国际贸易保护主义盛行，导致服务贸易规模锐减。由于服务贸易涉及金融、科技等高附加值、高影响力的贸易产品，因此贸易壁垒受到的冲击是首要且巨大的。跨境电商本质上是一种全方位平台，虽然可以推动服务贸易提质增效，但根本上受制于各国贸易政策。各国政府是采取开放的贸易政策，还是实行关税和非关税壁垒的保护主义政策，对于整个跨境电商的营商环境至关重要。国际贸易保护主义的抬头，极大抑制了跨境电商在服务贸易中的推进。

## 五、进一步加强跨境电商推动服务贸易发展的政策建议

### （一）大力支持跨境电商和服务贸易发展，推动实现高水平对外开放

跨境电商和服务贸易的快速发展不仅带来了我国对外贸易“量”的增长，更带来了“质”的提升，对于我国由贸易大国向贸易强国的转变具有重要意义。因此，必须积极发展跨境电商、积极扩大服务业开放、大力发展新兴服务业，以推动实现我国高水平的对外开放。

第一，要鼓励跨境电商发展，明确政策预期。政府主管部门应建立起长效、稳定的监管体系和统一、协调的支持体系，以包容审慎的态度鼓励新业态和新模式的发展，发挥跨境电商自身发展及其对服务贸易发展的积极作用。

第二，要积极扩大服务开放领域，促进服务贸易创新。应优化营商环境，继续推进“放管服”改革；应充分借鉴自贸试验区等试点的

开放经验，鼓励试点试验地区加大探索创新力度；应完善外资审查制度和事中事后监管体系，完善负面清单制度。

第三，要大力发展新兴服务业，推动生产性服务业新升级。应结合出台推进新兴服务业高质量发展的政策措施，积极支持打造适合本土服务业的领军企业和领军人才发展的良好环境，保障当前新兴服务业持续增长的势头；应不断提高生产性服务业在服务贸易出口中的比重，促进服务贸易整体结构的升级。

### （二）顺应数字化发展趋势，促进跨境电商与服务贸易的深度融合与创新

我国应顺应这种数字化发展趋势，加强互联网、大数据等先进信息技术与服务贸易的融合，促进服务贸易的内容创新与模式创新，并通过合理的政策引导，促进国内产业发展，提升服务贸易的竞争力。同时，还应稳步推进适应跨境电商发展规律的管理模式改革，不断提升贸易便利化水平。

第一，着力完善发展跨境电商和服务贸易的基础设施建设，积极培育数字经济增长动力。具体包括：加强网络基础设施建设，加强互联网应用技术建设，加强物流配送等配套设施建设，加强数字贸易企业基础信息规范和信用建设。

第二，应健全跨境电商和服务贸易领域相关法律、法规，建立相关标准体系，营造良好的市场环境。具体包括：加强知识产权保护、规范纠纷处理、积极培养国际化专业人才等。应借鉴发达国家的发展经验，在完善相关领域法律制度的同时，不断提高国内法律的兼容性。

第三，应改变监管思路主动探索适应跨境电子商务发展需要的

新型服务监管模式，切实解决跨境电商通关难、退税难、结汇难等问题。跨境电子商务是创新的产物，要用创新的思路来监管，改革创新是助推跨境电子商务的内在动力，包括研究出台建立跨境电商的通关便利通道、适应跨境电商的征退税政策、支持发展跨境支付、跨境结汇等政策。

### （三）积极参与国际服务贸易规则的制定

跨境电商和服务贸易均属于服务密集型领域，我国应立足自身国情和国家战略，多层次、多领域地参与到国际规则的制定中。

第一，要积极参与由各国政府、国际组织举行的双边、多边谈判和有关法规、标准的制定工作，努力建立一个国际社会普遍接受的国际电子商务和服务贸易框架。

第二，要提升我国参与全球治理和规则制定的能力和增加经验。新兴经济体在全球治理中发挥着日趋重要的作用。我国应抓住这一战略黄金期，以更开放的姿态和更务实的战略参与到国际数字贸易体系的重建当中。

第三，要充分发挥行业龙头企业在规则制定中的作用。我国跨境电商快速发展，培育了一大批较大规模的跨境电商企业，行业龙头企业作为实践者，对跨境电商市场的现状和未来发展趋势更有洞察力，在市场竞争中积累了很多宝贵的经验，鼓励龙头企业参与跨境电商经贸规则制定，有利于占据主动地位，保持和扩大我国企业的竞争优势。

执笔人：朱贤强

分领域报告四

# 数字贸易中的跨境数据流动问题研究

随着数字技术的不断成熟和广泛渗透，跨境交易活动发生了根本性的转变：遥远的空间距离瞬时可达，位于世界不同角落的个人之间可以轻松地实现自由交易，免费的百科全书和虚拟图书馆在全球协作的基础上产生，数字贸易成了当前及未来全球经济中最具增长活力和潜力的一股力量。据麦肯锡统计，全球数据跨境流动价值在 2015 年就已超过货物贸易额；当前数字经济占全球经济总量的 25%；未来十年全球经济总量的一半将来自数字化[①]。

数据及其跨境流动无疑在数字贸易的发展过程中发挥了关键的作用。但是，随着数据流动规模的不断增大，越来越多的利益攸关方开始对不受限制和监管的数据流动的不良后果感到担忧，其中包括但不限于：用户的数字权利受行业内不道德的数据行为的侵害、个人隐私和数据安全、国家安全等。各国往往以隐私或网络安全法等为依据来监管跨境数据流动，以减缓这种担忧。然而，由于大多数政府并未采取基于风险的方法来监管数据，无形中扩大了受到严格监管的跨境数据流动的范围，产生了与数字产业政策相同的保护效果。因此，如何在促进跨境数据流动和保护公共核心利益之间找到最佳平衡点，就成

① “Digital Disruption：The Growth Multiplier”；McKinsey Global Institute，“Digital globalization：The new era of global flows”.

为跨境数据流动规则所要解决的关键问题。

## 一、数字贸易与跨境数据流动限制

### （一）数字贸易

当前，数字贸易并无标准的定义，其内涵和外延也在不断演变中，但可以确定的是，它是全球贸易经历的又一次重要变革，几乎所有的商业都有了电子化的基因，部分非传统商业活动也有了商业化的可能。在所有这些商业活动中，数字贸易代表了三类[①]跨境经济交易：一是数字化的销售贸易。如亚马逊、易贝、阿里巴巴等电子商务平台，大大降低了公司将现有产品拓展到国外市场的交易成本，使不同国家的买方和卖方具有了成本效益型的匹配，中小企业和消费者得以直接参与国际贸易。二是数字增强型的贸易。如 Kindle 电子书、Netflix 流媒体服务等，已经部分或全部取代了传统交易的内容；而数字附加服务，例如宝马用于联网驾驶服务的 ConnectedDrive 平台，则大大提升了实物商品或线下服务的价值。三是完全基于数字技术的产品和服务。谷歌、脸谱和优步等新型科技企业，从一开始就向全球提供完全数字化的新服务，销售渠道和产品是数字化的，价值主张也定位于提供数据和数据分析服务。

基于这种模糊的界定，BCG 亨德森智库的研究估计，2019 年，全球数字贸易的价值约为 8000 亿美元至 1.5 万亿美元，占全球贸易的份额约为 3.5%。虽然远未占据全球贸易的主导地位，但增长很快，且已成为个别细分市场和公司的生存之根本。

实际上，数字贸易的意义和影响绝非一般量化可得。数字贸易

① Christian Ketels，Arindam Bhattacharya，Liyana Satar，Global Trade Goes Digital，2019年8月。

一部分表现为商品、服务或是数字化产品的交易，但更多的是代表了一种数据密集型和数据驱动型的新的价值创造与实现模式。在此过程中，数据的跨境流动既是数字贸易产生的前提，也是其发展的必然结果。

### （二）跨境数据流动限制

跨境数据流动监管并非当前特有，WTO 规则也为保护个人隐私和网络安全等提供了例外安排。但是，数字经济发展的现实已经远远超出规则制定时对互联网发展的预判，伴随大规模跨境数据流动而来的是各国对网络安全的巨大担忧，这种担忧往往以政策法律的形式固化下来，成为政府应对网络犯罪的优先选择。2018 年，《欧盟通用数据保护条例》（GDPR）正式生效，被视作国际跨境数据流动规则制定过程中的里程碑和标志性事件，随即引发国际社会不同程度的立法对标，严重威胁到数字贸易的自由化进程。各国对数据跨境流动的限制不同，大致可分为以下两种。

一种是严格禁止数据流出境外。这主要是针对个人信息等敏感数据。如俄罗斯《关于信息、信息技术和信息保护法》要求信息拥有者、信息系统运营方有义务对俄罗斯联邦公民个人信息进行收集、记录、整理、保存、核对（更新、变动）、提取的数据库存放在俄罗斯境内。中国《人口健康信息管理办法（试行）》规定，不得将人口健康信息在境外的服务器中存储，不得托管、租赁在境外的服务器。印度尼西亚通信和信息部发布的《2012 年第 82 号政府条例》（GR82）规定，拥有公共服务和灾后恢复信息的数据中心必须位于印度尼西亚境内。

值得注意的是，本地化要求虽不等同于跨境数据流动限制措施，但某些情况下，可能带来与禁止跨境数据流动同样的效果。

另一种是满足一定条件下的跨境数据流动。这些条件又可分为两类：一是数据本地化要求，包括本地存储或处理。如越南《信息技术服务法令》（2013）要求每个数字服务或网站在越南至少设立一台服务器。《瑞典簿记法》规定，公司的年度（财务）报告和资产负债表等文件须在瑞典实际储存七年。美国《网络安全协议》（NSA）要求外国通信基础设施提供商对某些客户数据实施了本地存储要求，并对计费记录和访问日志等数据实施了最短的数据保留期。二是以隐私保护等为重要前提，典型的如欧盟《通用数据保护条例》（GDPR）。GDPR 规定，数据可以传输到欧洲经济区①以外的第三国，但前提是接收个人数据的第三国提供了充分的保护，这个国家充分性调查由欧盟委员会进行，目前只有少数国家得到了欧盟的充分性肯定②。在缺乏充分性保护的情况下，GDPR 也提供了一些将个人数据传输到其他司法管辖区的替代机制。主要包括有约束力的公司规则（Binding Corporate Rules）、标准合同条款、经批准的行为准则和经批准的认证机制，或其他合法理由，如完成业务需要或得到数据主体的明确同意等。

欧盟的数据保护规则对国际社会影响很大，很多国家都采用类似的数据监管举措。如日本确立了一项一般规则，即个人信息的主体必须明确同意将数据转移到日本境外的实体，除非：数据接收方所在的国家已被日本监管机构承认具有与日本《个人信息保护法》同等的个人信息保护标准；转让方和接收方已确保接收方根据隐私法的要求，即执行类似于 GDPR 标准的数据传输协议，适当、合理地处理个人信

① 自2018年7月6日，欧洲经济区联合委员会将GDPR政策纳入《欧洲经济区协定》。因此，GDPR的施政范围包括欧盟28个成员国和爱尔兰、列支敦士登、挪威，共计31个经济体。

② 目前，只有一小部分欧盟以外的经济体能够提供足够水平的数据保护。这些经济体包括：安道尔、阿根廷、加拿大、法罗群岛、根西岛、以色列、马恩岛、泽西岛、新西兰、瑞士、乌拉圭和美国（仅限于加入隐私盾的企业）。最近增加的是日本，韩国正在进行充分性谈判。

息；或接收方拥有监管当局所承认的基于国际框架的认证，如亚太经合组织跨境隐私规则体系的认证。

澳大利亚要求打算向境外实体披露个人信息的澳大利亚实体采取在当时情况下合理的措施，确保该境外实体遵守《澳大利亚隐私原则》；新加坡规定，转让实体必须采取适当步骤，确定接收数据的实体受法律强制执行的义务的约束，即对转让的数据提供可比的保护标准；加拿大则要求数据接收国制定与国内法保护类似的法律。

### （三）限制数据流动的原因分析

各国对数据的跨境流动都有不同程度的限制，所要实现的目标主要包括以下几个方面。

#### 1. 保护个人数据隐私

个人数据的跨境自由流动可能破坏隐私、消费者保护和医疗等领域现有的国内监管执法。隐私保护不是一个新问题。在信息交流还不通畅的 19 世纪，塞缪尔·沃伦（Samuel Warren）和路易斯·布兰代斯（Louis Brandeis）担心媒体可能侵入个人生活，就写过一篇关于“独处权”（right to be left alone）的文章。隐私安全问题在数字经济时代更具独特的挑战性：一方面，个人数据的无形性意味着它具有无限复制并在全球范围内避开物理障碍、自由流动的潜能；另一方面，当前全球有超过一半人口接触互联网[①]，未来这一覆盖面会以更快的速度扩张，互联网已成为政治、经济、社会等各领域交互的中枢神经，并将时刻记录个人所留下的任何“数据脚印”，不管是日常消费等琐碎小事，还是事关健康、教育的重大决策。而联机数据分析技术不断成熟，使个人保存在不同信息系统中的“数据脚印”都能通过整合和彼

---

① Internet World Stats，https：//www.internetworldstats.com/stats.htm.

此印证，再现一个人生活的轨迹和全景，使个人隐私无所遁形，产生一种“数据监控”的效果，严重危害个人隐私安全。

所以，各国对隐私数据或个人数据的定义范围尽管依旧模糊，但有不断扩大的趋势。如《欧盟数据指令》将个人数据定义为“与已识别或可识别自然人相关的任何信息”，并将可识别自然人定义为“可直接或间接识别的人，尤其是通过参考识别号或特定于其生理、心理的一个或多个特定因素，可识别的经济、文化或社会身份”。2018 年 5 月，《欧盟通用数据保护条例》生效，取代了《欧盟数据指令》，其中对个人数据的定义不变，但将可识别自然人的定义扩展为“可直接或间接识别的人，尤其是通过引用标识符（如姓名、识别号、位置数据、在线标识符）或特定于物理、生理学的一个或多个因素来识别的人”。例如，有关习惯、地点和身体状况的数据可能会随着时间的推移而创建一个人的个人档案。因此区分个人数据和非个人数据并非易事，这就必然导致各国间意见分歧和争议的产生。

WTO 对此也给予了一定的制度安排，如为自由贸易设置例外条款[①]等，允许世贸组织成员在特定条件下，采取与 WTO 规则不一致的保护性措施。但是，这些因素或条款是缺乏客观评价标准的。所以，当一国援引这些规则来限制数据跨境流动时，其他国家很难判别并阻止这种以信息安全为名、行贸易保护主义之实的行为，致使隐私法保护会成为限制数据跨境流动最重要的政策手段。目前，全世界近 120 个国家或地区已经通过了全面的数据保护 / 隐私法，有近 40 个国家或地区正在立法的过程中[②]。为此，数据隐私考虑的是在各国的立法原则中“存在感”最强，同时也是伸缩性最大、最易引起国际争议的政

① https：//www.wto.org/english/res_e/publications_e/ai17_e/gats_e.htm.

② David Banisar， National Comprehensive Data Protection/Privacy Laws and Bills 2018， 27th Sep， 2018.

策诉求。

**2. 保护网络空间安全**

网络空间安全是国家安全的核心内容，网络恐怖主义和网络间谍活动本就是各国极力防范的重要议题，有了大数据、机器学习和“物联网”，潜在的攻击面将显著扩大，包括从工业控制系统到心脏起搏器再到自动驾驶汽车的所有领域。2012 年对沙特阿拉伯国家阿美石油公司的袭击事件凸显了网络安全对一个国家关键基础设施构成的威胁。有研究显示，预计到 2030 年，全球将有 5000 亿台设备接入互联网[①]，一旦安全性得不到足够的保证，高度互联的网络设备将不可避免面临较高的安全隐患。美国因为其较高的网络互联性，自然首当其冲。根据 Trend Micro 的统计，当前，美国在全球智能家居网络受攻击的次数占全球的比重为 28%，英国和中国各以 7% 的占比紧随其后[②]。所以，联合国秘书长古特雷斯就曾呼吁“制定全球规则，尽量减少电子战对平民的影响，因为大规模的网络攻击有可能成为未来战争中的第一炮”[③]。识别网络威胁、确保关键网络的安全、解决网络空间安全隐患，所有这些都可能影响各国允许跨境信息流动的意愿。

**3. 执法需要**

数据跨境流动限制的另一个动机是确保为执法目的随时访问数据。目前，当数据存放在另一司法管辖区时，执法部门需要依靠司法协助条约规定的程序才能获得访问权。司法协助条约提供了一个程

---

① https：//www.cisco.com/c/dam/en/us/products/collateral/se/internet-of-things/at-a-glance-c45-731471.pdf.

② https：//www.vpngeeks.com/21-terrifying-cyber-crime-statistics-in-2018/.

③ U.N. chief urges global rules for cyber warfare。https：//uk.reuters.com/article/us-un-guterres-cyber/u-n-chief-urges-global-rules-for-cyber-warfare-idUKKCN1G31Q4.

序，根据这一程序，一国可以要求另一国的服务提供者提供信息。这些条约最初的目的是便利在特殊情况下分享证据，是为数据跨境流动提供的一个安全补救机制，但事实证明，这些条约设计无法及时有效回应提出的获取电子数据的请求。

互联网的全球性和对云计算的广泛使用，意味着一个人的数据往往存放在司法管辖区外。因为总部设在美国的公司为全球提供了包括云计算在内的大部分数字服务，所以，在大多数情况下，这些数据都是被托管在美国境内的。从美国获得司法协助需要经过一套复杂的流程：首先需要与美国司法部国际事务办公室联系。然后，该部门必须确定法院命令是否有法律依据，并由检察官通过出示可能的理由向美国联邦法院寻求此类命令。一旦获得批准，需要提供数据的服务公司将制作所需的电子记录，国际事务办公室将对这些记录进行审查，以确保不违反美国宪法第一修正案。只有这样，才能将数据提供给另一国的执法人员。这个流程大概需要 10 个月时间[①]，对执法机构来说，远远无法满足迅速应对国际恐怖主义或网络犯罪的需要。除了美方的这些延误外，国际事务办公室可以拒绝请求，也可以要求修改请求，从而进一步拖延这一进程。美国可能是为了本国利益而有意忽视 MLATs 体系的不健全，而当对方国家以限制数据跨境流动被动应对时，导致的是对贸易保护主义的叠加效应，结局必然是一个双输的博弈格局。

### （四）跨境数据流动限制的负面影响

跨境数据流动限制带来的负面影响是巨大的，而且并不能真正回

---

① White House. 2013. The President's Review Group on Intelligence and Communications Technologies. 2013. Liberty and Security in a Changing World.

应各国的立法初衷。

一是降低本国经济的生产效率及产业的国际竞争力。世界经济与技术革命的发展决定：一方面，互联网会成为未来全球各国各层面互动的主要渠道；另一方面，随着虚拟空间与实体产业融合度的不断提高、各行各业领域壁垒的逐渐消解，数字贸易及数据跨境流动对全球经济的溢出效应会进一步增强。正如数据流产生了经济效益一样，对跨境数据流的限制也可能产生经济成本，因为任何一个节点的“数据短路”都会引发一场拖累整个经济的蝴蝶效应。在一国内部，数据跨境流动限制也会成为改善投资环境及提升产业国际竞争力的重要瓶颈。有研究显示，数据本地化要求将使欧盟、印度尼西亚和越南的投资活动分别降低 3.9 个、2.3 个和 3.1 个百分点，GDP 降低 1.1 个、0.7 个和 1.7① 个百分点 。

据估计②，在完全禁止从欧盟向美国出口个人数据的极端情况下，欧盟国内生产总值会下降约 1%，欧盟向美国出口下降约 5%，因为欧盟制造业的服务投入成本较高；欧盟从美国进口服务下降约 20%。

二是造成对中小企业的不公平待遇。在正常情况下，中小企业在合规条件和能力储备上要弱于大企业，所以数据流动限制给大企业的影响是成本问题，而对中小企业则是生存问题。以 GDPR 为例，在不那么极端和目前普遍的情况下，使用任何一种合规手段，不管是具有约束力的公司规则还是合同范本，将个人数据转移至欧盟以外，都会带来巨大的合规成本，特别是对于发展中国家。苏黎世中小企业风险

---

① Anupam Chander， Breaking the Web：Data Localization vs. the Global Internet，2014.3.13，https：//papers.ssrn.com/sol3/papers.cfm?abstract_id=2407858.

② Bauer， M.， Erixon， F.， Krol， M.， Lee-Makiyama， H.， & Verschelde， B. European Center for International Political Economy for the U.S. Chamber of Commerce. （2013， March）. The Economic Importance of Getting Data Protection Right.

指数（The Zurich SME Risk Index）对 1000 多名中小企业企业主的调查结果显示，85% 的企业主将受到 GDPR 的影响，仅 1/3（34%）的受访企业表示使用了数据保护官（Data Protection Officer）或符合要求的同等人员。对不遵守 GDPR 的罚款金额最高可达企业全球营业额的 4%，但仅有 1/4 以上（28%）的中小企业表示，在如此大规模的罚款之后，它们可以继续经营。而大企业则有足够的实力应对 GDPR 的合规要求。所以，以打造公平竞争平台为目的的数据流动限制实际上造成了另一种不公平。

三是个人数据和网络空间安全不一定因数据跨境流动限制而得到增强。安全是一个实体保护数据和为数据中心提供实物保护的技术、组织和财政能力的函数。大型跨国公司，如主要的云服务提供商，通常拥有更多的技术资源和专业知识来确保尽可能高级别的安全性，它们也有更大的能力修复和应对安全漏洞。根据一项研究报告[①]显示，在 2016 年受到电子邮件恶意软件打击的各种规模的企业中，中小型企业（不到 500 名员工）受到的影响最大。本地化存储和处理要求只会分散企业的资源，降低企业维护安全的能力。

同时，数据安全也与本地基础设施的可靠性有关。例如，在一些发展中国家，稳定以及可用的电力供应性或带宽质量并不总是能得到保障。本地化数据可能会强制部分数据进入不安全的设施，而整个网络的安全性能并非每个节点的性能加总，而是遵从“木桶效应”，增加一个不可靠的数据存储节点，反而会拉低整个网络的安全系数。此外，在造成实际安全问题后，打击网络犯罪、提升行政执法效率，也需要私营部门公司之间的协调以及国际社会之间的适度联通。

---

① Symantec. 2017. Internet Security Threat Report.

另外，随着国际交往的日益频繁，个人数据也需要实现一定程度上的跨境自由流动，比如医疗健康数据和诚信记录数据，前者可以使外国医事服务提供者尽快掌握患者的病史，对于提高医治效率、减少不必要的检查等医事资源浪费至关重要，而后者则便于个人获得以综合信用评价为基础的金融、保险等资源。

## 二、国际跨境数据流动规则探讨

尽管跨境数据流动限制背后有其正当的公共利益诉求，但道德判断缺乏价值判断所拥有的可视化的衡量标准，在无法清晰区分各国数据监管的政策动因的前提下，如何在促进跨境数据流动和保护公共核心利益之间找到最佳平衡点，并建立一套相对统一又易于被各国所普遍接受的跨境数据流动规则，就成为数字贸易治理的关键议题。

### （一）WTO多边协定

WTO 为数据跨境流动奠定了基本的规则框架：一是《服务贸易总协定》（GATS）中的金融附件、电信附件等都对信息传递做了相关规定；二是 GATS 中的第 14 条（“一般例外” c 款第 ii 项）规定了对处理和转移个人隐私记录和账户等的例外情况[①]。为了防止这一条款被贸易保护主义所利用、对服务贸易进行变相限制，该协定同时还要求这些措施必须符合第十四条的起首部分的规定，即该措施的适用方式不会导致任意或不合理的歧视或对服务贸易的变相限制。

---

① WTO，https：//www.wto.org/english/res_e/publications_e/ai17_e/gats_e.htm.

世贸组织上诉机构的一份报告[①]中提到，一项措施是否“必要”需要“权衡或平衡”各种因素，包括措施对政策目标的贡献、公共利益的重要性或受措施保护的价值，以及对进口的影响。这种评估包括是否存在可以实现 WTO 成员目标的限制性较小的替代措施，而能“有资格作为真正的替代方案”的拟议措施不仅必须比原来的措施施加更少的贸易限制，还应“为相应成员保留实现其所要达到的保护水平的权利”。评估一项措施与 GATS 第十四条起首部分的一致性，是对援引例外的成员与其他成员之间权利的平衡，与 WTO 成员而非 WTO 争端解决小组的合作过程可能是找到这种“均衡线”的更可靠的过程。

但是，GATS 对跨境数据流动或信息跨境传输的“软性”规定在解释时存在极大的灵活性和不确定性，当这种灵活性和不确定性能有助于通过树立贸易壁垒实现保护国内产业安全、促进就业、避免税收损失和维护网络空间主权等目标时，一国就有充分动力从自身利益出发去解释规则。因此，寻求更有约束力的跨境数据流动规则，成为各国完善数字贸易治理的重要方向。

### （二）区域贸易协定

多哈回合谈判的搁浅和 WTO 改革进程的迟滞不前，促使很多国家放弃多边平台，转而通过区域贸易协定来探索数字贸易新规则。

#### 1.《全面与进步跨太平洋伙伴关系协定》（CPTPP）

《全面与进步跨太平洋伙伴关系协定》（CPTPP）第 14 章“电子商务”中的有关规定，提供了一个通过贸易协定来解决隐私保护和跨境数据流动问题的具有约束力的法律文本框架，是对多边数字贸易规

① WTO，2007. Brazil – Measures Affecting Imports of Retreaded Tyres.

则的一个重要贡献，对推动数字贸易自由化具有广泛而深远的意义。在美国退出协议之前，美国贸易代表办公室（USTR）对此章节的定位是：保护开放的互联网，防止其分裂成多个、巴尔干化的互联网格局，从而促进数据流动的自由化[①]。

（1）关于数据跨境流动

CPTPP 的第一个关键内容是第 14.11.2 条明确规定的“每一方应允许通过电子手段跨境转移信息，包括个人信息，当这项活动是为了实施针对数据主体的业务时”。与 GATS 要求不同，这些承诺涵盖所有信息流，不仅限于跨境服务交易所需的数据流动[②]。

（2）关于隐私和安全的例外条款

CPTPP 在其电子商务中也包括有类似于 GATS 第十四条的例外条款。第 29.2 条规定：“本协议中的任何内容不得解释为：（a）要求缔约方提供或允许获取任何信息，如果这些信息的披露违反了其基本安全利益；或（b）排除一缔约方采取其认为的为履行其义务所必需的维护或恢复国际和平或安全，或保护其基本的安全利益的措施。”同时也规定在实现任何合法的公共政策目标而使用例外条款时，不能以一种构成任意或不合理歧视手段的方式或变相限制贸易，并且不能超出要实现的政策目标所需的流动限制。

（3）关于数据流动目的国义务的规定

为防止跨境数据流动可能造成的对实现国内隐私目标的破坏，CPTPP 增加了数据流动目的地国家的义务。第 14.7.2 条在线消费者保护规定了每一方应采用或维护消费者保护法律，以禁止欺诈性和欺骗

---

① TPP，MADE IN AMERICA，https://ustr.gov/sites/default/files/TPP-Chapter-Summary-Electronic-Commerce.pdf.

② Aaditya Mattoo and Joshua P. Meltzer，international data flows and privacy.

性的商业活动，防止对从事在线商业活动的消费者可能造成的伤害。关于个人信息保护的第 14.8.2 条要求，各方应采用或维持一个法律框架，保护电子商务用户的个人信息，隐私法律框架可采取多种形式，包括全面的隐私办法、针对具体部门的法律和规定执行自愿承诺的法律。此外，第 14.8.3 条规定，各方应努力采取非歧视性做法来实施保护措施。最后，第 14.7.3 条鼓励国家消费者保护机构之间在这方面加强合作，第 14.8.5 条则鼓励要促进不同保护机制之间的兼容性。

增加对数据目的地国家的此类义务要求，是促进国家间合作的关键，因为能够向资料来源国家提供保障，即他们对跨境数据流动的承诺不会使其消费者或更广泛的监管需求受到冷漠的外国监管机构的支配。而且，这种共同义务的存在也减少了来源国根据例外条款采取单方面行动的必要性。

**2.《欧盟通用数据保护条例》(GDPR)**

隐私安全一直是欧盟关注的重要问题，所以早在 1995 年就颁布了《数据保护指令》，对个人数据的跨境流动进行限制。为了应对数字经济时代对个人隐私安全造成的新挑战，欧盟委员会从 2012 年开始着手制定新的数据保护规则，也即《欧盟通用数据保护条例》(GDPR)，对隐私保护和数据主权，在适用范围、责任主体、惩罚力度等方面提出了更严格、更具体的要求，并在 2018 年 5 月成为替代指令的升级版数据保护规则。

总体来看，根据 GDPR，数据可以在多种条件下转移到欧盟境外。

一是欧盟委员会认为接收个人数据的第三国、该第三国境内的一个或多个特定部门或涉及的国际机构确保提供了充分的保护水平，此类数据转移不需要任何具体授权。充分性保护评估由委员会执行，需要考虑多种因素，包括法治水平、尊重人权、基本自由、独立监管机构现存或有效地确保遵守数据保护规则、国际协议，如隐私盾等。

二是在缺乏充分性评估的情况下，数据控制者或处理者可以将个人数据转移至第三国或国际机构，如果控制者或处理者已经提供了适当的保障、可执行的数据主权和有效的法律补救措施。其中适当的保障包括具有约束力的公司规则、经委员会批准的标准数据保护条款、经核准的行为守则和认证机制等。

三是在缺乏充分性保护评估和适当的保障措施的情况下，数据在转移到欧盟境外时至少需要满足：在被告知由于没有充分的决定和适当的保障措施而可能为数据主体进行此类转让的风险后，数据主体明确同意了拟议的转让；为执行数据主体与控制人之间的合同或执行应数据主体要求采取的合同前措施，必须进行转让；由于公共利益的重要原因，转让是必要的等。同时还提到要建立国际合作机制，促进有效执行保护个人数据的立法；让相关利益攸关方参与旨在促进国际合作以执行保护个人数据立法的讨论和活动；促进个人数据保护立法、与第三国的管辖权冲突等的交流。

**3. 亚太经合组织（APEC）隐私框架**

为了增强消费者参与电子商务的信心，亚太经合组织（APEC）在跨境电商个人数据隐私保护方面做了一系列卓有成效的工作。2004年，APEC 各成员签署了《APEC 隐私保护框架》，为成员及其企业处理隐私问题提供了明确的原则。2011 年，跨境隐私规则（Cross-Border Privacy Rules，CBPR）正式建立，旨在促进具有不同隐私法的国家之间的个人数据传输，是 APEC 跨境隐私保护的核心内容。APEC 框架包括一套信息隐私原则，包括：需要根据使用和传输数据造成的伤害风险保护个人数据的隐私；通知数据主体正在收集个人信息，收集的目的，可能向其披露数据的组织以及数据主体如何限制数据的使用和披露，包括访问和更正数据的机会；数据收集也应限于收集目的的信息。

问责制是APEC框架的一项关键原则。它主要用于约束数据控制者，包括数据收集者和使用者。这种方法类似于GDPR标准合同和BCR将数据传输到第三方或联合企业内部的方法。但它与GDPR的不同在于：第一，不需要各经济体有自上而下的隐私立法，因此不要求成员间进行隐私保护的互认；第二，CBPR是一项自愿认证体系，具有实施上的灵活性的优势，除了立法之外，还可以是行业自律，具体表现为两个层面的合规审查，根据APEC跨境隐私保护规则审查标准确定责任代理机构，由责任代理机构来确定被APEC认可的遵守隐私保护的商业机构，以及参加CBPR的商业机构侵犯消费者隐私权时的撤销资格的认证；第三，同意在数据收集中的作用以及何时允许跨境数据传输上的不同。例如，只有在“适当的情况下”才需要收集数据的同意或通知。此外，经数据主体同意或在提供服务或产品必需时，数据可用于收集目的以外的用途。

**4. 经济合作与发展组织（OECD）隐私指南**

在过去十年中，经济合作与发展组织成员方的一个特点是制定了大量保护个人隐私的法律。这些法律在不同国家往往采取不同的形式。立法方面的差异必然会对国家间信息的自由流动造成障碍。2013年，经济合作与发展组织发布了保护隐私和个人数据跨境流动的指南。该指南是为应对全球互联网兴起以及大规模在线数据收集和处理带来的重大风险而制定的[①]。

① OECD . 2013. Data Driven Innovation：Big Data for Growth and Well-Being.

（1）关于最低限制的跨境数据流动原则

隐私指南第 16 条规定，成员方应采取一切合理和适当的步骤，确保个人数据的跨境流动是不间断和安全的，包括通过成员方的过境。其例外主要体现在第 17 条的规定上，即“一个成员方应避免限制本国与另一成员方之间个人数据的跨境流动，除非后者尚未实质性地遵守本准则，或此类数据的再出口将规避其国内隐私立法。一个成员方还可以对某些类别的个人数据施加限制，因为其国内隐私立法对这些数据有具体的规定，而另一成员方对这些规定没有相应的规定保护”。同时，第 4 条还对例外条款进行了适当的约束：“对于指南第二和第三部分所提到的为保护国家主权、国家安全和公共政策有关时的例外情况，应采取最低限度和公开透明的原则。”第 18 条，“成员方应避免以保护隐私和个人自由的名义制定法律、政策和做法，这将对个人数据的跨境流动造成超过这种保护要求的障碍。”

（2）强调数据主权

如数据应通过合法手段获得，并在适当时经数据主体同意；个人数据应准确、完整和最新；应规定收集数据的目的，并限制数据的使用仅限于那个目的；未经数据主体的同意不得披露个人数据；个人有权从数据控制者处获取个人数据。

（3）对问责制原则的规定

数据控制者具有实现这些原则的隐私保护管理程序。指南要求隐私管理计划应根据信息的敏感性和基于隐私风险评估实施的保护措施进行定制。

（4）关于成员方机制建设的建议

隐私指南对各成员方国内法提出了不具强制约束力的建议，主要体现在第 19 条，为在国内实施隐私保护原则，成员方应建立法律、行政或其他程序或机构，以保护个人隐私和数据流动的自由。成员方尤其应努力：(a)通过适当的国内立法；(b)鼓励和支持自律，无论是以行为守则还是其他形式；(c)为个人行使其权利提供合理的手段；(d)规定在不遵守执行第二和第三部分所载原则的措施的情况下提供适当的制裁和补救办法；(e)确保对数据主体不存在不公平的歧视。

隐私指南指定了跨境传输数据的两种方法。一种方法反映了问责制方法，其中数据控制者仍然对其控制下的个人数据负责，而不考虑数据的位置。另一种方法允许数据流向"基本遵守准则"或"存在充分保障"的另一个国家，其中包括确保与准则一致的持续保护的机制。根据隐私指南的补充性说明备忘录，这两项跨境数据传输原则彼此独立存在。这两种方法反映了 OECD 成员对跨境转移的不同方法：欧盟数据指令和 GDPR 方法限制在只能向提供充分保护的国家的转移，以及允许数据传输的 APEC 方法，并使数据控制者对因其他国家的第三方使用而导致的任何数据泄露负责。

**5. 美欧隐私盾**

美国和欧盟在保护隐私方面存在明显的不同，但并不妨碍两大经济体之间达成某种形式的互操作性。2016 年 7 月初，欧盟和美国就数据传输达成的隐私盾协议（EU-US Privacy Shield）正式生效，取代了原有的避风港协议，在一定程度上允许欧盟和参与隐私盾的美国企业之间进行个人数据的自由流动。

在隐私盾协议下，美国公司通过行业机构或单独向美国商务部证明，它们将根据隐私框架保护个人数据。其中需要遵循的主要的原则有：通知欧洲数据主体其数据正在被美国实体处理；提供选择，包括是否选择不提供个人信息；对任何向第三方转发个人信息的责任；采取合理和适当的措施保护个人数据免遭丢失或滥用；仅为组织打算使用的目的处理个人数据；为欧洲数据主体提供访问其个人信息的权限，以及纠正、修改或删除不准确信息的能力；执行这些原则并使欧洲数据主体能够获得负担得起的执法机制。

美国企业必须公布其隐私政策，如果违反自己的政策，隐私护盾会授予美国联邦贸易委员会对此类企业的管辖权。此外，美国还为个人数据被泄露的人提供了各种补救手段，包括对企业的直接投诉或向商务部提出的投诉。此外，根据隐私盾，美国同意设立一个监察员，根据国家安全理由处理有关政府机构从欧盟获取个人信息的投诉。然而，2020 年 7 月，欧洲法院以“美国可能在缺乏严格、必要的条件下获取个人数据”为由，判决美欧隐私盾协议无效。

总的来看，关于跨境数据流动，世界各国在国内规制和贸易谈判中采取的不同政策立场，大致上反映了两种不同的治理思路。一是以美国为代表的以商业数据为核心的跨境自由流动规则，如允许商业信息跨境自由传输，并禁止数据本地化措施，但同时也不阻止缔约方为达到合法公共政策目的而“采取或维持”与这些义务不一致的措施。二是以欧盟为代表的隐私保护至上的跨境数据流动规则。其核心主张和主要特点体现在两个方面：一方面，明确要求各方承认个人数据和隐私保护是一项基本人权，并采取或维持其认为恰当的个人数据保护措施；另一方面，在个人数据受到良好保护的前提下，对跨境数据流动的自由化水平反而要高于美国标准，既没有对国家安全予以提及，也未对出境数据类型进行明确区分。

目前，美国和欧盟两种方案之间尚未形成广泛的折中共识，其他国家也采取了选择性跟随的态度。如日本在国内立法上虽然参考了欧盟规则，同时也与欧盟达成了数据保护的相互充分性认定，但也积极参与《跨太平洋伙伴关系协定》（TPP）和 APEC 的 CBPR 规则体系。中国的国内立法也参照了GDPR的规定，但在实施上，更强调在国家安全的前提下，尽可能避免对商业数据跨境流动进行限制。据悉，美国在2020年6月召开的APEC事务级别磋商中提出，将CBPR体系独立于APEC框架外。此举一方面是要让巴西等非APEC成员也有加入的可能，扩大其主导规则的国际影响力；另一方面也是要在排除中国的情况下推进规则的制定。该提议尚未得到包括日本在内的APEC各国的回应，但也进一步暴露出了有关跨境数据流动的巨大国际分歧。

### （三）当前规则的总结和有效性探讨

以上这些不同的治理方案，已较GATS有很大进步，除了继续延续GATS追求的隐私安全保护与自由流动之间平衡的原则外，又加入了更多治理理念或管理方式的创新，主要体现在针对数据控制者、处理者和接收方所提出的一些基本原则，如收集限制原则、数据质量原则、目的规范原则、使用限制原则、安全保障原则、开放原则、个人参与原则和问责制原则，为数据的跨境自由流动和安全保障提供了丰富和完善的监管范本。但这些机制在作为有效的国际跨境数据流动规则上，至少还面临以下几个问题。

第一，各方关切错位，在形成全球统一规则上有较大难度。就以上的讨论可看出，各国对跨境数据流动进行限制是基于不同的政策考虑：欧盟重个人隐私；美国重数据安全，且要在隐私、言论自由、发展和创新等诸多目标中取得平衡；中国重国家安全。各个国家关注的角度和重点不同，很难在短期内形成一套普适的和具有包容性的跨境数据流动规则框架。

第二，新的规则机制无法保证实施的公平性。一方面，数据流动新规则中的例外安排同样为数字贸易保护主义留下了足够的“后路”；另一方面，新规则有可能违反 WTO 的非歧视性原则。以 GDPR 为例，法规不仅对任何第三国一视同仁，都必须要满足对个人数据同等的保护条件才有可能获得充分性认证，对国内外数据控制者的要求也相同。所以在文本上，GDPR 并不违反 WTO 规则，但是欧盟跨境数据流动监管的潜在冲突不在规定本身，而在于进行充分性认证的方式和程序。欧盟委员会在评估中享有较大的灵活性，这种灵活性会破坏整个流程的公平性，这也是 GDPR 遭到其他 WTO 成员方质疑的重要原因。

第三，实施上受到技术可行性的制约。许多核心术语，特别是“隐私”一词，都是定义模糊和不准确的。隐私实际上是一种主观感受，人们为自己定义隐私偏好，以反映其自身的利益和价值观，其内涵很难在制度上明确。在国际贸易的语境中谈隐私保护，实际上就是区分个人数据与非个人数据的问题，因为前者才是触发司法介入的决定性因素。但当前在技术上还缺乏对隐私或个人数据边界的科学划分，如果企业无法从全部数据中剥离出个人数据，那么针对个人数据的限制性措施实际上是阻止了数字贸易的发生。总之，如果缺乏对“隐私”“个人数据”“国家安全”等术语明确和共同的认知，就不可能就如何规范管理数据流动进行富有成效的讨论。这种用哲学思辨来解决贸易冲突的办法行之有效的前提是国际政治权利的高度集中，但在当前国际格局多极化的情况下，显然无济于事。

第四，跨境数据流动限制只是问题的“果”和“标”，各国发展阶段和历史、制度等因素的差异才是问题的“因”和“本”：美国以其强大的数字技术实力，力图撬开全球数字经济市场的大门，在推动跨境数据流动方面发出极其自由的声音；欧盟在隐私保护的规则制定上一直走在世界前列，但这在一定程度上遏制了其数字经济发展的活力，所以欧盟力图通过 GDPR 这一具有法律约束力的管理条例来一方面推动区域内数据的自由流动，另一方面也企图引导国际规则走向，打造与非欧盟世界相对平衡的竞技场；中国在数字经济的市场化应用上居于世界第一梯队，但主要依赖于国内庞大的市场体量，在跨境数据流动的治理上以便利货物贸易的发展为核心；其他一些数字经济较弱的发展中国家，如印度、印度尼西亚和南非等，则在跨境数据流动上明确摆出了排斥的立场。这种差异决定了各国就跨境数据流动达成相互的妥协和退让，任重而道远。

## 三、跨境数据流动治理新思路

数字贸易从横向和纵向整合了经济交往中的各个元素，其规则制定涉及整个国际和国内法体系的调整，各国在发展水平、历史和制度等方面的巨大差异决定了这只能是一个逐步调整和不断适应的过程。关键是在国家与国家、整体与局部、政府与市场间建立内外协调、纵横配合、上下联动的沟通与平衡机制。

一是国际协调与国内规制。跨境数据流动规则背后反映的是更深层次的价值取向问题，如公平、安全、隐私等，不存在绝对的对与错之分。在这种情况下，加强国际沟通与对话，确定出普遍认可的解决方案或加强监管合作，如达成互认协议，是提高国际治理质量和效率的最佳选择。与此同时，各国也应从理顺国内规制入手来优化国际规则，一方面推动本国商业数据实现跨境自由有序流动；另一方面保证政策法规的透明且易于执行，并探索建立有效的外部监督机制，以确保执行过程中的非歧视性。

二是多边规则与区域治理。一方面，支持“志同道合”（Like Minded）国家间形成区域性的规则框架，由此构建一个由点到片、由片到面的逐步推进的制度发展路径图，以应对中短期的国际分歧。另一方面，数据流动的全球性决定了多边平台依旧是解决数字贸易问题的最佳渠道，人为地划分为不同的治理区域，虽然有助于快速达成共识，但却制约了企业从全球层面配置资源、解决数字贸易经济效率和隐私安全的能力。而且，世贸组织所确定的最惠国待遇和非歧视性等原则，比量身定制的管制法具有更强的包容性和适应新变化的能力，能够为世界经济发展提供更稳定的国际法环境，有利于跨国企业制定着眼长远的发展战略。

三是贸易自由化与包容性发展。推动贸易的自由化，是数字贸易规则制定的初衷。但这并不意味着仅仅通过拥抱互联网的乌托邦设计，政策挑战就将得到彻底解决，多数不发达国家面临的数字鸿沟以及数字贸易发展的矛盾性确实需要引起重视。因此，国际社会要以包容的心态对待不同国家的治理逻辑，同时帮助寻找实现政策目标的最佳手段，以减少对贸易的限制作用。在数字贸易发展过程中，技术、市场和政策是三个重要的因素，其中，技术在于支撑、市场在于应用、政策在于规制。当前的问题是，政策发展的节奏落后于技术与市场，从而制约了市场的发展。解决思路有两个：一是完善政府监管，尽可能减少对技术和市场发展的限制；二是在政府监管的前提下，不断去完善技术和市场。因此，除了在政策设计上下功夫外，也需要撬动技术的力量，例如，利用边缘计算，解决部分隐私和数据安全问题，既起到了保护的作用，又不至于造成数据保护主义。

四是整体推进与局部调整。数字贸易之所以在适用当前规则时出现分类和对标上的意见分歧，就在于这些问题几乎都处于多种制度的交叉点，参与各方可以轻松实现制度转轨，从而将规则适用引导到有利于实现其利益最大化的制度框架内。因此，数字贸易治理需要有全方位、系统性的整体推进思路。但数字贸易本身代表的是一个充满活力的且能体现未来发展趋势的贸易集合，对其的治理又必须要结合产业、配合问题，围绕具体交易进行适应性调整，以局部突破配合整体推进的进程。

五是政府自上而下监管与市场自我约束。数字贸易的健康、可持续发展，离不开政府治理的有效性，但在企业掌握的信息资源多于政府时，发挥企业的治理中介作用以及竞争对手间的相互监督功能，就可在较大程度上补充政府监管能力的不足。而政府的责任就在于对企业进行事前的教育引导，即考虑到经济人的特征，用正确的激励机制，营造一个讲求公平正义的社会风气；同时加强事后的责任惩处，通过增加违约成本，从反向引导企业强化技术创新、建立良好的市场经营秩序。

## 四、政策建议

第一，积极参与跨境数据流动规则谈判，彰显开放大国风范，原因有三：一是消除数据流动壁垒、建立有效的国际治理规则，符合各国分享数字经济红利的发展利益，符合国家信息安全对网络空间提出的新要求，符合完善国际执法互助体系建设的客观需要，更符合全球化更趋深化、国际交融日益密切的时代趋势；二是中国在数字贸易的个别领域竞争力强，同时也面临着中国企业海外经营受制于东道国跨境数据流动限制障碍的困境，需要以自身的开放来撬动外部市场的开放；三是从多边贸易规则的谈判模式来看，如果中国不参与跨境数据流动谈判，一旦其他国家以开放诸边的形式达成某种较为紧密的合作伙伴关系，中国就很可能错失数字贸易发展的重要机遇期。

第二，支持WTO作为多边机制在解决跨境数据流动问题上的核心地位。认识到《服务贸易总协定》（GATS）已经包含了透明度、国内规定、非歧视性、市场准入及例外条款等纪律，从而为数字环境下的市场开放奠定了坚实基础。因此，改革的重点应是如何使这些规则更清晰、更确定地适用于数字环境。同时也应探索制定中国的跨境数据流动充分性认证标准，并从与我国立场较为一致的国际盟友入手，如东盟国家，建立双边或区域的数据跨境流动协调机制。

第三，在网络安全上开展国际合作，解决中国限制跨境数据流动的重要关切。在近期达成的区域贸易协定中，网络安全都被作为一个附带问题来讨论，例如，鼓励在网络安全方面开展国际合作的一般条款。鉴于为数据流动创造一个安全环境的重要性，中国应加强国际对话与合作，建立固定的机制来确保网络安全，包括在国际执法互助体系的建设方面。

第四，增强立法和司法的透明性。数据的跨境流动不是一次性的市场交易行为，背后体现的是优质资本的输入与输出、先进技术的国际交换、商业发展的必然趋势，是把握新技术革命和与全球发展趋势不脱节的基础保障。所以，中国要在正视自身特殊政策环境和保持对风险的警惕的前提下，尽可能以更加开放的心态对待跨境数据流动问题。具体而言：一是对数据进行分类监管，扩大除敏感数据外的数据开放水平，并尽快明确“重要数据”和“关键信息基础设施”等的范围和认定标准，给企业的正常商业活动提供可预期和稳定的政策环境；二是建立更为清晰和透明的关于重要数据流出境外的安全评估框架，并简化评估流程，降低企业的合规成本；三是进一步完善大数据开放共享标准体系建设，提高系统间的兼容性，为政府与社会的共治提供必要的前提；四是在海南自贸港自贸试验区等特殊监管区内探索更开放的跨境数据流动监管机制，并增强执法有效性和完善争端解决机制（见表 1）。

**表1　　美国、中国及欧盟关于数字贸易的法律法规**

| | 法律法规 | 具体规定 |
|---|---|---|
| 美国 | — | 美国对将个人数据转移至境外基本没有限制。一些州颁布了限制或阻止国家机构或国家承包商外包数据到美国境外进行处理，但这些法律通常仅限于向国家机构提供服务或商品的合同商 |
| | 网络安全协议 | 外国通信基础设施提供商只有签署网络安全协议（NSA）才能在美国运营。这些协议确保美国政府机构能够在法律要求时访问通信数据。此外，协议还对某些客户数据实施了本地存储要求，并对计费记录和访问日志等数据实施了最短的数据保留期 |
| | 加州《消费者隐私法》（2018） | 虽然在美国没有关于数据隐私的国家法律，但加利福尼亚州在2018年通过了一项隐私法，该法适用于在该州成立的所有公司。加利福尼亚州2018年《消费者隐私法》要求公司给消费者提供机会，让他们了解公司收集、出售或披露的个人信息类别，以及向谁出售或披露信息。该法案还赋予消费者权利，防止企业出售或披露其个人信息。因此，必须告知个人其信息可能被出售，并且他们有“选择退出”的权利 |
| 中国 | 工业和信息化部《信息安全技术公共及商用服务信息系统个人信息保护指南》（2013年2月1日） | 5.4.5 未经个人信息主体的明示同意，或法律法规明确规定，或未经主管部门同意，个人信息管理者不得将个人信息转移给境外个人信息获得者，包括位于境外的个人或境外注册的组织和机构 |
| | 《网络安全法》（2017年6月1日） | 第三十七条 关键信息基础设施的运营者在中华人民共和国境内运营中收集和产生的个人信息和重要数据应当在境内存储。因业务需要，确需向境外提供的，应当按照国家网信部门会同国务院有关部门制定的办法进行安全评估；法律、行政法规另有规定的，依照其规定 |

续表

| | 法律法规 | 具体规定 |
|---|---|---|
| 中国 | 国家互联网信息办公室《个人信息和重要数据出境安全评估办法（征求意见稿）》（2017年4月11日） | 第二条 网络运营者在中华人民共和国境内运营中收集和产生的个人信息和重要数据，应当在境内存储。因业务需要，确需向境外提供的，应当按照本办法进行安全评估。<br>第四条 个人信息出境，应向个人信息主体说明数据出境的目的、范围、内容、接收方及接收方所在的国家或地区，并经其同意。未成年人个人信息出境须经其监护人同意。<br>第十一条 存在以下情况之一的，数据不得出境：（一）个人信息出境未经个人信息主体同意，或可能侵害个人利益；（二）数据出境给国家政治、经济、科技、国防等安全带来风险，可能影响国家安全、损害社会公共利益；（三）其他经国家网信部门、公安部门、安全部门等有关部门认定不能出境的 |
| | 交通运输部、工业和信息化部、公安部、商务部、工商总局、质检总局、国家网信办《网络预约出租汽车经营管理暂行办法》（2016年1月1日） | 第二十七条 网约车平台公司应当遵守国家网络和信息安全有关规定，所采集的个人信息和生成的业务数据，应当在中国内地存储和使用，保存期限不少于2年，除法律法规另有规定外，上述信息和数据不得外流 |
| | 国务院《地图管理条例》（2016年1月1日） | 第三十四条 互联网地图服务单位应当将存放地图数据的服务器设在中华人民共和国境内，并制定互联网地图数据安全管理制度和保障措施 |
| | 《中华人民共和国保守国家秘密法》（2010年10月1日） | 禁止向境外转让含有国家秘密的资料 |
| | 国家卫生计生委《人口健康信息管理办法（试行）》（2014年5月5日） | 第十条 不得将人口健康信息在境外的服务器中存储，不得托管、租赁在境外的服务器 |
| | 中国人民银行《人民银行关于银行业金融机构做好个人金融信息保护工作的通知》（2011年4月1日） | 六、在中国境内收集的个人金融信息的储存、处理和分析应当在中国境内进行。除法律法规及中国人民银行另有规定外，银行业金融机构不得向境外提供境内个人金融信息 |

续表

| | 法律法规 | 具体规定 |
|---|---|---|
| 欧盟 | 《通用数据保护条例》（GDPR）（2018年5月） | 第3条 对于在欧盟境内设有机构的企业，如其通过该机构开展业务的过程中涉及对个人数据的处理，不管该处理是否发生在欧盟境内，都应适用GDPR。<br>第5条 只有在满足其规定的条件的情况下，数据控制者才能将个人数据转移至欧盟以外的第三国或国际组织，或者再次将数据转移至另一个第三国或国际组织。<br>向获得欧盟保护水平认定的国家或国际组织转移个人数据，不需要任何特别授权。<br>如果要向上述清单以外的目的地转移个人数据，就要遵循“适当保障措施”的要求，这是针对保护水平认定的替代性方案。根据GDPR第46条，构成“适当保障措施”的替代性方案有好几种可供企业选择，包括约束性企业规则、标准合同条款、经批准的行为准则以及认证机制等 |

执笔人：陈红娜

分领域报告五

# 中国旅行服务贸易竞争力研究

2010 年，联合国、欧洲联盟统计局、国际货币基金组织、经济合作与发展组织、世界旅游组织、世界贸易组织等联合发布《2010 年国际服务贸易统计手册》，阐述了国际服务贸易统计数据的国际公认框架，满足了统计数据更详细、可比性更高、综合性更强的需求。

根据《2010 年国际服务贸易统计手册》，旅行服务贸易（Travel Service）与旅游服务贸易（Tourism Service）并不完全相同。我们用旅行服务贸易更为准确，但不妨碍文章中部分内容是国内习惯的旅游服务贸易。

## 一、旅行服务贸易与旅游服务贸易的内涵和外延

旅游服务贸易是国际服务贸易的一种，是指一国或地区旅游从业人员运用可控制的旅游资源向其他国家或地区的旅游服务消费者提供旅游服务并获得报酬的活动。旅游服务贸易既包括外国旅游者的入境游，即国际收入游，也包括本国旅游者的出境游，即国际支出游。

旅游服务贸易是国际服务贸易的重要组成部分，给当地居民带来一定的收入，有利于促进当地就业和提升收入水平；有利于不同的文化进行交流，促进互联互通；有利于体现当地的综合服务能力，以及

旅行者个人及其所在国家的形象。

尽管如此，旅行服务贸易与旅游服务贸易是有差别的。

## （一）国际组织对旅行服务贸易的界定

WTO的《服务贸易总协定》（GATS）将服务贸易分为十二类，旅游和旅行相关服务是其中的一类，并存在跨境供应（模式一）、境外消费（模式二）、商业存在（模式三）、自然人移动（模式四）四种模式。其中，模式一是指从一个WTO成员境内向任一其他成员境内提供服务，模式二是指在一个WTO成员境内向任一其他成员的服务消费者提供服务，模式三是指由一个WTO成员的服务供应商在任一其他成员境内以商业存在方式提供服务，模式四是指由一个WTO成员的服务供应商在任一其他成员境内以自然人存在的方式提供服务。

IMF也将服务贸易分为十二大类，旅行服务是其中的一大类。其《国际收支与国际投资寸头手册》第六版（BPM6）是关于国际服务、国际投资交易以及与人员流动有关的经济流动的主要统计指南，强调常住者与非常住者之间的服务和交易。交易反映出经济价值的产生、转化、交换、转移或消失，并导致某一机构单位的资产和负债在数量、构成或价值上发生变化。交易包括购买货物或服务、获取资产、向员工支付报酬和分红，以及可以归为转让的互动（涉及债务豁免、补助和个人转让）。常住是核心要素，这是由于常住者与非常住者之间交易的识别是支持BPM6系统的柱石。

## （二）旅行服务贸易的主要内容

旅行是非常住者在访问某一经济体期间在该经济体内消费的一

系列货物和服务。旅行涵盖各种时间跨度的驻留，条件是不改变常住地。

旅行包括如下内容：可能免费提供的产品（如住宿）的估价；边境工人、季节工人和其他短期工人（在东道经济体内处于雇佣关系并且具有集体住地的人员）购买的货物和服务；离开其常住国一年或更长时间的学生和病人（以及陪同他们的受扶养人）购买的货物和服务。按照定义，旅游不包含这些项目。

旅行不包括购买超出海关限额的贵重物品和耐用消费品，而旅游则包括所有这些购买行为，无论限额多少。国际旅客运输开支也不列入旅行（《在 2010 年国际收支服务扩展分类》中属于客运服务），而是列入旅游，边境工人、季节工人和其他短期工人除外。旅行服务贸易的简化分类见表 1。

**表1　旅行服务贸易的简化分类**

| | 国外分支机构统计 | 国际收支服务模式 | | | | | |
|---|---|---|---|---|---|---|---|
| | 模式三 | 模式一 | 模式二 | 模式四 | 模式一和四 | 模式二和四 | 模式三和四 |
| 旅行 | | | × | | | | |
| 货物 | | | | | | | |
| 当地运输服务 | × | | × | | | | |
| 住宿服务 | × | | × | | | | |
| 餐饮服务 | × | | × | | | | |
| 其他服务 | × | | × | | | | |

注：×表示旅行服务在该模式下存在。

资料来源：《2010年国际服务贸易统计手册》（*Manual on Statistics of International Trade in Services 2010*）。

## 二、旅行服务贸易的竞争力指标体系

国内文献没有明确区分旅游服务贸易与旅行服务贸易，基本没有研究旅行服务贸易，而旅游服务贸易竞争力的研究文献较多，研究内容主要有三个方面：一是运用贸易竞争力衡量指标进行分析，这些指标包括市场份额、竞争力、显性比较优势指数等；二是主要基于波特的国家竞争力优势理论以及其他重要影响因素进行分析，包括主成分分析法；三是运用定量分析和定性分析后，再运用计量模型进行回归分析。

### （一）国内对旅游服务贸易竞争力的研究

部分文献研究中国旅游服务贸易国际竞争力。姜义茂、刘慧芳、李俊（2006）将旅游资源分为 4 种类型和 3 个层次，并建立新的评价指标，分析中国旅游服务贸易的竞争力；高静、梁昭（2006）根据中国加入 WTO 的相关旅游服务承诺，采用市场占有率、贸易竞争力指数分析中国国际旅游服务贸易的竞争力；周经、吕计跃（2008）主要对旅游产业组织、人力资源状况和旅游交通三大因素与中国旅游服务贸易竞争力的关系进行定量分析，进一步讨论了旅游服务贸易的区域发展差异；邹滨（2009）从 WTO 的 GATS 的旅游服务贸易概念出发，分析了中国旅游服务的竞争力指数以及存在的问题，提出相关政策建议；董小麟、庞小霞（2007）、徐虹、曲颖（2008）、魏长仙（2011）、王春梅（2013）、陈莉（2014）、夏杰长、瞿华（2017）运用旅游收入、国际市场占有率、贸易竞争力指数、显性比较优势指数等来分析中国旅游服务贸易国际竞争力，袁春梅、巫从平（2011）运用贸易差额、增长速度、贸易竞争力指数、显性比较优势指数等来分析中国旅游服务贸易国际竞争力；徐文月、刘敏（2017）根据查阅362篇文献中的28篇核心文献，分析了我国学者对旅游服务贸易竞争力评价指标研究情况，包括单一指标评价、指标联用评价、指标体系构建、竞争力影响因素的测度等。

部分文献研究中国地方的旅游服务贸易国际竞争力。张喜梅、杨臣（2012）运用优势、劣势、机会、威胁（SWOT）模型分析内蒙古旅游服务贸易国际竞争力，并提出相关对策建议。曹翔（2014）运用国际市场占有率、显性比较优势指数计算海南旅游服务贸易国际竞争力，并运用主成分分析法和回归分析说明影响因素。陈恩、蔡丽（2015）运用国际市场占有率、贸易竞争指数、显性比较优势指数等分析澳门旅游服务贸易国际竞争力，同时根据影响因素进行回归实证分析，发现澳门的旅游外汇收入主要受澳门旅游业全员劳动效率、入境旅客人均消费和酒店入住率的影响等。黄露赟、冯紫薇（2017）从旅游服务贸易发展水平、旅游资源条件及旅游产业发展潜力三个角度，选取12个指标来综合计算旅游服务贸易竞争力，使用因子分析模型对数据进行标准化，选取前三个因子来对广东省服务贸易竞争力水平进行分析。张捷雷（2017）根据波特的钻石理论，并借鉴世界经济论坛的旅行与旅游业竞争力评价指标体系，同时考虑旅游服务贸易竞争力的特点和地区旅游服务贸易数据统计分析的特点，构建省级旅游服务贸易竞争力评价体系，用主成分分析法对所采集的数据进行处理，实证分析了浙江省旅游服务贸易的国际竞争力情况。

还有一些学者比较研究中国与其他国家的旅游服务贸易国际竞争力。例如，苏科五和李明星（2008）比较中国与东盟，王志伟（2009）比较中国与美国，蒋文（2011）比较中国与东盟五国，王诏怡（2012）比较中国与24个经济体，白丹（2013）比较中国、蒙古国、俄罗斯，分析旅游服务贸易国际竞争力。

### （二）旅行服务贸易竞争力的主要指标

#### 1. 贸易差额

贸易差额（Trade Balance，TB）是指一国的产品或服务出口与进口的差额。如果出口大于进口，出现贸易顺差，通常表示该产品或服务具有竞争力；反之，进口大于出口，出现贸易逆差，通常表示该产品或服务的竞争力较弱。

#### 2. 市场份额

市场份额（Market Share，MS）反映了一国某产业或产品国际竞争力的比较优势或竞争地位的变化，市场份额提高说明出口竞争力增强。其具体计算公式为：$MS_{ij}=X_{ij}/X_{wj}$。其中，$MS_{ij}$ 是指 $i$ 国 $j$ 产品或服务的国际市场占有率，$X_{ij}$ 和 $X_{wj}$ 分别表示 $i$ 国和全世界 $j$ 产品或服务的出口总额。

#### 3. 贸易竞争力指数

贸易竞争力指数（Trade Competitive Power Index，TC）也称为贸易竞争优势指数，是指用一国进出口贸易的差额占其进出口贸易总额的比重，能够反映某一行业在国际市场上的净出口竞争优势状况。由于同时将进口和出口因素纳入考虑，该指标剔除了通货膨胀、经济膨胀等宏观波动的影响，可以在不同时期、不同国家之间进行直接比较。

其表达式为：$TC_{it}=(X_{it}-M_{it})/(X_{it}+M_{it})$。式中，X、M 分别表示旅游服务贸易出口额和进口额，$i$ 表示不同国家，$t$ 表示时间。

该指标的取值范围是（–1，1），临界值 –1 和 1 分别表示该国该行业只进口不出口和只出口不进口的极端情况。指标值越接近 1，说明该国该行业的出口能力越强，国际竞争力越强。

**4. 显性比较优势指数**

显性比较优势指数（Revealed Comparative Advantage Index，RCA）由美国经济学家 Bela Balassa 提出，是指一国某产品的出口在该国总出口中所占份额与世界市场上该产品的出口所占份额之比。

其表达式为：$RCA_{it}$=（$EX_{it}$–$EX_{is}$）/$EX_{wt}$/ $EX_{ws}$。式中,EX 表示出口，$i$ 表示不同国家，$w$ 表示世界总体，$t$ 表示旅行服务贸易，$s$ 表示总服务贸易。

这一指标剔除了总量波动的影响，反映了一国旅行服务贸易的出口与世界平均服务贸易出口相比较时的优势。若该指标值大于 2.5，表明该经济体的旅行服务贸易具有极强的国际竞争力；若指标值在区间（1.25, 2.5）内，表明国际竞争力很强；若 RCA 指标值落在（0.8, 1.25 ）内，表明竞争力较强；RCA 取值低于 0.8 时，则认为该国旅行服务处于比较劣势。

**5. 比较优势指数**

比较优势指数（Comparative Advantage Index，CA）修正 RCA，其公式为：$CA_{it}$=$RCA_{it}$–（$IM_{it}$/ $IM_{is}$）/（$IM_{wt}$/ $IM_{ws}$）。式中，IM 表示进口，$i$ 表示某个国家，$w$ 表示世界总体，$t$ 表示旅行服务贸易，$s$ 表示总服务贸易。

## 三、中国旅行服务贸易的竞争力评估

根据 WTO 数据的分析结果，中国服务贸易长期逆差，其中旅行服务贸易发生了较大的变化，从顺差转向逆差，旅行服务贸易竞争力下降趋势明显。

## （一）中国旅行服务贸易的差额

国际金融危机之前，中国旅行服务贸易保持顺差，此后一直呈现逆差，而且规模逐渐增加，扩大到 2000 亿美元以上；自 2012 年起，中国成为世界上旅行服务贸易逆差最多的国家（见表 2）。表 2 显示，美国、泰国、西班牙、意大利、法国等国家长期保持旅行服务贸易顺差，其中美国居世界首位，2017 年高达 685 亿美元；英国、德国、俄罗斯、加拿大长期是旅行服务贸易逆差。从贸易差额来看，中国旅行服务贸易竞争力逐步减弱。

**表2　　世界主要国家的旅行服务贸易差额**　　单位：亿美元

| | 2008年 | 2009年 | 2010年 | 2011年 | 2012年 | 2013年 | 2014年 | 2015年 | 2016年 | 2017年 |
|---|---|---|---|---|---|---|---|---|---|---|
| 澳大利亚 | 62 | 59 | 59 | 32 | 9 | –11 | 26 | 50 | 62 | 75 |
| 加拿大 | –113 | –106 | –141 | –165 | –177 | –174 | –166 | –136 | –107 | –116 |
| 中国 | 47 | –40 | –91 | –241 | –519 | –769 | –1833 | –2049 | –1167 | –2160 |
| 法国 | 163 | 126 | 85 | 102 | 137 | 143 | 94 | 56 | 20 | 57 |
| 德国 | –517 | –467 | –434 | –469 | –455 | –501 | –500 | –406 | –423 | –442 |
| 意大利 | 153 | 124 | 117 | 143 | 148 | 169 | 166 | 150 | 153 | 170 |
| 日本 | –171 | –148 | –147 | –162 | –133 | –67 | –4 | 90 | 122 | 157 |
| 俄罗斯 | –113 | –117 | –179 | –216 | –320 | –415 | –387 | –265 | –162 | –221 |
| 西班牙 | 439 | 3S6 | 377 | 448 | 427 | 462 | 470 | 392 | 412 | 460 |
| 泰国 | 132 | 116 | 145 | 215 | 276 | 353 | 313 | 372 | 397 | 479 |
| 英国 | –369 | –235 | –203 | –174 | –163 | –132 | –174 | –211 | –233 | –196 |
| 美国 | 412 | 385 | 504 | 612 | 613 | 794 | 863 | 907 | 823 | 685 |

资料来源：WTO。

## （二）中国旅行服务贸易的市场份额

根据市场份额公式，我们可以计算出中国旅行服务贸易的出口市场份额和进口市场份额。如图 1 所示，2005—2017 年，中国旅行服务贸易出口市场份额基本是逐年下降，从 7.37% 下降到 2.96%。中国旅行服务贸易进口市场份额呈现快速上涨态势，从 5.99% 增加到 19.79%，2012 年起超过美国成为世界上最大的旅行服务贸易进口国。其中，2014 年中国旅行服务进口 2273 亿美元，突增 988 亿美元。由于没有中国旅行服务进口项下的细分数据，难以找到直接原因，可能是与中国境外留学人员增多、境外医疗服务增加有关。根据中国统计年鉴，2014 年中国境外留学人员增加 4.59 万人，而上年仅增加 1.43 万人。

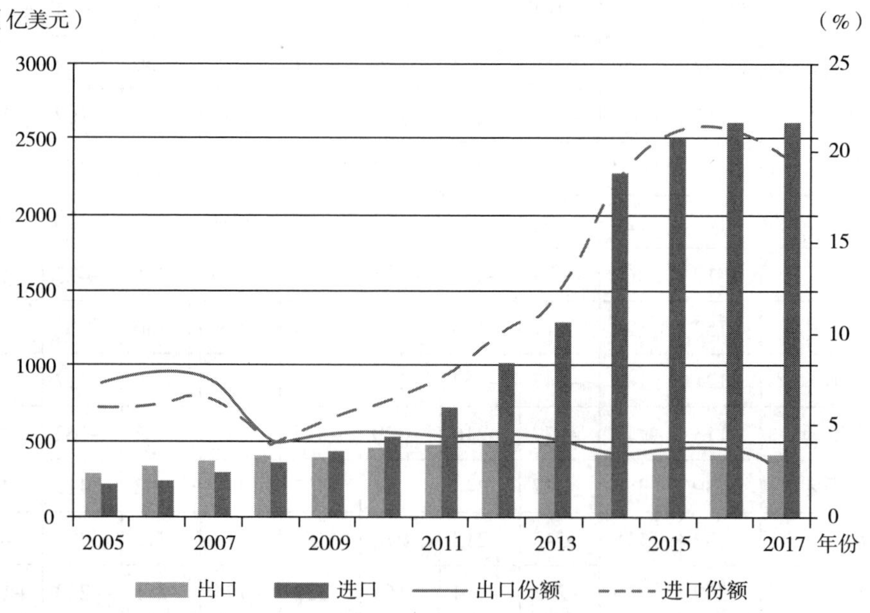


**图1　中国旅行服务贸易出口份额、进口份额及其占世界比重**

资料来源：WTO。

## （三）中国旅行服务贸易的竞争指数

如图 2 所示，2005—2017 年，中国旅行服务贸易竞争指数基本是逐年下降，从 14.76% 下降到 –73.57%。泰国、西班牙的旅行服务贸易竞争指数较高，均超过 40%；意大利的旅行服务贸易竞争指数保持平稳的发展态势，保持在 17% 以上；美国的旅行服务贸易竞争指数呈现增长态势，从 11.84% 增加到 20.21%；俄罗斯的旅行服务贸易竞争指数持续呈现较低的水平，从 –48.6% 变化到 –55.27%，英国的旅行服务贸易竞争指数也处于较低的水平，从 –32.39% 变化到 –18.26%。

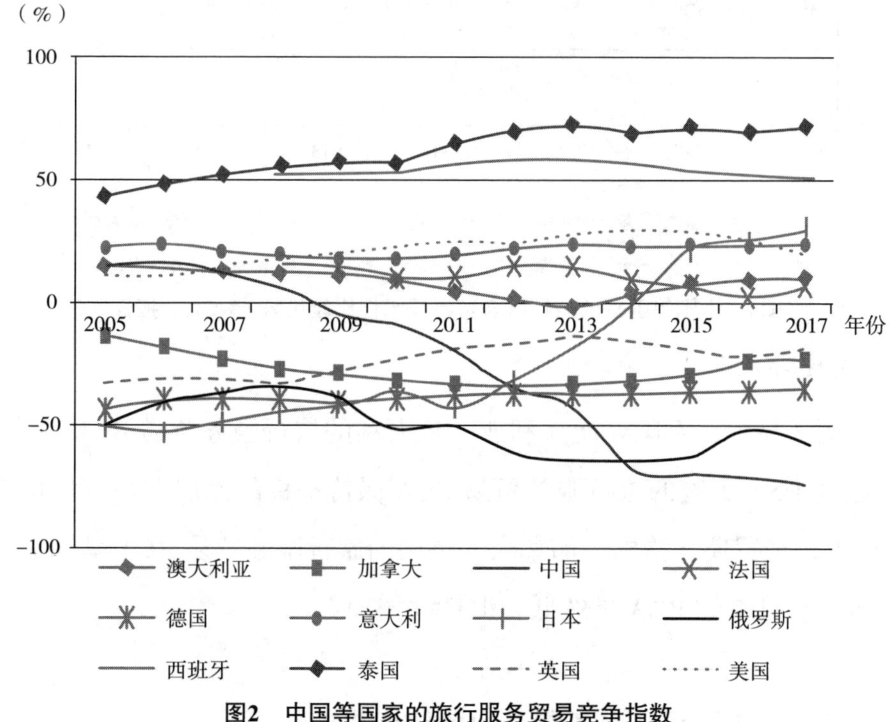


**图2　中国等国家的旅行服务贸易竞争指数**

资料来源：WTO。

## （四）中国旅行服务贸易的显性比较优势指数

如图 3 所示，2005—2017 年，中国旅行服务贸易 RCA 下降趋势

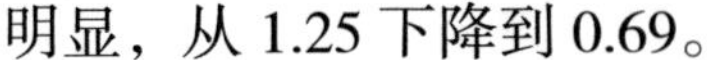
明显，从 1.25 下降到 0.69。

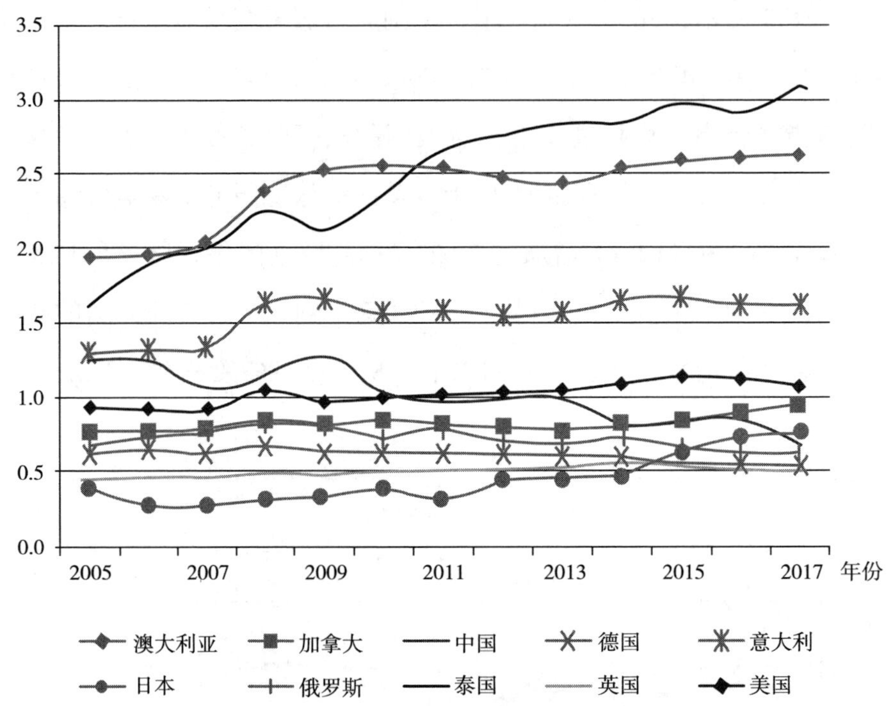


**图3　中国等国家的旅行服务贸易显示性比较优势（RCA）指数**

资料来源：WTO。

图 3 显示，泰国、澳大利亚、意大利的旅行服务贸易 RCA 较高，均超过 1.5；美国的旅行服务贸易 RCA 保持平稳的发展态势，保持在 1 以上；俄罗斯、德国、加拿大、英国的旅行服务贸易 RCA 呈现较低的水平；日本的 RCA 虽然低，但持续增加。

### （五）中国旅行服务贸易的比较优势指数

如图 4 所示，2005—2017 年，中国旅行服务贸易比较优势指数逐年下降，从 0.25 下降到 -1.47，处于较低水平。

同一期间，泰国的旅行服务贸易比较优势指数较高，持续增加且超过 2；意大利、澳大利亚的旅行服务贸易比较优势指数保持平稳的发展态势，基本在 0.5 以上；美国的旅行服务贸易比较优势指数保持平稳，基本在 0 以上；英国、德国、俄罗斯的旅行服务贸易比较优势指数持续呈现较低的水平，都低于 –0.5；日本的旅行服务贸易比较优势指数呈现增长态势，从 –0.63 增加到 0.38。

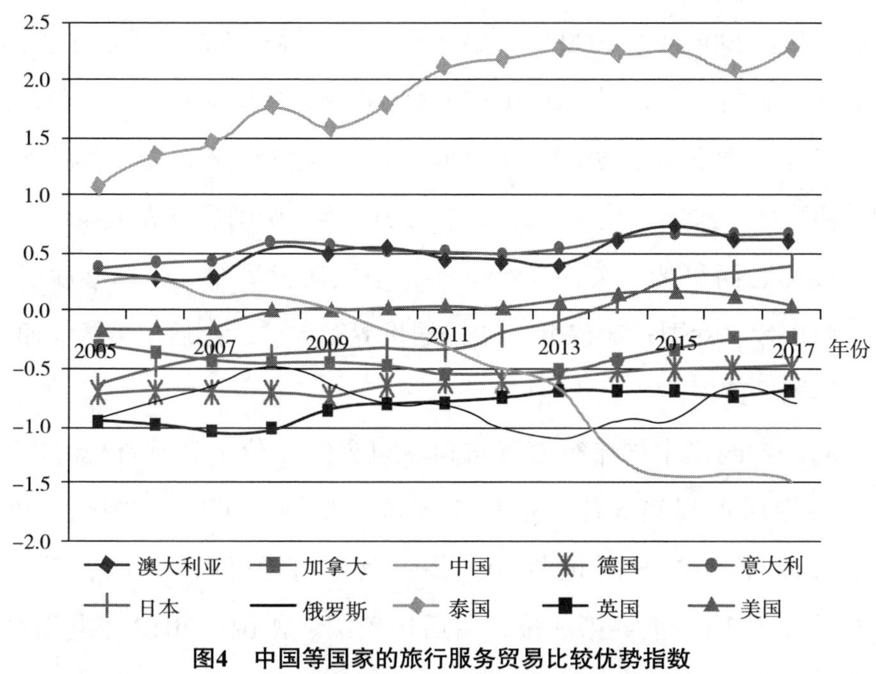


**图4　中国等国家的旅行服务贸易比较优势指数**

资料来源：WTO。

## 四、中国旅行服务贸易的优劣势比较

旅行服务是中国服务贸易的重要组成部分，占中国服务贸易比重较高，从 2005 年的 31.65% 增加到 2017 年的 45.52%，旅行服务进口占服务贸易进口比重从 26.11% 增加到 54.9%。旅行服务项下包括与旅行有关的货物消费、当地运输服务、住宿服务、个人的教育服务与健康服务等，由于数据和资料匮乏，分析中国旅行服务贸易优劣势重点是旅游领域。

### （一）中国旅行服务贸易的世界排名

中国是世界旅行服务贸易大国，2008—2017 年旅行服务出口居世界前 6 位。2008 年、2009 年，中国都是居世界第 5 位，落后于美国、西班牙、法国、意大利；2010—2013 年各年，中国居世界第 4 位，落后于美国、西班牙、法国；2014 年，中国居世界第 6 位，落后于美国、西班牙、法国、英国、意大利；2015 年，中国居世界第 4 位，落后于美国、西班牙、英国；2016 年，中国居世界第 4 位，落后于美国、西班牙、泰国；2017 年，中国居世界第 5 位，落后于美国、西班牙、泰国、英国。

同一期间，中国旅行服务进口从世界第 5 位上升到首位。2008 年，中国居世界第 5 位，落后于美国、德国、英国、法国；2009 年、2010 年，中国居世界第 4 位，落后于美国、德国、英国；2011 年，中国居世界第 3 位，落后于美国、德国；2012 年起至今，中国居世界首位。

### （二）中国旅游资源的国际比较优势

与其他资源不一样，旅游资源短期内难以改变。中国自然旅游资源居世界前列，居于Ⅰ类水准的有山岳景观、峡谷景观、江河景观、珍稀保护动物、鸟类景观、观赏植物、气候带类型、垂直气候景观，居于Ⅱ类水准的有岩溶景观、沙漠景观、珍稀古树、殿庙、近代史迹遗存、名人数与史迹，居于Ⅲ类水准的有湖泊景观，居于Ⅳ类水准的有草原多样性（见表 3）。

表3　中国自然旅游资源在世界上的地位

| 类型 | 项目 | 居世界前列的国家和地区 | | | |
|---|---|---|---|---|---|
| | | Ⅰ类 | Ⅱ类 | Ⅲ类 | Ⅳ类 |
| 地貌景观 | 山岳景观 | 中国 | 美国 | 欧洲 | 南美洲 |
| | 峡谷景观 | 中国 | 美国 | 欧洲 | 非洲 |
| | 岩溶景观 | 欧洲 | 中国 | 美国 | 南美洲 |
| | 沙漠景观 | 非洲 | 中国 | 澳大利亚 | 西亚 |
| | 火山景观 | 美国 | 意大利 | 印度尼西亚 | 日本 |
| | 海滨沙滩 | 地中海国家 | 美国 | 大洋洲 | 非洲 |
| 水文景观 | 江河景观 | 中国 | 巴西 | 美国 | 挪威 |
| | 瀑布景观 | 美国、加拿大 | 中南美洲 | 南美洲 | 挪威 |
| | 湖泊景观 | 美国、加拿大 | 北欧 | 中国 | 印度 |
| | 温泉景观 | 美国 | 中欧、南欧 | 日本 | 大洋洲 |
| 动物景观 | 种类多样性 | 马来西亚 | 巴西 | 北美洲 | 印度尼西亚 |
| | 森林多样性 | 俄罗斯 | 巴西 | 北美洲 | 印度尼西亚 |
| | 草原多样性 | 澳大利亚 | 俄罗斯 | 美国 | 中国 |
| | 珍稀古树 | 美国 | 中国 | 印度 | 马来西亚 |
| | 珍稀保护动物 | 中国 | 南美洲 | 美国 | 非洲 |
| | 野生动物 | 中南美洲 | 澳大利亚 | 北美洲 | 南亚、东南亚 |
| | 鸟类景观 | 中国 | 印度 | 墨西哥 | 秘鲁 |
| | 观赏植物 | 中国 | 南美洲 | 西欧 | 北美 |
| 气候景观 | 气候带类型 | 中国 | 俄罗斯 | 美国 | 南美洲 |
| | 旅游气候条件 | 地中海国家 | 中欧、西欧 | 美国 | 加勒比海国家 |
| 垂直气候景观 | | 中国 | 南亚 | 俄罗斯 | 智利 |

资料来源：根据互联网资料整理。

与中国相比，美国自然风光和现代化休闲类旅游资源具有一定的优势，埃及、俄罗斯、印度尼西亚、法国、西班牙等国家也具有自己独特的旅游资源。

中国人文旅游资源居于世界Ⅰ类水准的有皇宫建筑、现代斗争史、民族民俗文化传统、传统特产，居于Ⅱ类水准的有古文遗址、文物古迹数、陵墓、殿庙、近代史迹遗存、名人数与史迹，居于Ⅲ类水准的有列入世界遗产、世界奇迹，居于Ⅳ类水准的有民族多样性（见表4）。

表4　中国人文旅游资源在世界上的地位

| 类型 | 项目 | 居世界前列的国家和地区 | | | |
|---|---|---|---|---|---|
| | | Ⅰ类 | Ⅱ类 | Ⅲ类 | Ⅳ类 |
| 历史文化古迹 | 古文遗址 | 埃及、西亚 | 中国、印度 | 拉丁美洲 | 西欧、南欧 |
| | 文物古迹数 | 埃及、西亚 | 中国 | 印度 | 希腊 |
| | 列入世界遗产 | 西班牙 | 意大利 | 中国 | — |
| | 世界奇迹 | 土耳其 | 埃及 | 中国 | 希腊、伊拉克 |
| | 皇宫建筑 | 中国 | 法国 | 俄罗斯 | 西班牙 |
| | 陵墓 | 埃及 | 中国 | 印度 | 西亚 |
| | 殿庙 | 希腊、意大利 | 南亚、东南亚、中国 | 西北亚 | 南美洲 |
| 近代史迹现代建筑 | 近代史迹遗存 | 欧洲 | 中国 | 俄罗斯 | 美国 |
| | 名人数、史迹 | 欧洲 | 中国 | 美国 | 俄罗斯 |
| | 现代斗争史 | 中国 | 俄罗斯 | 欧洲 | 拉丁美洲 |
| | 现代建设建筑 | 美国 | 欧洲 | 俄罗斯 | 日本、澳大利亚 |
| 民族民俗风情 | 民族多样性 | 俄罗斯 | 印度尼西亚 | 印度 | 中国 |
| | 民族民俗文化传统 | 中国、亚洲 | 欧洲 | 拉丁美洲 | 非洲 |
| 物产名肴 | 传统特产 | 中国 | 西亚 | 南美洲 | 非洲 |

资料来源：根据互联网资料整理。

### （三）中国大学资源、医疗资源的国际比较

中国有丰富的教育资源，2017年中国拥有普通高等学校2631所，其中本科高等院校1243所，一些大学逐步进入世界100强。根

据 U.S. News、THE、QS 三大机构的世界大学排名，2019 年中国内地高校的上榜数量也有所不同。其中，U.S. News 仅上榜 2 个，即第 50 位的清华大学和第 68 位的北京大学；THE 上榜 3 个，即第 22 位的清华大学、第 31 位的北京大学、第 93 位的中国科学技术大学；QS 上榜 5 个，即第 17 位的清华大学、第 30 位的北京大学、第 44 位的复旦大学、第 68 位的浙江大学、第 98 位的中国科学技术大学。

中国医疗资源也较为丰富，2017 年中国拥有医疗机构 98.66 万个，其中医院 3.1 万个，基层医疗卫生机构 93.3 万个，专业公共卫生机构 1.99 万个。

### （四）中国旅行服务贸易的相对劣势

中国有丰富的旅游资源，但是旅行服务的国际竞争力仍显不足，主要原因在于以下几个方面。

一是中国旅行市场秩序有待进一步规范，需根据市场需求的变化丰富提升服务模式；二是旅游与教育、医疗等资源结合不充分，游学、旅行医疗等服务处于初级阶段，尚未形成相互支撑、资源共享、合作共赢的综合优势；三是对中国旅行市场的知识产权保护仍有待加强，旅游规划设计和整体方案等特色与创新不足，同质化现象明显、竞争力亟待提升；四是与旅游资源有关的基础设施仍不够完善，配套设施与服务仍需增强；五是旅游资源的保护与新产品开发有待进一步加强，以进一步促进旅游服务提升质量和水平；六是出境游风险防范不足，部分不文明现象不利于维护良好的旅行大国形象。

## 五、提升中国旅行服务贸易竞争力的政策建议

中国提升旅行服务贸易国际竞争力有很大的空间，政策建议如下。

### （一）进一步扩大旅行服务开放

按照加入 WTO 的协议，中国履行了旅游服务贸易领域的承诺。与旅行相关的教育、医疗、餐饮、文化等领域，还存在许多市场准入障碍。随着全球经济贸易格局的变化，中国需要进一步扩大服务业开放，特别是旅行服务领域的开放。

在现有的自由贸易试验区、北京市服务业扩大开放综合试点、各类综合改革示范区等，政府部门应当率先降低与旅行服务有关领域的市场准入门槛，促进便利化和提升效率。

中央和地方政府应鼓励和支持旅行服务发展，与中国国际服务贸易交易会、中国进出口商品交易会、中国国际投资贸易洽谈会、中国进口博览会、中国东盟博览会、中阿博览会等进行有效对接，做好境外人员的衣食住行服务，便利其游学、就医、探亲访友、学术及文化交流等。

### （二）进一步完善知识产权保护

各种旅行资源都具有自己的特色，开发旅行产品，需要独特的创意，以及智力投入和资本投入。政府管理部门应进一步加强该领域的知识产权保护，特别是一些地理标识、文化旅行、与旅行有关的教育与医疗的专利，形成品牌产品与品牌服务。在全国范围内、世界范围

内，保护中国旅行服务、新产品、新颖设计等的知识产权。

### （三）加强旅游资源的统筹规划

中国旅游资源与中国悠久历史分不开，规划部门和管理部门应加强规划设计，将文化、历史、旅行、教育、医疗、餐饮、地理、交通等综合考虑，坚持游客便利化、服务化等基本原则，全方位地统筹规划旅行资源。

国家文化和旅游部在制定文化和旅游的“十四五”规划纲要、基本原则和具体措施中，进一步完善旅行管理制度和服务内容，提升中国旅行服务贸易的综合国际竞争力。

### （四）提高与旅行有关的服务质量

一是重点加强旅行服务与产品的研发，如近几年来兴起的文化旅游，应加强旅游路线的优化组合，景区之间的统筹安排与相互合作；引进战略投资，合作开发和建设地方基础设施，包括星级饭店、厕所、高速铁路、网络设施、物流枢纽；培育龙头服务企业，整合主题、产品、市场等资源，提升城市高质量管理水平，创造良好市场环境，创新特色旅行服务，包括观光、体验、文化、商务、医疗等一体化服务。

二是发挥行业协会等市场中介组织的作用，规范市场竞争秩序，共同维护旅行服务市场。

三是加强相关从业人员的教育与培训，通过现场、视频、App 等多种方式，进行定期或不定期的分类培训，特别是对景区导游、旅行社、留学教育、境外人员医疗服务人员、中介机构组织等。

### （五）进一步提升境外风险意识

众所周知，世界各国的旅行管理、市场环境不一样，一些国家城市管理相对落后，交通运输安全不理想。因此，中国公民境外游必须树立风险意识，中国驻外使领馆要及时发布当地的社会治安、自然灾害等公告，旅行社、导游等与中国驻外机构之间要建立风险规避防范机制，及时处理中国公民境外游的突发事件，彰显中国公民的良好素质与形象，自觉维护国家形象。

执笔人：胡江云　梅煜珩　张湘珩[①]

## 参考文献

[1] 白丹. 中、蒙、俄旅游服务贸易的国际竞争力比较[J]. 俄罗斯中亚东欧市场，2013（3）：82-90.

[2] 曹翔. 海南旅游服务贸易国际竞争力及其影响因素实证研究[J]. 旅游研究，2014，6（3）：59-64.

[3] 陈恩，蔡丽. 澳门旅游服务贸易国际竞争力及其影响因素的实证分析[J]. 西安财经学院学报，2015，28（1）：56-62.

[4] 陈莉.中国旅游服务贸易国际竞争力比较及应对策略[J].价格月刊，2014（12）：40-43.

[5] 董小麟，庞小霞. 我国旅游服务贸易竞争力的国际比较[J]. 国际贸易问题，2007（2）：78-83.

[6] 高静，梁昭. 我国国际旅游服务贸易的竞争力分析——加入WTO后的比较分析[J]. 国际贸易，2006（9）：20-22.

[7] 胡江云，高庆鹏，袁东明. 支持和促进新疆旅游文化产业健康发展[J]. 国务院发展研究中心调查研究报告择要，2015（102）：1-6.

[8] 黄露赟，冯紫薇. 广东省旅游服务贸易竞争力的分析[J]. 吉林工商学院学报，2017，33（6）：25-28，37.

[9] 姜义茂，刘慧芳，李俊. 以新的评价指标认识我国旅游服务贸易的竞争力[J]. 国际贸易，2006（11）：42-48.

[10] 蒋文. 中国与东盟五国旅游服务贸易国际竞争比较研究[J]. 广西经济管理干部学院学报，

---

① 作者就职单位：胡江云，国务院发展研究中心；梅煜珩，中南财经政法大学；张湘珩，伦敦政治经济学院。

2011，23（3）：48–53.

[11] 苏科五，李明星. 中国与东盟旅游服务贸易国际竞争力比较——基于面板数据的分析：1990—2006[J]. 河南师范大学学报（哲学社会科学版），2008，35（6）：74–78.

[12] 王春梅. 中国旅游服务贸易国际竞争力研究[J]. 学术论坛，2013（7）：133–136.

[13] 王诏怡. 中国旅游服务贸易国际竞争力的实证研究——基于24个经济体的比较研究[J]. 广西经济管理干部学院学报，2012，24（4）：58–64，69.

[14] 王志伟. 中美旅游服务贸易竞争力比较及启示[J]. 对外经贸实务，2009（11）：80–82.

[15] 魏长仙. 我国旅游服务贸易国际竞争力分析[J]. 黑龙江对外经贸，2011（8）：17–19.

[16] 夏杰长，瞿华. 中国旅游服务贸易国际竞争力实证分析与提升策略[J]. 浙江树人大学学报，2017，17（3）：30–36.

[17] 徐虹，曲颖. 我国旅游服务贸易竞争力提升策略探析[J]. 国际经济合作，2008（7）：53–57.

[18] 徐文月，刘敏. 我国旅游服务贸易竞争力评价指标研究综述[J]. 旅游论坛，2017，10（5）：41–54.

[19] 袁春梅，巫从平. 大力提升我国旅游服务贸易国际竞争力的必要性、可行性及对策研究[J]. 西部经济管理论坛，2011（12）：63–67.

[20] 张捷雷. 基于综合指标体系的省级旅游服务贸易竞争力研究——以浙江省为例[J]. 浙江学刊，2017（1）：214–221.

[21] 张喜梅，杨臣. 浅析内蒙古旅游服务贸易国际竞争力[J]. 北方经济，2012（1）：100–103.

[22] 周经，吕计跃. 中国旅游服务贸易竞争力影响因素的实证分析[J]. 国际贸易问题，2008（4）：71–75.

[23] 邹滨. 我国旅游服务贸易竞争力分析[J]. 广西财经学院学报，2009，22（1）：97–10.